U0072131

黑道

那些年、那些事

永續圖書線上購物網

讀品文化事業有限公司

www.foreverbooks.com.tw

yungjiuh@ms45.hinet.net

POWER 系列　48

老上海黑道那些年、那些事

編　　著	梁維儒
出 版 者	讀品文化事業有限公司
責任編輯	林秀如
封面設計	姚恩涵
內文排版	王國卿

總 經 銷	永續圖書有限公司
	TEL ／(02)86473663
	FAX ／(02)86473660
劃撥帳號	18669219
地　　址	22103 新北市汐止區大同路三段 194 號 9 樓之 1
	TEL ／(02)86473663
	FAX ／(02)86473660
出 版 日	2016 年 12 月

法律顧問	方圓法律事務所　凃成樞律師
CVS 代理	美璟文化有限公司
	TEL ／(02)27239968
	FAX ／(02)27239668

國家圖書館出版品預行編目資料

老上海黑道那些年、那些事／梁維儒編著.
--初版.--新北市 ： 讀品文化,民 105.12
面；公分. --（POWER 系列：48）
ISBN　978-986-453-042-7 (平裝)

1. 黑社會　　2.幫會　　3.上海市

546.992　　　　　　　　　　　　105019379

前言

　　舊中國的「上海灘」號稱十里洋場，銷金銷魂，堪稱風雲變幻之地。其間魚龍混雜，幫派林立，妓院、賭場、煙館、比比皆是，這裡儼然是個冒險家的樂園。在燈紅酒綠中隱藏著黑暗和殘酷，上演著各路黑幫爭名逐利的血腥故事。

　　其中，杜月笙、黃金榮、張嘯林便是闖蕩上海灘的風雲人物。他們都出身低微，靠白手起家，在上海灘叱吒風雲。論年齡與出道時間，他們的排序為黃金榮、張嘯林、杜月笙。

　　杜月笙是一個極富傳奇色彩的歷史人物，他從一個無依無靠的孤兒闖入上海灘，開始做賣水果的小夥計，後來，拜老頭子，入青幫，進入黃公館，最後走出黃公館成為威震上海灘的大亨。

　　這個男人深諳東方哲學之道，他的人生哲學中有「三碗面」：情面、場面和體面。所以他極其善於籠絡人心，仗義疏財，一生如戲，口碑也最佳。

　　在取代黃金榮的位置後，杜月笙更是長袖善舞，他既販煙土、開賭場、走私、巧取豪奪、敲詐勒索；他又還熱心慈善，積極參加抗戰，打鬼子，除漢奸。他還晉身工商金融界，成為幾個企業的董事長、理事長，並擠身為「最具力量」的上海市地方協會會長，並傾力結交軍閥政客、社會名流、黨國高層、前清遺老、金融鉅子，甚至結拜成兄弟，或收為門生弟子。有這樣一張足以操縱商界和政界的

關係網，有法租界做靠山，有黑幫做幫襯。杜月笙在上海可謂左右逢源，無往不勝。

另一位大亨黃金榮創造了黑幫的神話，他是舊中國第一幫主，是上海灘十里洋場的教父。他一生涉足賭、娼、盜，大發不義之財，只要能賺錢，他從不問行當，下三濫的手段無所不用，他收女徒建錦軍，狂襲黃浦江兩岸。

他收納過蔣介石，破過宋教仁被刺案，除掉過袁世凱的爪牙，拒絕過日偽招降，他的人生嗜好就是「賺銀子、睡女人」。縱觀黃金榮的一生，他的發財史與發跡史與種種黑幕密切相關，他靠手中的勢力建立起他的商業帝國，他的黑道人生和黑色商業帝國充滿了神祕色彩和血腥味，同時又帶著傳奇色彩。

張嘯林早年曾是杭州城裡的一條虎，後來闖入上海灘，他擺過地攤，賣過春藥，在上海灘腳踏黃、賭、毒三界，被稱為「三色大亨」，與黃金榮、杜月笙齊名，三人合開「三鑫公司」販賣鴉片，逼良為娼，橫行鄉里。1939年他投靠日偽政權，蔣介石大為震怒，嚴令軍統「殺無赦」！次年張嘯林在自己的公館被擊斃。

「黃金榮貪財，張嘯林善打，杜月笙會做人。」老上海黑道往事，看似風雲變幻，紛繁複雜，其實便是借著這三巨頭的一生逐漸展開的。在舊上海的黑道生涯中，三大亨的身影互相糾纏，從生到死，密不可分。他們起於微時、發跡、盛極一時、慘澹落幕的一生中，頗有耐人尋味之處，令世人為之感歎。

本書再現當年上海灘的風雲變幻，講述三大亨最真實最詭祕的生存技巧。

第一部

黃金榮出世

當八歲的杜月笙成為孤兒時,已經二十八歲的黃金榮正在上海華洋交界的洋涇浜鄭家橋一帶,和一幫小流氓們混社會;那時的黃金榮還不知道自己將在三年後進入巡捕房,成為一個大嘴吃八方的偵探,他也更不會想到自己將成為上海灘的黑道大亨,聲名顯赫一時。

1. 巡捕生涯

2. 羽翼將豐

3. 結交各界名流

4. 我是天字輩

5. 黃金榮的政治哲學

6. 再「輝煌」的人生也要謝幕

第二部

杜月笙來了

杜月笙進黃府時，他眼中的黃金榮光芒萬丈，恍若神祇，彷彿能呼風喚雨，高山仰止。他心甘情願地成了黃金榮的門徒，為黃家服務了10年，最終才憑著絕頂聰明的本事和黃金榮分庭抗禮，直至後來居上。

1. 獨闖上海灘

第三部

張嘯林其人

生性蠻勇的張嘯林則在黃家班中出現得較晚，直到黃金榮被關進何豐林的地牢後，張嘯林才從中斡旋，與杜月笙聯手消解了黃金榮的一場大厄。事後，黃金榮與杜張二人正式結拜為兄弟，三巨頭的結盟，從此誕生。

4. 三大亨重新洗牌

5. 流氓大亨之死

楔子

　　早在清末，上海的幫會已經擁有相當大的勢力。19世紀中葉，上海小刀會起義失敗後，天地會系統的幫會勢力受到嚴重打擊，之後，上海的幫會就主要是青幫和紅幫（哥老會）的勢力。在整個19世紀70至80年代，黑社會還處於小集團作案階段，主要手段是偷竊、詐騙、開賭場、販賣人口、承包煙館、收保護費等勾當。另有一些人則開始與租界內的洋行合作，在碼頭上毫無顧忌地運輸和銷售鴉片。

　　20世紀初，上海的人口急劇增加，租界內的社會治安問題日益突出。尤其是在十六鋪、鄭家木橋、洋涇浜沿岸、蘇州河畔、八仙橋這些「三不管」地段，地痞流氓勢力迅速蔓延滋長。上海因此成為了青幫的欣榮之地。租界當局不得不招募華人做巡捕，他們尤其喜歡招募熟悉當地情況的「地頭蛇」，讓他們充當「包打聽」。

　　在租界中，如草叢生的妓院、賭場、煙館……成為了黑幫社會孳生的溫床，而租界當局則扮演了助產師的角色。地痞流氓、幫會分子這些暗勢力，不僅沒有成為治安機構的打擊對象，反而成了維持社會治安的依靠力量。

　　之後，上海灘的黑道中凸顯出了一個「警匪合一、集黃賭毒一身」的龐大勢力——青幫經營的三鑫公司，這是一個幫會、鴉片商以及租界當局利益妥協的產物，壟斷了鴉

片的運輸、包銷等業務，成為了近代中國最大規模的販毒集團。壟斷之下，它的年收入相當於當時政府財政收入的六分之一。

公司的三巨頭皆有通天手段——法租界裡黑白通吃的黃金榮、軍界上下皆有人脈的張嘯林和精明能幹的幫會生意人杜月笙，形成了一個三人組合，以租界當局為靠山，以「大、小八股黨」和幫會流氓頭目為骨幹，擁有數百名職業打手，控制了上海達數萬家賭台、煙館、妓院，勢力觸角伸展到每一處角落。這個集團依靠青幫體系維持其內部團結，擁有穩定的財源，影響所至上可改變當局的決策，下可決定普通百姓的生死。可算是空前絕後，獨一無二的畸形怪物。

這三人都出身低微，靠白手起家，在上海灘叱吒風雲。論年齡與出道時間，他們的排序為黃金榮、張嘯林、杜月笙。若論影響，杜月笙當屬「青出於藍」，後來居上。他們發跡的共同之處是在自己羽翼未豐時，先為自己尋找理想的靠山，躲避官兵的清剿，防備百姓的報復和仇家追殺，一旦時機成熟，便毫不猶豫地在靠山的地盤上建立起自己的霸業。

不僅黃金榮、杜月笙、張嘯林三大亨各有官方身分，而且他們的手下也滲透進工、商、軍、政、新聞、出版、教育、藝術等各界，可說是無孔不入，形成一股不可忽視的社會力量。當然，更為人所知的是他們經營的那些灰色地帶，如煙、賭、娼和其他非法活動。

青幫大亨掌握的三鑫公司控制了數萬家煙館和零售土行，形成龐大的集團。它像一個龐大的吸血鬼，從廣大的

鴉片吸食者那裡源源不斷地吸取金錢來供給幫會分子揮霍，它還提供了大量資金幫助黃、杜等打入各行各業，以攫取更大的權力。

幫會從事的行當非常多，其中有扒竊、碼頭幫派活動、糞霸等等。例如做人販生意的有法租界法捕房的任文禎，此人是杜月笙的學生，有徒弟1000多人。

1931年，大世界遊樂場老闆楚九病死，大世界被黃金榮接管。黃勾結杜月笙和張嘯林，圍繞大世界迅速開設一批賭場、妓院、旅館，形成了一個以大世界為中心的銷金窟。那時最著名的俱樂部是福熙路（延安中路）181號，其次是褚家橋申吉里及東新橋寶裕里。上海淪陷後，靜安寺以西部分公共租界越界路段變為既不歸屬租界當局，也不受制於中國政府的無人管轄地區，一些外國報紙稱此為「歹地」。漢奸雲集該地，先後開設六國飯店、綠寶俱樂部等賭場，由黃金榮徒弟滬西大流氓朱順負責保護，滋生了無數黑暗下的事端。

總之，自從黃金榮、杜月笙、張嘯林三巨頭出世之後，上海灘的風雲故事基本上就是以他們為主角進行演繹了。

第一部

黃金榮

當八歲的杜月笙成為孤兒時，已經二十八歲的黃金榮正在上海華洋交界的洋涇浜鄭家橋一帶，和一幫小流氓們混社會；那時的黃金榮還不知道自己將在三年後進入巡捕房，成為一個大嘴吃八方的偵探，他也更不會想到自己將成為上海灘的黑道大亨，聲名顯赫一時。

1

巡捕生涯

黃門巡捕世家

　　黃家世代居住在浙江余姚，黃金榮之所以最後能成為上海灘的大偵探，與其家世是分不開的，從其祖父開始黃家就混跡於警界，最早就是余姚衙門的衙役，在當時應該稱之為巡捕或衙役。

　　黃金榮的爺爺，在余姚衙門裡專管打板子、上夾棍，執行刑罰，他在衙役裡地位最低，沒有什麼實權，也就缺少了很多灰色收入，所以黃金榮的爺爺是起早貪黑圍著縣衙幹活，收入卻不多，成為了縣衙裡最不起眼的小角色。

　　黃炳泉子承父業，也成了捕快。他為人機靈變通，處事圓滑，很得上司的青睞，加上天生有幹捕快的靈性，所以，雖然只幹了三年，就已經在縣衙裡混的如魚得水，小有名氣。

　　1880年，黃金榮13歲那年，黃炳泉帶著全家由蘇州遷到了上海。在上海南市張家弄猛將堂購置了一處宅子，又在朋友的幫助下盤下了一處沿街的房子，開了一間「悅來茶樓」作為營生。黃家就此在上海穩下腳跟。

　　為了不讓黃金榮遊手好閒，就將他安排在自己的茶樓，讓他當了「大堂經理」。茶樓歷來都是魚龍混雜，各色人等俱全，尤其是好賭之人常聚之處，每日「悅來茶樓」總是少不了有賭局。黃炳泉嚴厲吩咐黃金榮無論如何都不許

沾染賭博，茶客都知道黃老闆的吩咐，所以也都不讓這位少東家上牌局，可是黃金榮這「大堂經理」又不得不徘徊與賓客之間，所以一有空黃金榮就偷偷對這賭局瞄上幾眼，看著那些賭客興高采烈地賭博，黃金榮是分外眼饞，只是礙於父親的嚴斥不敢坐到賭桌上來。

黃金榮在自家茶樓做「大堂經理」，雖然使得他不用在社會上遊蕩，但是卻避免不了沾染上市井之氣。黃炳泉左右思量，不希望兒子淪為市井之徒，於是他把兒子送到姐夫開的裱畫店裡學些手藝。

不久，父親黃炳泉因病過世。黃金榮的學徒生涯也結束出師，出師之後的黃金榮不知做什麼好，他來到了鄭家木橋，靠著自己魁梧有力的身材，黃金榮很快就跟那一帶的流氓集團扯上了關係。

平日裡跟著那幫流氓走街串巷收保護費，替人討債追錢或者敲詐勒索，黃金榮也算小有收穫。不過，跟別人不同的是，黃金榮有了錢，並不全用來花天酒快活一番，而是拿出相當大的一部分，結交捕快，跟他們攀交情結義氣。因為黃金榮要在上海灘闖自己的事業，他知道，跟這些捕快搞好關係，將來一定會對自己的事業有幫助……

黃金榮自詡偵探世家，他不甘心一直當一個小混混，他要去做捕快。於是他結交了縣衙裡的李捕頭。在這個人身上，黃金榮沒少花費心思，經常好吃好喝供養著李捕頭。沒過多久，黃金榮就在李捕頭的幫助下進了上海縣衙。

清朝縣衙裡的吏役，分皂吏、民壯和捕快三班。有的侍奉縣令，有的守衛衙門，有的看守監獄，有的緝拿罪犯，有的站堂行刑，分工各不相同，而黃金榮所要做的，就是

守衛衙門。

黃金榮原以為自己進了衙門，就可以和李捕頭他們一樣，整天在外面遊蕩，耀武揚威，欺負良弱，大吃大喝，還可以敲詐平民百姓，撈到不少油水。但他沒想到的是，初入衙門時，自己只是個值堂的差使，在三班中最低微。

平日裡黃金榮要處理眾多繁雜的公事，像農民的糧食收穫了，衙門就要派人去徵，哪家被偷盜了，衙門就要派人查拿盜賊，另外還要拘禁罪犯，遞送公文，還有許多說不清楚的雜務。

輪不到公事時，黃金榮也不得閒，還得整天站在衙門的門口，聽後差遣。他雖然一身裝束與其他吏役沒有什麼差別，頭戴暗紅氈帽，身穿深灰長袍，右袍角撩起塞進黑腰帶裡，露出兩條穿著紮腳褲、布襪雙梁鞋的矮腿，挺胸收腹，看起來威風凜凜，實際上卻是什麼也做不了，只能嚇唬小百姓。

當上捕快的黃金榮時時刻刻等待著時機進入租界當差，而這機會終於來了。這天法租界總領事警務處傳來了要招收華人巡捕的消息。

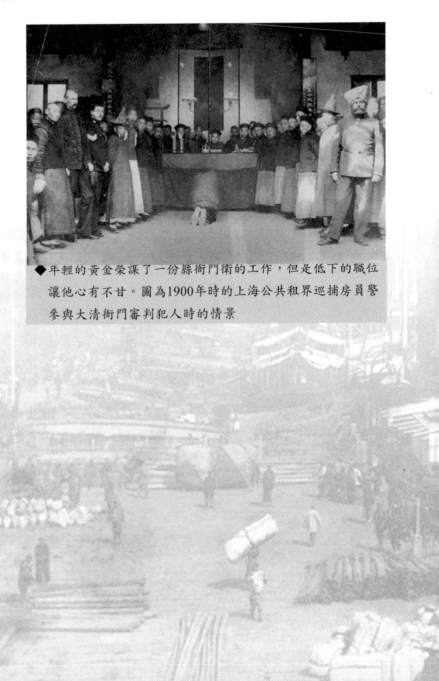

◆年輕的黃金榮謀了一份縣衙門衛的工作，但是低下的職位讓他心有不甘。圖為1900年時的上海公共租界巡捕房員警參與大清衙門審判犯人時的情景

法租界當差

　　堂堂的法租界為什麼要招收華人來做巡捕呢？為了方便照顧中國人的利益？當然不是。法租界成立初期，百業待舉，資金匱乏，法租界當局為了開拓稅源，應允妓院、花船、賭場和煙館公開營業，以便開徵「營業稅」。

　　後來，法租界當局發現，將煙稅花捐承包給有能力的地痞流氓，便容易有效地收到捐稅。於是，他們開始物色此等人物，並與其訂立契約關係，承包的流氓只要按約完稅，那麼租界不僅允許他們的合法生存，而且將承擔保護他們的義務。這樣，租界和黑社會勢力逐漸開始結合起來。

　　到了1899年，法租界當局與清政府達成擴展租界的協定，北界拓至北長浜，西至顧家宅、關帝廟，南至打鐵浜、晏公廟、丁公橋，東至城河濱。租界的擴張，人口猛增，使得社會環境更加複雜，法租界的治管理越來越難。

　　外國巡捕不諳中國的風土人情、社會內幕，難以有效地控制社會，而上海本地的地痞流氓則是從社會底層摸爬滾打過來的，他們瞭解社會各階層的底細，尤其熟悉黑社會各集團的內幕與布局。租界與這一類人物的「聯姻」，無疑將會扭轉租界對治安問題一籌莫展的局面，大大改善對上海社會的控制。法租界當局為了確保租界的平安，放棄了司法公正這一道社會公正的最後堤防，心甘情願地引入

流氓勢力，這也是他們招募華捕的目的。

聽說法租界招巡捕，這可讓黃金榮高興極了。他換了一套整潔的長袍，興沖沖地跑到法租界公董局設在公館馬路的總巡捕房去報名。總巡捕房說要他等候消息，黃金榮也就樂呵呵地在家等著通知，幻想著有一天自己成為了租界的巡捕，到縣衙一轉，就是縣老爺也得給自己磕頭，那是何等的威風。

黃金榮左等右等，一連數天就是沒有等到通知。這下可把黃金榮給急壞了。正當他不知如何是好的時候，黃金榮忽然想起母親鄒氏，她租住房子的鄰居有一個陶婆婆，聽說她的兒子就在法租界巡捕房當翻譯，也許可以幫幫忙。

母親鄒氏經常替陶家洗衣服做零活，日子長了，陶婆婆對鄒氏深有好感。黃金榮對母親說了這事之後，母親覺得要幫兒子一把。這天，鄒氏又去陶婆婆家洗衣服，就把這事跟陶婆婆說了，沒想到陶婆婆當即就應允了下來。

陶婆婆隨後給巡捕房的兒子捎了封信，叫兒子在巡捕房內打個招呼，就這樣黃金榮被錄取為三等華捕，被派在十六鋪碼頭一帶管理治安。

十六鋪碼頭位於水陸交通要衝，同時又是法租界和南市交接的地帶，是一處真正的「華洋雜居」之地，這裡是上海的商品集散地，中外許多大輪船公司，都在這裡建有碼頭，每天進出港口的大小船隻，多得不計其數，卸下裝上的貨物，在碼頭堆積如山。各種商行、土行、妓院、茶樓等，也在岸上比比皆是，互相招攬顧客。形形色色的人群，川流不息，從一大早就開始，嘈雜的喧鬧聲直到深夜也不消退。所以，雖然十六鋪碼頭不是租界，但巡捕房為了租

界的利益,也涉足十六鋪碼頭的治安。

◆擁有近150年歷史的外灘十六鋪碼頭,曾是遠東最大的碼頭,民間素有「先有十六鋪,後有上海灘」之說

有這麼大的利益,自然吸引了許多地痞、流氓、無賴聚集此地,不斷擾民滋事。不是搶奪貨物,就是偷人腰包,打起架來,死傷人命的事時有發生,讓路人膽戰心驚。他們各霸一方,無惡不作,弄得整個地區不得安寧。

黃金榮一上任,捕房便給他發了新的號衣,胸前左右有兩個寫著號碼的圓圈,單排扣上裝,腰束兩時半闊皮帶,頭戴紅纓帽,黑綁腿,快靴,手拿警棍。一副威武之氣,看著自己煥然一新的形象,黃金榮心裡說不出的高興。

憑借著自己多年在道上混的經驗,黃金榮馬上聯繫了當地的流氓頭子,跟他們打好招呼。理順了當地的關係,黃

金榮自然是如魚得水，這幫流氓的收入按比例給黃金榮提成，不久，黃金榮便賺了一大筆錢。而這些錢黃金榮又用於上下打點，所以很快黃金榮便贏得了上司的好感，委以重任。

這一日，法租界準備強行在寧興路一帶中國百姓住屋上釘上法租界的門牌，挨家挨戶強徵「地皮捐」和「房捐」。這些措施激起了民憤，居民奮起反抗，紛紛將帝國主義在自己家門口釘上的門牌拆除，扔進糞坑。於是總巡捕房就派出法捕，帶了安南巡捕和華捕趕去鎮壓，黃金榮也在其中。

巡捕隊就到了寧興路。法捕想把帶來的門牌重新釘到各家門口，居民們奮力阻止，兩下起了衝突，混戰起來。巡捕舉棍猛擊，居民拾起磚塊亂擲。

盛怒之下的法捕威脅要開槍對付百姓。黃金榮這時趕緊衝出來，裝出一副好人的樣子，勸說居民：「鄉親們，把你們劃進租界，是好事啊。以後遇到兵荒馬亂的時候，洋人就能保護你們。你看外面那些有錢的、做官的，哪個不想往租界擠啊！」

「法國人可不是好惹的。要是再不肯釘牌，法國人開槍，死了可是白死啊。就算不死，抓進巡捕房去，也要吃苦頭！」黃金榮恩威並用。

最後，百姓們屈服了，很多住房門上都被釘上了洋號牌，隨即又被迫交付地皮捐和房捐。此次行動，黃金榮立功不小，回租界後被當局大為褒揚，還從捐稅中抽出幾百文作為獎酬，賞給了黃金榮。

黃金榮頭腦靈活，法捕也很喜歡這個機靈油滑會辦事的中國巡捕。黃金榮憑借自己的努力，在法國巡捕房站穩了腳跟。

法租界的「包打聽」

　　黃金榮員警世家出身，做華捕沒有多久時間就贏得了法租界巡捕房的青睞，而隨後發生的鎮壓小車工人暴動事件，更幫助黃金榮進一步高升。

　　小車是指一種被稱為「羊角車」的獨輪小車，當時上海陸上交通工具除了馬車、黃包車和轎子外，還有這種獨輪小車。在租界，馬車只許洋人乘坐，黃包車和轎子的價錢很昂貴，又不能載貨，所以獨輪小車就成為了最實用的代步工具，深受廣大貧民百姓的喜愛。

　　租界當局覺得這種車子樣子醜陋、行駛喧鬧、招搖過市、有礙市容，實在影響租界的形象，便硬性規定：從早晨八點起至晚上八點止，小推車不准在熱鬧街道通行，同時為了遏制獨輪小車，還對這種小車課以重稅。如今，工部局宣布車捐從每輛400文增加到630文。

　　如此苛刻的管理，必然引發小車工人的不滿，所以這幫小車工人互相約定，在規定加捐之日，全體三百多個車夫，到外灘總會前會合，預備請願，同時派人在上海的主要街道上設置路障，讓上海灘的交通陷於癱瘓。

　　到了約定這天，上海的小車工人一起罷工，設路障，阻交通，很快上海的道路便陷入了一片混亂。

　　這下可惹怒了英、法租界當局。他們立即派出印捕、越

捕和華捕,衝到事發地點,處理這起小車工人暴動事件,逮捕了一部分領頭鬧事的工人,送到「會審公廨」,戴了木枷示眾。

租界當局的行動引起全體車夫的震怒,他們集體湧到工部局和公董局,圍在門前大聲抗議。英、法領事慌了,出動了大批巡捕前來鎮壓,兩造對峙起來。而租界的居民、店員和工人,平時早就看不慣租界當局的作威作福,也都紛紛趕來支援車夫。頓時間,局勢演變得不可收拾。

租界巡捕全部出動,而黃金榮所在的華捕也被派了出去。

黃金榮來到工部局門口,一看嚇了一跳。黑壓壓的工人將工部局圍的水洩不通。工人們一個個怒目橫對,大聲喊著口號。

工人們群情激奮,租界當局也派出了軍警以及衛隊,他們一個個槍上膛,刀在手,隨時準備出擊這幫「暴民」。

軍警鳴槍示警,大批的巡捕開始驅趕工人。

工人們本來就情緒激動,這時工人們紛紛舉起扁擔,投擲石塊,反抗軍警、巡捕的暴行。而英法巡捕騎著高頭大馬,手執大刀,向工人猛砍,很多工人都受了傷。工人們衝擊附近的外國商鋪,打得這些洋人抱頭鼠竄,一些外國銀行和洋行的門窗都被砸碎,洋人們嚇得不敢露面。

如此混亂的局勢,黃金榮並沒有衝到阻攔工人的前線,而是轉而溜到了被工人衝擊的洋人商鋪,盡力掩護洋人撤離,把他們轉移到了安全的地方。

聚集的工人越來越多,洋人漸漸不支,租界當局便架起大炮,停泊在黃浦江中的兵艦也鳴炮回應,同時派出軍隊登陸威脅。這樣一來,工人們最後不得不屈服於洋人的淫

威，被迫退卻。

這場衝突中，租界當局對巡捕的表現給予了很大的表揚，而黃金榮因為勇救外國商人，尤其得到了表彰。巡捕房對黃金榮大加讚揚，獎賞了很多撫恤金。從這件事情上，黃金榮感到洋人賞罰分明、體貼下屬，加深了自己對洋人好感，更加盡心盡力為洋人做事。

租界公董局和巡捕房經過幾次與居民衝突的教訓，認識到由洋人出面對中國居民明目張膽的鎮壓和欺榨，會引起強烈的民族仇恨和對立情緒。於是他們想出了「以華治華」的辦法：在華人中豢養一批忠實的鷹犬，專門唱白臉，讓他們勾結地方上的流氓、地痞和地保，到各處去惹事生非，欺壓良民。而公董局作為帝國的代表，則唱紅臉，出面保護居民利益，騙取人民對自己的信任和榮譽。於是，租界當局準備從現存的華捕中選擇能幹的委以重任。忠誠能幹的黃金榮自然成為了不二人選，於是黃金榮被提升為便衣偵探。

便衣偵探屬於租界巡捕，但是地位高於普通的巡捕。便衣偵探管的事情多而雜，方方面面的情況都需要瞭解，所以人們給這個職務取了個形象的別名，叫做「包打聽」。

黃金榮成為了便衣偵探後，為了能創造自己更多的業績，用小恩小惠收買一批慣竊慣盜，製造內訌，再利用一批盜竊分子去破獲另一批盜竊分子，玩「賊喊捉賊」、「假戲真做」等手法。他一面布置一批小嘍囉，約好某月某日在某地搶劫，一面叫另一些嘍囉到法租界巡捕房向他「告密」，他再向法國警探匯報，這樣就能使他掌握帶人破案的主動權。

原來約好的一批嘍囉果然到某地作案搶劫，而黃金榮親自帶領化裝埋伏的偵緝隊將他們一網打盡。這些盜匪被送進捕房後，黃金榮又在捕房內打點，將那些嘍囉陸續釋放出來。

如此這般「神機妙算」，讓法捕房對黃金榮刮目相看，越來越重視起他來。黃金榮不僅一步步贏得了法租界巡捕房的青睞，也利用自己便衣偵探的身分，敲詐勒索，大發橫財。

上海公館馬路是個商業發達地區，這裡商店雲集，除了綢布店、雜貨鋪、珠寶店，也出現了百貨公司。這些商店平日生意興隆，但最怕的是小流氓上門鬧事，因而法捕房為維持租界治安，向來有便衣巡捕巡邏街頭的習慣。

黃金榮抓住了這些商鋪怕惹禍上身的畏懼心理，常常唆使一幫流氓地痞，在商店門前或鬧市地區尋釁取鬧，甚至假裝打架和罵街，影響商店營業，使顧客遠而避之，不敢進店買東西。就在商家不知如何是好的時候，黃金榮便帶著巡捕和便衣密探趕到，抓捕鬧事的流氓，以此來向商鋪邀功請賞。

黃金榮運用這種「賊喊捉賊」的手段，敲詐勒索，一方面贏得了洋主子的信賴，另一方面又獲得巨大的外快，生活得逍遙自在，「麻皮黃偵探」在租界裡漸漸聲名鵲起。

就在這時，又有一個天大的好機會來了。當時租界裡有一位法國天主教神父在山東被綁架，要勒索一筆鉅款。這件事引起了法國當局的重視，急速勒令法租界公董局和巡捕房拿出營救方案。但是由於是被遠在山東的軍閥部隊綁架，租界警力鞭長莫及，情急之下就貼出懸賞廣告，誰能

救出神父就大大有賞。

　　黃金榮自然不會放過這個機會,便四處打探消息。碰巧在這個時候,一個名為韓榮浦的山東人在上海丟了錢包,就透過熟人找到了巡捕房的黃金榮,希望能把錢找回來。

　　結果黃金榮一交談得知,韓兄弟正好來自山東臨城,還在軍隊裡有不少關係,黃金榮自然很快就幫韓兄弟「找到」了錢,搭上了交情,之後拜託韓榮浦回臨城之後幫自己打探法國神父的消息。得到確切消息後,黃金榮馬上帶著手下的便衣前往,花錢買通了看守,將神父悄然營救了出來,安全返回上海。

　　這樣一來,黃金榮可就成了炙手可熱的知名人物,在上海灘紅極一時,法國東正全權大臣還授予他一枚頭等金質獎章,法國巡捕房也破例提升他為惟一的華人督察長,委派8名巡捕給他當保鏢,真可謂平步青雲,一躍成為上海灘的名流。

2

羽翼將豐

培植老班底

　　黃金榮成為租界巡捕後，就開始廣泛培植自己的勢力，黑白兩道通吃。但是礙於自己巡捕的身分，他不能公開涉入黑社會活動，於是便在手下這批地痞流氓中做文章，起家的鄭家木橋成為黃金榮培植勢力的重中之重。

　　鄭家木橋原來就是由黃金榮與「黑皮子卿」——程子卿統治著的。黃金榮成了華捕，不再於鄭家木橋流氓中露面，所有事情都委託給了程子卿處理。後來經過了一番明爭暗鬥，鄭家木橋一帶形成了程子卿和丁順華共霸的局面。

　　這天，黃金榮做東，請了程子卿和丁順華來得意樓赴宴。隨後，三人開始商量決定，丁順華和程子卿整合手下的地痞流氓，統一指揮，對從郊區和外埠來的船隻收取「管理費」，這筆「管理費」一分為二，一半孝敬給黃金榮，再由他分給巡捕們享用；另一半留給程子卿、丁順華以及他們的手下。而黃金榮則保證法租界巡捕房不會再來干涉他們的行動。

　　這個協定，對於法租界來說，緩解了治安問題，百姓可以減輕來自地痞流氓的騷擾，租界當局的治理和徵稅活動就比較容易實行；對丁順華和程子卿來說，他們可以免於受到法租界巡捕房的查辦，做起事來顧慮更小；而黃金榮是獲利最多的，他不僅因為治安有功提升了自己在法租界

巡捕房的地位，為自己日後的高升奠定了基礎，而且還拉攏了一幫黑社會勢力，同時也獲得了持續不斷的收入，可謂是一箭三雕。

三個人越談越投機，酒足飯飽之後，紅光滿面的三個人決定共會於關帝廟，結為生死弟兄。黃金榮、丁順華、程子卿三人結為拜把兄弟，按年齡來算，黃金榮最大，丁順華次之，程子卿最小。此後，江湖上就有了「黃老大」、「丁老二」、「程老三」這幾個稱呼。

後來，黃金榮為了擴大自己在租界巡捕中的勢力，多方疏通關係，將程子卿也拉進了法租界巡捕房成為了華捕。黃金榮四處安排眼線，在巡捕房中的勢力暗暗膨脹，這一招棋在日後給黃金榮幫了大忙。

黃金榮雖然在巡捕房裡混得如魚得水，但是也引起了別人的妒忌，這個人就是黃金榮的頂頭上司巡捕房領班徐安寶。

徐安寶對向他效忠盡力的部下，深為寵幸和信任；一旦部下功成名就、聲譽超過自己時，便感到不滿甚至嫉恨。黃金榮不到兩年，便贏得了洋主子的信任，徐安寶眼睜睜看著下屬的威風竟壓倒自己，又是憤恨，又是嫉妒。所以，徐安寶經常在洋主人面前進行詆謗黃金榮，說黃金榮目中無人，辦事不力，還與黑道有太多的瓜葛。租界當局依仗黃金榮的辦事能力，沒有太當回事，但是耐不住徐安寶三番五次的打小報告，也漸漸對黃金榮產生了不信任，隨後的一件事，更是直接導致黃金榮被開除出了租界巡捕。

◆程子卿，江蘇鎮江人。因為皮膚黝黑，綽號「黑皮子卿」，青幫的「悟」字輩人物。圖為1930年，程子卿（中），薛耕莘（右），朱良弼（左）合影。當時薛耕莘任特級督察長，程子卿、朱良弼前來看望他。程子卿、朱良弼當時還未在法租界巡捕房任職，所以並沒有制服，薛耕莘便向上海法租界巡捕房的法國人要了兩套制服，故此才有了三人的這張合影留念

歷年耶誕節，按照規矩，巡捕房的各色人等都要去總巡石維耶的辦公室裡拜年。這天，黃金榮的表現很與眾不同，因為別人為了表示工作清廉，都穿著非常樸素，可是黃金榮卻穿了一身嶄新的衣服，顯得非常氣派。石維耶卻趁機把他羞辱一番，一貫被人寵待的黃金榮怎能受得了這般羞辱，他一把掀掉頭上的帽子，往地上一甩，狠狠踩了一腳，轉身頭也不回地大步走了。

黃金榮邊走邊心裡暗暗說，「等著，總有一天，你會親自來請我回去的。」果然，黃金榮離開巡捕房的一段時間裡，法租界接連爆出了幾件巨案。幾家富商被強盜搶劫，震驚了上海灘。法國巡捕房責令總巡石維耶限期偵破。而這些案子本來就有背景，一個小小的石維耶根本解決不了。無奈之下，只好和和氣氣地請來黃金榮，希望他官復原職。

但黃金榮是什麼人，當然不肯聽從，他暗示道：「原來的巡捕房管轄業務狹窄，怕是不利於處理案件啊？」

石維耶明白了黃金榮的意思，直截了當地說：「黃先生，你要去哪，可以自己挑。」

「大自鳴鐘！」黃金榮淡淡地說了一句。

這大自鳴鐘是什麼？原來，上海法租界有多個巡捕房，分為大自鳴鐘、嵩山路、喜鐘路、貝當路、徐家匯、蘆家灣等，其中以大自鳴鐘巡捕房為最大。這個大自鳴鐘巡捕房正式的名稱是法租界北區巡捕房，之所以被稱為「大自鳴鐘巡捕房」，是因為那裡裝有上海第一台大自鳴鐘。

1865年，法租界公董局在原福州會館舊址上建造了一座三層大樓，樓的中間有一座高高的鐘樓，裡面就裝著一台大型的自鳴鐘。這座樓前還矗立著法租界巡捕房前總巡

麥蘭的銅像，因此大自鳴鐘巡捕房有時也被叫做「麥蘭巡捕房」。大自鳴鐘巡捕房因為規模大，涉及的事務也更多，職權也就更大，並且在這裡當差對於日後的晉升也是大好處。所以黃金榮指明了要來大自鳴鐘巡捕房。

　　無路可退的石維耶無可奈何地點頭答應了。於是，被開除出巡捕界的黃金榮又被請了回來，而且還被請到了最具權勢的大自鳴鐘巡捕房，黃金榮可謂是因禍得福。

　　黃金榮回到租界巡捕房後，租界的治安果然馬上好了。隨後，黃金榮給丁順華打了聲招呼，派人抓了幾個替罪羊，押回巡捕房結案。轟動上海的這幾樁大案被黃金榮輕而易舉地解決了。這次事件讓租界當局發現黃金榮確實是一個不可缺少的人才，因此對他更加倚重。

　　有了法國人做靠山，黃金榮的底氣更足了，加上黃金榮黑白兩道通吃，別人再棘手的案子，對黃金榮來說都是易如反掌，很快黃金榮便立了許多大功，在巡捕中的地位越來越高。

竊取朝廷密旨

　　1900年5月14日，法國與英、美、德、俄、義、奧、日七國組成八國聯軍，藉口為保衛在北京的公使館與僑民免受義和團的進攻，攻打天津東面的大沽口，如今已攻陷天津。慈禧太后電召兩廣總督李鴻章進京，李鴻章到上海以後，便逗留不動，不知是什麼意思。

　　法國政府急著想知道慈禧給李鴻章的急電內容，是召他去主戰還是議和？還想知道李鴻章給慈禧太后送去的那個摺子裡說些什麼。於是，租界當局便得到了「獲取李鴻章奏摺」這樣一個任務。

　　要誰去完成這個任務呢？法國租界情報局少校貝當苦苦思索，法國人肯定不行，這個任務必須得由一個中國人去做。這個中國人要對法國忠誠，有一定勢力和關係才行，這個人選誰呢？最後，貝當想到了黃金榮。

　　的確，論忠誠，黃金榮對租界當局可以說是忠心耿耿；論能力，他屢破大案，所以這次的任務交給黃金榮是再適合不過。

　　這又是一個看似不可能完成的任務，而黃金榮就是那種利用一切手段資源，把不可能變成可能的人。這次，他想到了陳世昌。黃金榮備了份厚禮，打扮整齊，去見陳世昌。

　　進入陳府，黃金榮便高聲叫道：「陳大哥，阿榮來看您

了！」陳世昌如今見了黃金榮這位法租界的風雲人物，也是恭敬三分。陳世昌吩咐下人做了一桌豐盛的酒席，和黃金榮一起喝起酒來。

酒足飯飽之後，陳世昌打了個飽嗝，吩咐下手收拾桌子，便拉著黃金榮，晃晃悠悠地走到了煙房裡。

陳世昌的煙房，布置得精巧別致，四周的牆上都掛著古文字畫，頗顯雅致。小房子燈光暗淡，一張四尺半棕繃床上鋪了一領台灣草席，席子上放著一只橢圓形的煙盤子，煙盤子當中點著盞煙燈，燈邊交叉放著兩支斑竹細竿煙槍。

陳世昌和黃金榮圍著煙燈斜躺著，各自拿了一支煙籤子，挑起煙泡，上在煙槍的斗子上抽起大煙來。縷縷青煙騰騰升起，兩個人陶醉其中。

抽了一會兒，黃金榮從懷裡嘩啦嘩啦地取出了一個布包，一聽就知道是洋銀，看樣子少說也有百十塊。黃金榮把錢推到陳世昌面前，神祕地眨了眨眼皮。

「大哥，這是孝敬您老人家的，望大哥多多幫助小弟。」黃金榮把銀元往陳世昌面前又推了推。

陳世昌瞟了黃金榮一眼，微微一笑，用煙槍桿將錢帶往旁邊推推，又深吸了一口煙。

黃金榮趕緊又從懷裡掏出了一個黃金打造的小老鼠，放在了陳世昌的面前。這下子陳世昌臉上露出了笑臉。

看到陳世昌答應幫忙了，黃金榮心裡暗暗鬆了口氣，趕緊說：「大哥，前幾天李鴻章大人不是來上海了嗎，還說給老佛爺上了一道密摺。現在八國聯軍正在圍攻北京城，法國人想知道朝廷是準備戰呢還是準備和呢？這次我的任務就是拿到李鴻章給老佛爺的奏摺內容，請陳大哥無論如

何要幫幫小弟啊。」

◆腳踏黑白兩道的黃金榮，人生漸漸風生水起

　　陳世昌聽了，皺起了眉頭，悶頭抽起了煙。過了一會兒，陳世昌重重的吸了口煙，說：「阿榮啊，這個事情難辦啊，不過你遇到難處，我這個做大哥的不能不管啊，剛好，我手下有個人，他的一個親戚在京城裡當太監，我這就讓他進京一趟，幫你打探打探。你就安安心心在家待著，等著大哥的消息。」

　　「多謝大哥」，黃金榮感激道。

　　回到了家，黃金榮焦急的等待著從京城來的消息，一連

十幾天，黃金榮是盼月亮盼星星希望能有消息過來，可是左等右等就是沒人來，黃金榮坐臥不寧，飽受煎熬。

終於，半個月後的一天傍晚，外面有人傳話，說京城有消息過來了。黃金榮本來準備睡覺了，一聽這個消息，趕緊從床上彈起來，連鞋子都顧不得穿就奔出門來。只見客廳裡站在一個人，也是風塵僕僕，可見一路的辛勞。見黃金榮來了，送信的人從褲腰筒裡取出一張卷成長條的白紙，雙手遞給了黃金榮。

黃金榮如獲至寶，小心翼翼地攤開白紙，只見這張白紙上密密麻麻的全是毛筆字。他用發黃的右手中指在紙片上移動，嘴唇在嚅嚅動著，「……臣年已八十，死期將至，受四朝之厚恩，若知其危而不言，死後何以見列祖列宗於地下？故敢貢其戇直，請皇太后、皇上，立將妖人正法、罷黜信任邪匪之大臣，安送外國公使至聯軍之營，臣奉諭即速北上，雖病體支離，仍力疾冒暑遄行。但臣讀寄諭似皇太后、皇上仍無誠心議和之意，朝政仍在跋扈奸臣之手，猶信拳匪為忠義之民，刁勝憂慮！

臣現無一兵一餉，若冒昧北上，唯死於亂兵妖民，而於國毫無所益，故臣仍駐上海·擬先籌一衛隊，措足餉項，並探察到列強情形，隨機應付，一俟辦有頭緒，即當兼程北上，謹昧死上聞！」

「就這些？」黃金榮向來人問道。

「是的，就這些了」

黃金榮從兜裡掏出二十幾兩銀子，塞到來人的手裡，「多謝大哥你了，這些銀子不成敬意，希望你千萬不要推辭。兩日之後，我在得意樓宴請你和幾位兄弟，到時你們

一起來，我還要重重謝謝你們，請務必前往。」

「好的，我等當如期赴約。」來人也不客氣，直接將銀子揣在懷裡走了。

黃金榮拿著寶貝似的李鴻章密摺，趕緊向貝當少校匯報。貝當見黃金榮居然能拿到如此絕密的情報，對黃金榮是刮目相看，連連稱讚黃金榮，說他是法蘭西的大英雄。

黃金榮這次竊取朝廷情報，讓法租界看到了黃金榮通天的本事，至此法租界當局越來越倚重黃金榮，黃金榮成為了法租界炙手可熱的人物。

偵破宋教仁被刺案

　　宋教仁，字遁初，別號漁父，湖南桃源人，武昌起義後，南京光復，臨時政府成立，孫中山任命他為法制院院長。不久，南北議和成功，宋教仁偕蔡元培、王寵惠等人北上，繼任農林總長。

　　1913年3月20日，宋教仁慘遭暗殺，震驚全國。此時坐鎮北京的袁世凱，先發制人，企圖嫁禍於人，他造謠說宋教仁被刺一案，是國民黨內部爭權奪利導致的，陳其美和黃興才是殺害宋教仁的主謀。

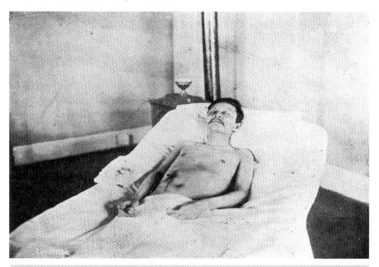

◆宋教仁被刺殺後的裸身遺像

黃興、陳其美隨即也回應了中傷，發布公告稱：「此案發生雖在內地（指中國地界），難保該兇手不會藏匿租界，應請執事嚴飭得力探捕，加意偵緝。如能拿獲正兇，澈清全案，準備賞銀一萬元，以為酬勞。」

為了儘快查清真凶，還天下人以及自己的一個公道，陳其美開始接觸黃金榮。因為黃金榮是上海租界裡如日中天的神通人物，耳目遍布，勢力龐大，有著廣泛的交際，所以陳其美囑託黃金榮追查刺客。

黃金榮在陳其美的百般勸說下，同意接手這個驚天大案，他四處派遣耳目，探查當天刺客的身分。黃金榮的勢力果然龐大，不出兩日，便有消息傳回來，說當日行刺的人名叫武士英，現正躲藏在法租界文元坊江蘇駐滬巡查長應桂馨的住所。

找到線索，黃金榮立刻帶領手下，連夜趕往應桂馨的住處。到了文元坊，黃金榮要大家將屋子包圍，然後帶領一隊巡捕，撞開大門，一擁而入。只見屋子裡有幾名男女，個個驚慌失措，神色倉皇。

黃金榮見狀，高喝一聲：「不許動！」

那幾個男女頓時愣住了，呆立不動。黃金榮吩咐手下將人控制住。突然，只見一個身材矮小的男子，轉身就往後面逃跑，黃金榮立即拔腿追趕。小個子男人身手矯捷，蹭地一下就躥上了後牆，準備跳出院子往外逃命。黃金榮也不含糊，攀手翻上了後牆，追了上去。

不過經過了幾年的錦衣玉食，黃金榮的身材發福，速度明顯下降，那個小個男子很快便順著牆跳著下去。黃金榮也不著急，因為他已經在外面布下了天羅地網。

　　果然，這個小個男子剛一跳下去，就被人按倒在地，用繩子捆了個結結實實。黃金榮慢慢悠悠地從牆上翻身跳下，拍了怕手上的灰塵。

　　借著燈光，黃金榮一眼看去，看到了小個男子的臉，冷笑一聲，「你就是武士英！」

　　小個男子身體震了一震，竭力掩飾：「我不是武士英，我叫吳福銘，真的，我名字叫吳福銘！」

　　黃金榮臉一沉，「啪」的給了他一耳光，「瞎講！你明明是武士英，上個月還在法捕房裡，坐過一個月監牢，還想抵賴嗎？」

　　武士英仔細一看，看到了黃金榮那張標誌性的麻子臉，無話可說，只得默默地低下頭去。

　　手下將武士英押回到了應桂馨的屋子裡。黃金榮將這幫人一個個都捆的結結實實，分開拘禁，然後在大廳裡當場詢問起來。

　　經過了一份拷問，武士英招認：「殺人主使是應桂馨，他給了我1000塊錢，一張照片，一支手槍和六顆子彈，要我到火車站，殺照片上的人。我根本不知道要刺殺的那個人是誰，如果知道是宋教仁，打死我也不敢下手。」

　　黃金榮聽完招供，冷冷地說，「把應桂馨押上來！」

　　應桂馨被押了上來，黃金榮突然吼到：「誰指使你的？」

　　應桂馨被嚇的直哆嗦，但還是低頭不語。

　　「看來不用點手段，你是不會招了？」黃金榮向手下使了使眼色，手下人將應桂馨拖到了外面的院子裡，不一會兒，外面便傳來應桂馨痛苦的慘叫聲。但是毒打了十幾分鐘，已經昏死過幾次的應桂馨仍然不肯招供。

　　黃金榮臉上露出了不悅，這時程子卿湊到他的耳邊小聲嘀咕了幾句，黃金榮臉上笑了，說，「好，就依三弟的。」

　　不一會兒，程子卿打扮了模樣，走進了關押應桂馨夫人的屋子，低聲說道：「我是應大哥的知心朋友，在捕房做事，剛才已與應大哥接過頭，大哥要我告訴妳們，不要著急，很快就會出來的。只是有些祕密檔案，不可落到他們手中，他要妳們立即交給我，讓我轉移出去。」

　　應桂馨的夫人有些遲疑，程子卿趕緊又催促道：「快點，如果讓巡捕房搜去，大哥的命就保不住了。」

　　這時一個小妾站起來說：「就在這裡，請你一定要救老爺出來啊」。說著走到了牆角，拉開活動地板，取出一只小箱子。

　　程子卿奪過箱子，衝出屋去，交給了黃金榮。黃金榮打開箱子，只見裡面有封信，內容就是刺殺宋教仁，而落款處赫然寫著「趙秉鈞」三個字。

　　看到這，黃金榮倒吸了一口涼氣，發現原來這個案子連趙秉鈞這樣的大人物都牽扯其中。趕緊吩咐手下，將應桂馨一家男女老幼全部帶回巡捕房，分別偵訊，免得有人漏網。

　　隨後，經過審訊，刺殺宋教仁一案才水落石出。原來，國民黨在參、眾兩院第一次選舉中獲得大多數席位，宋教仁更是聲望日隆，他入主內閣總理已成定局。想做皇帝的袁世凱對此惶惶不安，如坐針氈，他曾以高官厚祿來收買宋教仁，還送上一本支票簿，結果均遭到拒絕。袁世凱在收買宋教仁不成的情況下，便決定暗殺宋教仁。

　　刺殺任務最後交給了江蘇駐滬巡查長應桂馨來完成，袁世凱還向應桂馨許諾，「事成之後，獎給現金50萬元，授

予二等功勳」。功名利祿之下，應桂馨這個亡命之徒滿口答應，隨後，他四處物色殺手。一個偶然的機會，他認識了武士英，一個曾做過清軍管帶，辛亥革命後被遣散，以盜墓為生的無業遊民。

應桂馨交給了武士英一把手槍，六發子彈，一張照片，吩咐他20日晚，在北火車站，槍殺照片中的這個人，事成之後，獎賞他1000元。武士英也是殺人越貨之徒，拿了槍彈和照片，便在20日晚埋伏在火車上。當看到宋教仁準備登車之時，開槍擊中宋教仁，於是就發生了這起震撼全國的民國第一政治大血案。

◆1913年《真相畫報》刊登的謀殺宋教仁的有關嫌犯：洪述祖（左上）、袁世凱（中上）、趙秉鈞（右上）、武士英（左下）、應桂馨（右下）

4月25日，上海地方法院宣布正式開庭，審理應桂馨、武士英行兇殺人案。應桂馨在會審堂上俯首認罪，「確是因為袁世凱畏懼宋教仁北上出席國會，深恐對他有所不利，所以由國務總理趙秉鈞出頭，賄買兇手行刺。」

但是，就在前一天晚上，拘押在監獄的武士英，突然吞服了紅頭硫磺火藥「自殺」，事後查悉，那些致命的火柴頭，是有人逼他吃下去的。

7月25日，應桂馨越獄。事先，他用大量的金錢賄買獄卒，同時指使他的一批手下，裡應外合，居然越獄成功，讓他逃了出來。應桂馨越獄後直接逃往青島，住在租界裡面，隱姓埋名，平時很少露面。後來，應桂馨從北平搭快車回天津，結果被袁世凱的特務發現行蹤。當他坐在頭等車廂時，忽然從門外閃進來一個大漢，砰的一槍，打死了應桂馨。

距離應桂馨之死不到一個月，趙秉鈞在天津督軍衙門宴客，當場中毒死亡。事後獲悉，這也是袁世凱派人暗中下的毒。

至此，刺殺宋教仁的一幫兇手，都得到了應有的下場，袁世凱最後也在舉國聲討中伴隨著自己的皇帝夢鬱鬱而終。倒是黃金榮破獲了這起驚動全國的大案，在國內的聲名與日俱增。

破劫車案，榮升警長

　　1923年5月6日凌晨1點左右，山東南部的棗莊市臨城附近的津浦鐵路線上，和平常一樣，周遭是午夜時分慣有的靜寂，但是，這貌似無比平靜的場景背後，卻蘊藏著巨大的風暴……

　　兩個鐵路護工正在巡查鐵路沿線的安全，忽然，十幾個黑影從道路兩旁的麥田中竄了出來，兩個護工還沒來得及看清是誰，已經被那夥人擊暈，扔在了路邊的麥田裡。隨後，這夥人拿出了工具，開始撬開鐵路上的道釘，繼而搬開鐵軌，扔開枕木，不出多時，就將原本一段完好鐵路線拆了五、六十米。

　　看著鐵軌已經被破壞的差不多了，為首的一個高個子低聲命令到：「弟兄們，撤。」隨即這夥人便又神出鬼沒地消失在麥田裡。遠處，火車的轟鳴聲已經漸漸傳來。

　　這是一趟從上海途經南京、濟南、天津開往北京的豪華列車，車上載著很多乘客。火車不知情地向前急駛，猛然間，司機突然發現列車前方大約百米處的一段鐵軌被完全拆掉，情急之下，他立刻拉起煞車閥，列車隨即發出一陣慘烈的煞車聲。伴隨著車輪與鐵軌之間因為劇烈摩擦而生出的陣陣火花，車速迅猛地降了下來，但是列車煞車還是煞晚了，巨大的慣性推動著火車繼續向前不停地行進著，

隨著轟隆隆的巨響，火車出軌傾覆在路邊。

車中的旅客摔得東倒西歪，從睡夢中醒來，還不知道怎麼回事，就聽車外面砰砰一陣槍響。正是剛才的那夥黑衣人，他們持著槍，衝進翻倒的列車中，用槍指著乘客，威逼他們下車。其中帶頭的一個黑衣人大聲嚷嚷道：「都老實點，不聽話，老子餵你們吃槍子！」

將這批旅客全部押出去後，帶頭的黑衣人一看裡面還有幾個洋人，便吩咐手下，把中國人聚在一起，將洋人給綁了起來。隨後，帶頭的黑衣人爬到車頂，大聲說：「下面的人聽著，老子是抱犢崮的孫美瑤，這次把大家劫了，不是為了別的，就是為了混口飯吃。當官的逼老子造反，老子就造反。」孫美瑤繼續大聲說：「中國人不打中國人，你們都回去吧。回去之後就向官府說，說我孫美瑤把火車劫了，要想要回這些洋鬼子，就派人跟我談判！」

一聽只抓外國人，那些中國人謝天謝地，趕緊跑了。孫美瑤則帶著手下的弟兄，把抓住的幾個洋人帶回到了抱犢崮的據點裡。

這孫美瑤到底是何人？為何要劫火車？還得從頭說起。

清朝政府被推翻後，中國很快形成了軍閥割據的局面。各地軍閥各自為政，連年混戰，國內政局動盪，兵匪四處橫行。山東嶧縣和滕、鄒一帶屬於蘇、魯、皖、豫四省邊境，北洋軍閥統治時期，這四省邊境屬於剿匪督辦張敬堯管轄。這一地區的抱犢崮有一夥人，為首的叫孫美松，他過去是張敬堯的舊部，張敬堯失敗後，孫美松部因政府不肯收編，就占據抱犢崮落草，做了不少壞事。

後來，北京政府派山東督軍田中玉率軍消滅這些土匪，

官軍包圍抱犢崮達一年半之久。圍山時間一長，山上因缺乏飲水和糧食，孫美松便遣人向同樣落草的胞弟孫美瑤求援。孫美瑤接到大哥的求援信，他便和大哥合在一起，憑借險要地形，據險固守，抗拒官兵，這樣形成了僵持的局面。

◆孫美瑤（前排左三）為數不多的照片之一

　　眼看山上的糧食一天天見少，再這樣下去，孫家兄弟的隊伍可就要不戰而敗。於是，孫美瑤兄弟倆合計了一下，決定要做件大案，讓官兵投鼠忌器，以此作為逼官兵退兵的籌碼。於是便出現了開頭所說的山東臨城火車大劫案。

　　這個大案果然是個大籌碼，因為孫美瑤他們綁架的這夥洋人背景都不比一般。裡面有「石油大王」洛克菲勒兒媳的妹妹舍恩伯格小姐、美國陸軍軍官艾倫少校以及美國著名報紙《密勒氏評論報》的記者鮑威爾。另外還有一位重

要人物，他就是法國人裴雨松・雷狄。雷狄是上海董家渡
天主教堂的主教，這次他去北京正是要商談擴大天主教在
上海活動範圍的事情。

　　這麼多重要人物被劫持了，英、美、法、義、比五國公
使立即向北京政府提出交涉。要求在三天內必須將被擄的
僑民全部救出，不得傷害一人，否則將會採取必要的措施。
上海美僑電請美國總統，要求迅速營救被擄的美僑；駐北
京的美軍要求直接採取行動，美國國防部長公然揚言出兵
中國。中國的官府歷來害怕洋人，現在看到洋大人翻臉了，
北京政府驚慌失措，手忙腳亂，惶惶不可終日，趕緊想辦
法救人。

◆抱犢崮「土匪郵票」前後貼用不足一個月，是美國人克勞
　和麥根心血來潮藉人質通信為由突發奇想創作出來的，雖
　沒有郵政效用，但畢竟在信函上出現過，創造了世界上獨
　一無二的郵政歷史

　　因為被綁架的人中有法國主教雷狄，所以法租界受法國政府的命令，要求務必救出雷狄主教。而租界當局自然將這個大案交給神通廣大的黃金榮來辦。黃金榮又遇到了一個可以進一步高升的機會，他也毫不猶豫的抓住了。

　　接到任務的黃金榮立刻帶人往抱犢崮趕去。來到山下，黃金榮帶領兩個得力的手下，喬裝打扮了一番，看起來就像當地的山民，到山上偵查起情況來。

　　抱犢崮是個深山叢林的壑谷，它的形狀就像一個倒掛的葫蘆，山頂上大約有二十畝地的盆地，山腰狹小，陡峭的山壁難望盡頭。山壁兩旁鑿有攀石作扶手，或嵌以扶手的木樁，攀登時如若不小心，就有跌入萬丈深淵的危險。

　　「果然是個易守難攻的險地」，黃金榮感慨了一番，正準備繼續向前，忽然看到遠處走來了一個打柴的山民。

　　「哎，老鄉！」黃金榮向著山民打了聲招呼。

　　「你怎麼還往山上走啊！」那個山民走過來，推著黃金榮他們往山下走。

　　「老鄉，咋的不能往山上走啊，大晴天的，又沒山洪，怎麼啦？」，黃金榮不解地問道。

　　「你不知道啊，以前我們經常到山上的土地廟裡去燒香，這兩天山上的那幫土匪不讓去了，說是誰去就砍誰的腦袋。」說著，山民還用手掌在脖子上比劃了一下。

　　黃金榮抬眼仔細往上看了看，果然看到遠處有一個土地廟，而廟的周圍有一隊持著槍的士兵在巡邏。看到這，黃金榮索性跟著山民往山下走去。邊走黃金榮邊思索起來：「火車劫案，土地廟，巡邏隊，不讓上山……」

　　黃金榮突然想到，莫非這個土地廟就是關押人質的地

方，如果真是這樣，救回人質可就易如反掌。黃金榮趕緊「哎呦」一聲，大聲叫道：「扭著腳了」，順勢坐在了地上，將自己的驚訝掩飾了過去。

一幫人都在黃金榮的周圍坐了下來，歇歇腳。黃金榮拍了拍山民的肩膀，說：「老鄉，去山神廟的路那幫土匪封了，有沒有別的路上去啊？」

「恩，好像有一條，村子裡曾經有人從後山攀上去過，那路真是危險啊，全是懸崖峭壁，掉下去肯定死了。」

山民將黃金榮帶回了村子，來到了山民阿虎的家裡。阿虎是個年輕的小夥子，身材瘦削，經常上山採藥，有一次就是他從後山爬上了土地廟。

黃金榮直接對阿虎說：「阿虎，能帶我們從後山爬到土地廟嗎？」

「這，太危險了，我要是出事了，我娘該怎麼辦？」，阿虎看了看年邁的娘親，不肯帶黃金榮上山。

黃金榮從口袋裡掏出50個銀元，嘩啦啦地灑在桌子上，「帶我們上去，這些都是你的。足夠你和你老娘以後的生活。」

重賞之下必有勇夫，看著銀燦燦的銀元，阿虎點了點頭。

當天晚上，黃金榮帶著全部人手，以阿虎為嚮導，從後山向土地廟爬上去。這條路果然兇險無比，很多地方幾乎都是90度的絕壁，黃金榮他們手腳並用，一連爬了三個小時，終於從後山摸到了土地廟。

黃金榮探出腦袋，往土地廟裡觀察。土地廟裡亮著一盞昏暗的煤油燈，能看到裡面人影綽綽，來回走動，而屋外的四角，有四個士兵在站崗放哨。黃金榮退了回來，將手

下聚集起來，吩咐了行動計劃，約定半夜兩點動手。

時間一點一滴過去了，一輪清冷的月亮掛在天上，四周的樹枝在地上留下了斑駁的陰影，山中不時傳來的鳥鳴，讓氣氛顯得更加詭異。黃金榮看了看手錶，已經兩點。他長吸了一口氣，打開手中白朗寧手槍的保險，一抬手，輕輕說：「行動！」

手下紛紛從隱藏的草叢中躍出，四個人從身後悄無聲息地將廟外的哨兵幹掉。然後，黃金榮帶領其他的人，一腳踹開廟門，衝了進去。

「不許動，舉起手來！」黃金榮大喝。

裡面正在打瞌睡的守衛被這大喝驚醒，還沒弄清發生了什麼事，便被黃金榮的手下拿下，用繩子給捆的結結實實。

黃金榮藉著煤油燈的光亮，看到了土地廟的一角蜷縮著幾個外國人，其中一個人胸前還掛著十字架。這會兒看到有人來救他們，那個外國人正不停地劃著十字。

真是踏破鐵鞋無覓處，得來全不費工夫。黃金榮機緣巧合，竟然直接找到了孫美瑤拘押人質的地方，並將人質悉數救回。

黃金榮護送人質安全回到了上海，法國領事親自趕到車站迎接了黃金榮一行人。營救火車劫案被綁人質，黃金榮立了頭功，為了獎賞他，法租界特任命黃金榮為麥蘭捕房「督察長」，由此黃金榮成為了華人在法租界巡捕房職位最高的人物。黃金榮權勢越來越大，名氣越來越響，成為了上海灘無人不知的大人物。

3

結交各界名流

結交袁公子

　　黃金榮一生結交甚廣，而民國早期錯綜複雜、紛紜變幻的歷史舞台，又給黃金榮廣泛結交各路人士提供了大好的契機。在這樣一個歷史時期，中國真是上演著你方唱罷我登場的一齣又一齣政治鬧劇，在一批人升起的時候，另一批人就沉落了下去，而一度榮升為帝王之家的袁氏，就是民國初年時由顯達而淪為衰微的一族。

　　1916年6月6日，身為中華民國大總統的袁世凱病逝，標誌著袁世凱時代的結束，也意味著袁家從此走向了衰落。儘管他給自己的後代留下了巨額的財富，但是在中國歷史上有著重要影響的袁氏家族已經不復存在。

　　在袁世凱眾多的兒子當中，最為人所熟知的有兩個：其一，就是一心想當太子的袁世凱長子袁克定，袁世凱後來之所以改制稱帝，袁克定是相當重要的慫恿者之一，以致袁世凱後來在遭受舉國唾罵之時，哀呼袁克定「欺父誤國」。而另一個人，就是袁世凱的次子袁克文。袁世凱在朝鮮居住了長達12年之久，而袁克文就生於朝鮮，他的母親是袁世凱的三姨太朝鮮人金氏。

　　在父親袁世凱稱帝這個問題上，袁克文持反對態度，也正因為這一點，當時正處於皇帝夢之中的袁世凱對這個兒子沒有好感，一氣之下竟將其軟禁在北海。袁世凱死後，

走上江湖的袁克文博得了更大的名聲，後來與張鎮芳之子張伯駒、愛新覺羅·載治之子溥侗和張作霖之子張學良共稱為「民國四公子」。

袁克文身為王公貴族，生活上放蕩頹靡，嫖娼、賭博、吸食鴉片，無所不為。後來為了躲避家裡的糾紛，袁克文離開了北京，來到了上海。初至上海的袁克文，舉目無親，無依無靠，但是，他有著身分、才名和金錢這三樣東西。有了這三種資本，孤身一人的袁克文想要混跡於上海灘也就不難了。但是，在上海灘沒有靠山是很難立足的，所以袁克文四處搜尋可以作為依靠的勢力，最終他看中了在上海灘手眼通天的黃金榮。經過韓榮浦的介紹，袁克文很快與黃金榮有了第一次的謀面。

因為袁克文與黃金榮都酷愛賭博，所以袁克文將見面的地方選在了黃金榮開辦的「181號賭窟」。這天，袁克文打扮整齊，帶著10枚金幣便向「181號賭窟」出發了。他帶的這10枚金幣可不是一般的金幣，而是袁世凱出任總統之時特地聘請英國的高級工匠鑄造的，上面鑄有袁世凱的頭像，屬於高等紀念金幣，數量非常稀少，常人尋得一枚已屬不易，而這次袁克文一下就準備贈送10枚，足見對黃金榮的重視。

來到了賭場，袁克文並不急於求見黃金榮，而是先走到賭台前，玩個兩把過過癮。袁克文先玩的是輪盤賭，只見他掏出了一把籌碼，隨意地選擇號碼，出手闊綽，讓旁人驚訝。而後又走到搖色子的賭台前，運用自己靈敏的耳朵，屢屢猜中色子的大小，贏得周圍人紛紛喝彩。看著這位賭客屢屢獲勝，莊家趕忙偷偷向正在三樓休息的黃金榮通報，

說有個年輕的後生，讓莊家賠了很多錢。

黃金榮一聽，心裡一驚，趕緊起身到樓下看看情況。只見搖色子的賭台前已經圍了好大一堆人，正為那個年輕後生叫好，發出一陣陣讚歎，而那個年輕人臉上也是分外的得意。

黃金榮正準備吩咐手下將這位賭客「請」出去。袁克文轉頭看到一個滿臉麻子的胖子正站在自己身後，衣著華麗，氣場深厚，便知道來人就是黃金榮，趕緊一拱手，對著黃金榮說道：「晚輩寒雲，特來拜見黃老闆。」

一聽是袁克文，黃金榮心裡一驚。早就聽聞袁世凱的二公子正在上海玩，還正愁沒有機會結交，沒想到竟然在自己的賭場遇到這位「貴人」。黃金榮趕緊也一拱手，滿臉堆笑：「袁公子大駕光臨，金榮倍感榮幸啊，快請到三樓休息休息。」說著將袁克文請到了三樓自己的專用休息室。

到了休息室，黃金榮連忙吩咐要好生招待袁公子，先是好吃好喝的宴請了袁克文，隨後又叫了兩個精心調教的高級妓女作陪，將袁克文哄得十分開心。

「黃老闆，初次相見，不成敬意，萬望笑納。」說著袁克文將帶來的10枚金幣恭恭敬敬地遞給黃金榮。

黃金榮一看，趕緊站起身，連連擺手道：「袁公子能來，黃某已經蓬蓽生輝，怎麼還敢接受如此貴重的禮物。」

「多謝袁公子。」黃金榮將金幣小心收起。袁克文見黃金榮有意接納，心中也是十分高興，「多謝黃老闆，寒雲就叨擾黃老闆啦。哈哈，以後黃老闆去京城，寒雲定當好生招待。」

◆袁克文，字豹岑，號寒雲，民國總統袁世凱的次子，昆曲
名家，民國四公子之一。因反對袁世凱稱帝，生活放浪不
羈，妻妾成群，觸怒其父，逃往上海加入青幫，並在上
海、天津等地開香堂廣收門徒。號稱「南有黃金榮、杜月
笙，北有津北幫主袁寒雲」

黃金榮能結交到袁克文這樣的權貴，滿心歡喜。為了籠絡住袁克文的心，黃金榮經常大擺宴席，隆重招待袁克文，在黃金榮的關照之下，袁克文住進了法租界非常奢華的高級公寓，往來出入都有多名來自安南的巡捕進行保護。這下子，袁克文就可以不用再為自己的人身安全擔憂了。

　　賭博是袁克文的摯愛，所以黃金榮投其所好，將袁克文招待得不亦樂乎。黃金榮自己對賭博也是嗜愛非常，而今遇到了這個同樣好賭的袁克文，歡喜得不得了。與袁克文不同的是，黃金榮與在賭桌上跟袁克文交手的時候，大有醉翁之意不在酒的意味，因為他注意到，與其他賭客明顯不同的是，袁克文可是帶著一座金山在賭，他是愛賭不愛錢，黃金榮則是愛賭更愛錢，這樣一來，兩人在賭桌上正好形成了互補，在共同大過賭癮之時，黃金榮也沒忘了打袁克文口袋的主意。

　　除了愛賭，袁克文也好色。對於這一點，黃金榮也是費盡心思，他日日拉著袁克文去自己的日新浴池洗澡，然後讓他享受自己專用的浴室，享受訓練最好的高級妓女的服務。同時，為了滿足袁克文的獵奇心，黃金榮也帶著袁克文到各處的煙花場所體會各種歡樂。盛情款待讓袁克文頗有樂不思蜀的感覺，而看到袁克文被自己伺候的舒舒服服，黃金榮心裡也是美滋滋的。他這個「奇貨可居」看來做的穩賺不賠了。

　　袁克文依然在上海花天酒地，不久，北京方面傳來了好的音訊，袁世凱表示此前所發生的不愉快完全是因為一場誤會，對他不會進行責罰，同時懇請他立即返回北京。這個消息讓袁克文分外激動，自己在外飄蕩了這麼久，這下

終於可以回家了。但是令袁克文尷尬的是，他此時手頭所有的錢財，連從上海回到北京的盤纏都不夠了。

正當袁克文苦惱之時，又是黃金榮，這次他特地趕來為袁克文送行。當聽聞袁克文沒有盤纏上路時，黃金榮慷慨地送給了袁克文5000元作為路上之用。

黃金榮的這種義氣之舉，令袁克文非常感動，其實他不知道，這5000元也是黃金榮在賭桌上從他自己手裡贏走的。

袁克文回到京城，也不忘給黃金榮答謝，派人送了許多禮物以示感激。後來再去上海時，袁克文也總會去拜會黃金榮，感謝他當年的厚遇。

透過結識袁克文，黃金榮不僅在金錢上獲得了巨大的收益，而且他進一步將自己的聲名傳播。

結識孫中山

　　黃金榮很有眼光，他發現革命黨人勢力還不算大，但是卻不容小覷。將來的政局，革命黨人或許還會大有作為，於是黃金榮便將籌碼押在了革命黨人身上，對他們的活動多有幫助，而且還積極結交革命黨人，除了陳其美這樣的骨幹，黃金榮甚至連革命黨人的領袖孫中山也千方百計地進行結交。

　　上海租界雖然建在中國的土地上，但卻是不受中國政府干涉的國中之國，而租界向來又以民主自由為標榜，清政府和北洋政府對資產階級革命者的殘害和打擊引發了租界的不滿，於是租界當局允許革命者在租界自由地從事各項活動，他們甚至公開宣布：「只要革命者不在租界私藏軍火，所作所為不危害到租界當局的利益，就可以受到租界的保護，可以進行自由的往來。」所以革命黨人將上海租界作為了革命的大本營，有許多革命黨人隱藏在租界中，策劃和發動針對清政府以及北洋政府的活動。

　　孫中山也將上海看做中國革命的基地之一，經常到上海來指導革命工作。自1885年4月孫中山由美國檀香山首次抵達上海，直到1924年11月由廣州經上海北上，前後30年間共來過上海達27次之多。

　　這時的上海灘，黃金榮已經是手眼通天的大人物，革命

黨人也希望能夠拉黃金榮加入革命的隊伍，這樣一方面可以為革命者提供更好的保護，一方面也壯大了革命的力量。

1910年6月，孫中山祕密來到上海，準備聯繫革命力量。孫中山到達上海後，陳其美接待了孫中山。因為革命屢屢受挫，孫中山頗為惆悵，看到陳其美如此的高興，孫中山也不禁趕忙問道：「英士，何事如此高興？」

「先生，上海灘現在的革命形勢很好，經過我們的工作，青紅幫勢力都紛紛表示要革命，他們都表示聽命於先生，要為革命出一份力！刺殺徐寶山就是這些人做的。」陳其美說完，臉上滿是喜悅。

一聽到革命勢力又有壯大，孫中山也是滿心的高興。隨即又問黃金榮的相關資訊。

陳其美說：「此人在法租界勢力龐大，耳目眾多，自從開了香堂之後，門徒湧入，堪稱上海灘第一大亨。除了他之外，這個黃金榮手下還有綽號『水果月生』的杜月笙，綽號『猛虎』的張嘯林，各個都是有勇有謀的人物，此三人號稱『上海灘三大亨』，是叱吒江浙的風雲人物。」

這時，上海的革命黨人宋嘉樹向孫中山說道：「這個黃金榮是上海一霸，很能幹，手下有一大幫徒弟，為人還算是開明的。要他加入我們恐怕做不到，但要他給我們一些方便應該行得通。」

孫中山轉向宋嘉樹，問道：「那我可否與這個黃金榮談上一談？」

「黃金榮有個徒弟叫徐福生，與我有些生意上的往來，要不我先安排他與先生見面，看看情況再說？」宋嘉樹建議道。

孫中山點點頭同意了。

第二天，徐福生被約到宋嘉樹的家裡。

這個徐福生是黃金榮的徒弟，很早就和黃金榮一起打天下，與黃金榮關係密切。而徐福生比較傾向於革命，與革命黨人有些聯繫，暗中也支持了不少革命黨人的活動。所以由他來擔任孫中山與黃金榮的牽頭人，還是比較恰當的。

徐福生久聞孫中山的大名，一見到孫中山，熱情地說：「中山先生，久聞您的大名，知道您幹的都是為民族為百姓掉腦袋的事。我徐福生敬重像您這樣的英雄，願意為您效勞。」

◆關於孫中山與黑幫的故事一直為百姓津津樂道，其中有關孫中山與青幫和洪門的關係也頗為撲朔迷離。圖為孫中山（左三）與友人們在杭州合影，其中黃湘（左四）、馬湘（左六）皆有黑幫背景

孫中山一見徐福生如此深明大義，握著徐福生的手，笑著說：「徐先生，不必客氣。孫文參加革命，不為一己之私，目的是推翻腐敗的清政府，建立共和，讓中國人民都挺起腰桿，過好日子。可是孫文才疏學淺，要想完成驅除韃虜的任務，需要各位有識之士的幫忙。徐先生也是我中華豪傑之士，想必願意為革命出一份力。」

徐福生一聽，此行的目的他就明白了七、八分，想著能為革命出力，他也分外高興，趕緊說道：「我師父雖然是江湖人士，但是為人仗義，對於民族大義也是看得很重的，另外師父對孫先生也是仰慕已久，我覺得師父他肯定也願意為孫先生效勞的。我回去，一定把先生的願望轉達給師父。」

回到了黃公館，徐福生向黃金榮說明瞭孫中山想要與黃金榮親自交談的請求。黃金榮本來就意欲和孫中山相識，經徐福生這麼一說，爽快地答應，並約定三日之後，邀請孫中山到黃公館與黃金榮一敘。

徐福生將黃金榮的邀請又帶回給孫中山。孫中山一聽十分高興，等待三天之後的會見。

第三天，孫中山收拾整齊，帶著禮物，由徐福生陪同著來到了黃公館。

而黃金榮也穿戴整齊，早早等在黃公館的門口。見了面，二人寒喧一番，黃金榮便邀請孫中山到自己樓上的會客室。待賓主落座，孫中山直截了當地說：「孫文從事革命，需要各地豪傑之士的幫忙。我知道黃先生在上海很有辦法，在法租界有很多關係。希望黃先生對我們的同志多加幫助和保護，我們一定會銘記黃先生義舉的。」

　　黃金榮拍了拍胸脯，「金榮是個粗人，混跡於市井，但是對於民族大義，金榮是分得清孰輕孰重，請孫先生放心，只要孫先生需要，金榮定當全力以赴。」

　　孫中山一聽，感激地握著黃金榮的手，「黃先生真是民族的英雄，待革命成功，孫文必不忘黃先生的大功。」

　　此後，黃金榮多次向革命黨人捐錢捐物，而且還出人幫助革命黨人完成任務，就像他日後自己描述的：「我在40歲光景，孫中山先生在上海革命是我保護的。中山先生到北京去的時候，我保護送他上車，臨走的時候，中山先生對我說，上海的革命同志你要保護。所以後來我認得了許多革命分子，像胡漢民與汪精衛他們就在革命軍打製造局的時候認識的。」

　　可以說，黃金榮對於革命事業還是出了一定力的。但是，結識孫中山，資助革命黨，對於黃金榮來說，僅僅是一種投機行為，是為了自己更好地發展。黃金榮在他們身上的投資，是為了以後千百倍的收回，而這種投資在日後果然也幫了黃金榮一個大忙。

門生蔣介石

　　黃金榮的政治投機不僅僅結交那些已經頗有聲望的人物，對於一些雖然落魄，但卻大有發展前景的人，黃金榮也是積極結交，而這其中的代表人物就是蔣介石。黃金榮用自己的伯樂之眼，做了一樁穩賺不賠的政治投機生意。

　　蔣介石自幼便立志從戎。先是進入了保定陸軍學校，隨後留學日本。在日本期間，蔣介石加入了孫中山的同盟會，由此結識孫中山、王柏齡、戴季陶、楊虎等以後的民國風雲人物。辛亥革命爆發後，蔣介石回到上海，參加了浙江的起義活動。隨後袁世凱篡權，蔣介石參加討伐軍，兵敗倉皇出逃來到了上海。

　　蔣介石在上海投資失敗，賠了個血本無歸，負債數萬元。蔣介石為逃避債主追債，整天東躲西藏，處境十分狼狽。

　　蔣介石曾經想逃離上海，但是債主無時無刻不監視著蔣介石，生怕他溜掉。被逼無奈的蔣介石認識到：現在自己迫切需要一個上海灘的「靠山」，只要有個「大人物」為自己撐腰，那自己的窘境就可以緩解了。選誰做靠山呢？蔣介石將上海灘的聞人大亨想了一遍，選中了黃金榮。但是，黃金榮貴為上海灘三大亨之首，自己的身分是不可能直接面見他的，於是蔣介石向自己的同鄉虞洽卿求助。

　　蔣介石找到虞洽卿，將自己的窘境對虞洽卿原原本本說

了。虞洽卿看出蔣介石這個人工於心計，能屈能伸，料定他將來必定能成一番大事，也有意施以援手，於是當聽到蔣介石求助於自己時，爽快地答應幫助他，「你我都是同鄉，看到你身處難處，我怎麼能見死不救？只是這些討債的都是道上的角色，不如我介紹一個人，他或許能幫你一幫。」

蔣介石連連道謝，問道：「這個人是誰？」

「黃金榮」，虞洽卿一字一句地說。

第二天，虞洽卿便帶著蔣介石來到了黃公館。虞洽卿進到屋裡，問下人，「黃老闆何在？」

一聽是虞洽卿的聲音，黃金榮睜開了眼睛，伸了伸懶腰，也笑著說道：「和德兄，哪陣風將您老吹來了？」

「黃老闆，今日前來，正是為蔣介石而來。」虞洽卿說著將蔣介石從身後推了出來。

蔣介石趕緊一拱手，畢恭畢敬地對著黃金榮作了一個揖，說道：「晚輩蔣介石，特來拜見黃老闆！」

黃金榮輕輕抬了下手，算做回禮。

這時虞洽卿走上一步，將蔣介石詳細介紹給黃金榮，從他參加革命的輝煌到證券所投機的失敗。說完，虞洽卿暗示，黃金榮是否願意接受蔣介石為自己的門徒。

黃金榮聽完之後，有些猶豫，這時虞洽卿又湊到黃金榮的耳邊，輕聲說道：「這個蔣介石，黃老闆不要小看呀。此人現在雖然落魄不堪，但他既是陳其美的學生，又與孫中山相識，那些革命黨人的領導人物，他都相識。以後一旦革命成功了，此人必定大有作為。黃老闆，這個你可得仔細掂量掂量啊。」

黃金榮想了想，裝著無可奈何地樣子，說道：「和德兄如此推薦，金榮收下他了。」

從此，蔣介石成了黃金榮的門生，稱黃為「老頭子」。

黃金榮看著面前的蔣介石，心中掂量著，估算這筆政治投機是否划算。思來想去，黃金榮覺得此人將來有成大事之氣勢，便下定決心要幫他一把，牢牢籠絡住蔣介石的人心。於是，黃金榮大發請帖，將蔣介石的債主都邀請來參加蔣介石的拜師宴。

◆時年25歲時的蔣介石。這是蔣介石的第一張西裝照，從寬大的袖子和腰身都顯示出這件衣服是臨時租借的。

酒過三巡，黃金榮向蔣介石遞了個眼色。蔣介石立刻明白了師父的意思，便端著酒杯站了起來，向在座的債主們一鞠躬，聲音顫抖地說：

「各位，感謝今天大家來參加我的拜師宴，從今天起，我蔣介石就是師父的門下。一日為師，終身為父，感謝各位對我的厚愛，感謝師父對我的培養，請大家同乾一杯！」

蔣介石仰頭一飲而盡，隨後又倒滿酒杯，高舉著說：「中正現在身負革命重任，不日即將南下參加起義。所欠眾位的錢款，待中正從南方歸來，連本帶利一併歸還。眾位盡可放心！」說完又將杯中之酒一乾而盡。

看眾債主心有不平，黃金榮說道：「介石今日拜入門下，就是我黃門的人了。以後如果有得罪大家的地方，還請諸位看在我的薄面上多多包涵；介石現在還欠哪位的錢，不必去難為他，大家也都知道他現在的境況，只要說個數，儘管向我這個當師父的來要好了，我會一個子兒不少、連本帶息地如數償還大家，所以，介石的債務就全轉到我的身上來好了。這個事，就這麼辦，大家說可好？」

不等債主們反應，一旁的虞洽卿又站起來說道：「和德今日看到介石能夠拜入黃老闆門下，心裡也是非常的高興。介石現在雖然一文不名，但是我很看好這個小夥子，他日必成大器。眾位現在應該助他一臂之力，將來他有了轉機，也一定不會忘了大家的。這樣何樂而不為呢？」

一看黃金榮和虞洽卿這兩個重量級的人物相繼說話，眾位債主又能有何話說呢？黃金榮這樣說，分明就是告訴這些人，如果還拿蔣介石的債說事，就是跟黃金榮他過不去，惹著了這隻麻皮老虎，誰還能活著出去。所以，這些人也

無可奈何，只好來個順水推舟，賣個人情，紛紛開口表示此前的債務全部免除。

看到自己的債務被黃金榮三言兩語地給解決了，蔣介石心裡充滿了感激，也對黃金榮這個神通廣大的師父充滿了羨慕。

1921年12月蔣介石離開上海去了廣東，隨後在孫中山的授意下，蔣介石參加護法活動，當孫中山被陳炯明叛軍圍攻，困守永豐艦時，蔣介石毅然決然地與孫中山在危難中並肩戰鬥40天，從此獲得孫中山的信任，平步青雲。

蔣介石拜黃金榮為師對蔣介石而言，擺脫了欠債的窘境，而且透過這次與幫會、流氓勢力聯姻，蔣介石得到了他們的支持，在後來的政治生涯中，他多次在危難中得到幫會勢力的鼎助，此後，幫會流氓勢力仍是南京政府維持統治的強有力的助手；而對勢力日益膨脹的黃金榮來說，接納「落魄」的蔣介石為門生，一來賣了好友虞洽卿一個面子，二來又結識了一個很有潛力的革命黨人，為以後的發展進行了一次政治投機。

雖然黃金榮並沒有設想蔣介石將來對自己會有多大幫助，但是他從直覺上感到這不會是一個賠本的買賣。後來事情的發展果然如黃金榮所想，短短的幾年之後，自己不經意間收下的這個徒弟竟然平步青雲，登上了中國政界和軍界的最高層。

接待「下野」的黎元洪

　　黎元洪，在民國歷史上絕對是一個大名鼎鼎的顯赫人物，然而他還與青幫大亨黃金榮交過朋友這件事情，可能就鮮為人知了。

　　說起這件事，還得從民國早期中國錯綜複雜的政治鬥爭講起。袁世凱死後，中國政壇上一時沒有可以操控全域之人，先前由袁世凱一人統領的北洋軍閥主要分裂為三大派系，即以段祺瑞為首的皖系、以馮國璋為首的直系和以張作霖為首的奉系。各系軍閥你爭我奪，輪流掌控著北京政府。

　　接替袁世凱擔任中華民國大總統的是原副總統黎元洪，但是同樣身為大總統的黎元洪卻沒有取得與袁世凱當年同樣的權力。當時擔任國務總理兼陸軍總長的段祺瑞處處與其頡頏，黎、段二人之間展開了所謂的「府院之爭」（「府院」即總統府和國務院），這場爭鬥的結果是引來了1917年的張勳復辟。

　　1917年5月下旬，黎元洪和段祺瑞因為是否要解散國會這個問題而使得彼此之間的衝突日趨激烈化，以致段祺瑞打算動用武力強迫解散國會，同時逼迫黎元洪下台。將黎元洪趕出了北京城，並且擁戴清廢帝溥儀重新登基。

　　張勳的復辟鬧劇僅僅維持了十二天便草草收場，段祺瑞帶兵又占據京城，回到了國務總理和陸軍總長的職位上，

而且聲威變得更高。掌握實權的段祺瑞企圖拒絕恢復《中華民國臨時約法》和國會，遭到了民主革命人士的強烈反對，於是便爆發了護法運動。

護法運動最後的失敗，引發了北洋軍閥內部各個派系之間的爭鬥，隨後便爆發了一系列的軍閥混戰。1920年7月，直皖戰爭爆發，隨後又爆發了直奉戰爭，應獲勝的直系軍閥邀請，黎元洪再次出任大總統一職。因為他沒有自己的嫡系部隊，黎元洪實際上已經成為了一個光桿兒總統，無力與直系軍閥相抗衡的。1923年的6月，黎元洪就在直系軍閥的逼迫之下，第二次下野。

黎元洪被逼下野後，心中對直系軍閥憤憤不平，因此到天津之後立即通電各界，積極從事反對直系的政治活動，企圖能夠重歸大位。這一號召得到了在第一次直奉戰爭中失敗的張作霖、被直系趕走的段祺瑞以及在廣州向曹錕政府發難的孫中山的回應，他們組成了反對直系軍閥的三角同盟，準備在上海召開國會。1923年7月中旬，兩百多位議員齊聚上海，積極籌備組建新的政府，於是黎元洪來到了上海。

黎元洪的身分其實是很尷尬的，一方面他是中華民國的大總統，可說是風光無限，但另一方面，他又是一個下了野的大總統，並無實權。這樣尷尬的身分讓上海的眾多聞人大亨在對待黎元洪的態度上舉棋不定。為了攀附這個權貴，就要風風光光地招待這位下了野的大總統，而正是因為他已經下野，沒有必要冒著與北京的執政者交惡的風險再去討好黎元洪。

正當別的人不知該以何種態度對待黎元洪時，黃金榮已

　　經早早下了決定，攀附這一權貴，在上海禮遇黎元洪。因為黃金榮知道，像黎元洪這樣的名人，說不定什麼時候就會用到。於是，在黎元洪還沒動身前往上海之時，黃金榮便派出親信與黎元洪接洽，表示歡迎黎元洪來滬，並且提供黎元洪來滬的食宿招待以及安全保衛。這種熱情的態度，讓黎元洪這個下了野的總統感激不已。

　　9月11日，黎元洪帶著夫人來到上海。為了表示歡迎與重視，黃金榮特意安排了隆重的歡迎儀式。為了保衛現場的安全，黃金榮派出了大批的巡捕和軍警，對現場實行戒嚴，禁止與歡迎無關的人士靠近一步，還派了一些便衣們混在人群中暗中保護。

　　為了讓黎元洪住的舒服，黃金榮特意將新購置的杜美路26號小別墅讓給黎元洪一家居住。同時，黃金榮還派出了安南巡捕，日夜在黎元洪的住所外站崗巡邏，甚至連張嘯林也被黃金榮派去當起了黎元洪的貼身警衛，不管黎元洪何時到何地去活動，他都必須時時刻刻地跟隨身邊，不能有半點馬虎。

　　黎元洪安置妥當，黃金榮便帶著厚禮趕緊前去拜會這位下野的大總統。

　　一進門，不待黎元洪說話，黃金榮便滿臉堆笑地說道：「大總統親臨視察，金榮深感榮幸！金榮定不忘大總統的厚愛，為大總統鞍前馬後，在所不惜。」

　　黎元洪自從來上海就感受到黃金榮所給予的厚遇，此時也是分外激動，他客氣地說道：「黃老闆，這次宋卿前來，多有叨擾。承蒙黃老闆的禮遇，宋卿深感欣慰。這裡是黎某的一些心意，望黃老闆笑納。」

◆黎元洪，字宋卿，漢族，是湖北黃陂人。人稱「黎黃陂」
中華民國第一任副總統、第2任大總統，晚年投資實業。
黎元洪是辛亥革命武昌首義的都督，也是中國歷史上唯一
一個兩任大總統和三任副總統的人

　　說著，黎元洪從箱子中取出一件掛滿勳章的陸軍上將禮服，賜予黃金榮。

　　黃金榮一看，初次見面，大總統居然就送給自己如此珍貴的禮物，心中一陣狂喜，高興地接過衣服，一拱手，「多謝大總統賞賜！」為了顯示大總統對自己的恩寵，黃金榮不避旁人，當面將禮服穿在自己身上，以示感謝。

　　黃金榮接完陸軍上將禮服之後，黎元洪的夫人又說道：「黃老闆，感謝你招待宋卿，我也有些心意，聊表謝意，請黃老闆笑納。」

　　沒想到大總統夫婦都給了自己禮物，黃金榮喜出望外，趕緊俯身去接，只見黎元洪的夫人拿出一柄慈禧太后曾經使用過的鎏金煙槍和一副嵌寶煙盤，恭敬地交給了黃金榮。黃金榮趕緊滿臉堆笑地雙手接著，連連道謝。

　　黃金榮歡喜得不得了，連連道謝，讚頌大總統的熱情與厚愛，許諾道：「大總統只要一聲令下，在下一定粉身碎骨，在所不惜。」

　　黎元洪聽後，滿意地點了點頭。

　　受到了黎元洪厚愛的黃金榮竭力安排好黎元洪的飲食。他想盡辦法搜羅各種山珍海味，多種新鮮水果。為了能讓黎元洪吃到可口的飯菜，黃金榮還特別聘請了技術高超的廚師，烹飪製作宮廷菜肴。三天一小筵，五日一大宴，儘量使大總統歡心。

　　為了不讓大總統生活無聊，黃金榮經常帶著黎元洪去戲館看戲。黃金榮精心安排曲目，還費心請來了上海灘當紅的名角呂美玉、李桂芳、張文艷和王芸芳等上演拿手曲目。每當黎元洪要來看戲，黃金榮就將戲院包場，讓黎元洪可

以不受干擾的一個人欣賞。

同時黃金榮也派人重新布置了包廂，將其裝扮得雍容華貴，他還專門向木器店租了四個大紅木龍椅，以示隆重豪華。為了黎元洪的安全，黃金榮派出了大批的手下，並在戲院四周站崗放哨，不許任何人前來騷擾。

黎元洪在上海逗留期間，廣泛拜訪了如章太炎、唐紹儀、李烈鈞等旅滬名流，同時醞釀在上海組織政府，直接與北京抗衡。

但張作霖和直接控制上海的盧永祥等反對黎元洪在上海組織政府，各派國會議員也自有打算，甚至不讓這個下台總統旁聽議員開會。這種情況下，黎元洪心灰意冷，決定黯然離去。

出行這天，黃金榮特地趕來送行，他派遣手下人，將整個碼頭區域進行了封鎖，生怕出現意外。為了營造歡送的氛圍，黃金榮請來了鼓樂隊，鑼鼓喧天，熱鬧非凡。

黃金榮走到神情黯然的黎元洪面前，一拱手，略帶歉意地說道：「大總統此次來上海，金榮有所照顧不周，萬望大總統原諒。」說著就要跪下謝罪。

黎元洪本來就很感激黃金榮如此隆重的接待，看到黃金榮現在還是這麼地尊敬和厚待自己，心中也是非常的激動。對比上海灘那些趨炎附勢的人，黎元洪覺得黃金榮是一個真正講義氣的人。

看到黃金榮要下跪，黎元洪趕緊走上去，攔住黃金榮，感激地說道：「黎某此次受迫來到上海，多虧黃老闆的厚待，生活甚是舒愜。京城所受之怨氣，在黃老闆處一掃而空。國家有黃老闆如此深明大義之人，實屬萬幸。黎某雖

居野下，但仍思報國。此次南下正是為申國之大義而來。黃老闆之舉，黎某謹記於心，他日龍騰之日，定當悉心報答。」黎元洪說著，眼中已滿是感激。

黃金榮聽完黎元洪深情的告白，心中也是感動，但更大的是歡喜。因為他已經牢牢俘獲住了這位「下野」大總統的心，以後一旦黎元洪重新得勢，自己又會多了一座堅實的靠山，這絕對是一椿好買賣。

4

我是天字輩

茶樓開香堂

　　黃金榮後來有一句口頭禪叫「我是天字輩」，這是什麼意思呢？其實講的是青幫的排輩，當年清朝中葉青幫創幫三老為青幫定了24字的輩分，即「清、淨、道、德、文、成、佛、法、能、仁、智、慧、本、來、自、性、圓、明、興、禮、大、通、悟、學」24字。幫會都有嚴格的宗法結構，這24個字，就是青幫的家譜脈絡。傳到民國，禮字輩已經基本上絕跡了，大字輩已經是最大的輩分，但是黃金榮就敢說自己是天字輩，可見其勢力炙手可熱，無人可擋。

　　而在當時，雖然黃金榮在上海灘的勢力如日中天，但是說穿了，他還只是一個法租界的巡捕，身分絕對比不了像陳世昌這些青幫頭目。於是，為了讓自己的勢力繼續擴張，黃金榮準備開香堂收門徒。

　　開香堂自然需要有地方，位址選在哪合適呢？黃金榮在租界轉來轉去，最後相中了巡捕房附近的鑫寶茶樓。一則因為這裡距離巡捕房近，方便自己兩處往來，二則因為黃金榮常來鑫寶茶樓，對這裡比較熟悉。於是，黃金榮便開始了侵占茶樓的行動。

　　一天早上，鑫寶酒樓剛開門營業，值堂的夥計們正忙於揩椅抹桌、洗壺擦杯。突然間大廳裡衝進來一大批人。這些人大聲嚷嚷著，說要吃酒，陳老闆也不敢怠慢，趕緊來

招待。只見鑫寶酒樓的大廳裡已經坐了三十幾人，各個兇神惡煞，殺氣騰騰。

「給老子上你們店裡最好的酒！」一個光頭的大漢大聲嚷道。

陳老闆趕緊端上來一壇好酒，這個人嘗了一口，「噗」地吐在地上，大聲罵道：「這是酒嗎？馬尿！敢騙你老子！不想活啦？！」

陳老闆趕緊作揖，「大爺，這真的是本店最好的酒呀！」

「這就不是酒！還敢騙老子，兄弟們，砸了這個黑心的鳥店！」領頭的一吩咐，下面的小弟都動起手來，掄起凳子將酒店裡的瓶瓶罐罐砸了個粉碎。

陳老闆看流氓開始砸店了，趕緊叫人去巡捕房報警。黃金榮嘴裡說馬上就去，可是遲遲不見他帶人來。這幫流氓砸了有半個小時，基本上酒樓已經被砸了個精光，才罵罵咧咧地走了。

等流氓都走了，黃金榮才慢吞吞地帶著手下來到了茶樓，看到陳老闆坐在地上欲哭無淚，黃金榮笑道：「陳老闆啊，得罪什麼人了吧，以後做生意可得小心點啊，不要輕易得罪人啊！」

陳老闆默默無語，呆呆地看著被砸了個稀爛的茶樓。

老闆找人裝修了半個月，鑫寶茶樓又重新開張。為了保證安全，陳老闆特地花大價錢雇了十幾個保鏢，黃金榮心裡暗暗罵道：「這個死不悔改的老東西，這次我要治死你！」

又一天傍晚，鑫寶茶樓正準備關門打烊，忽然一群流氓衝進了，也不吃飯也不喝酒，二話不說進門就開始動手砸東西。這時陳老闆雇傭的保鏢看勢態不妙，也拿出傢伙，

準備跟這幫流氓開戰，一時間，茶樓成為了角鬥場。那夥流氓各個都是亡命之徒，紛紛掏出利器，戳刺這些保鏢，不一會兒酒樓大廳便血流滿地，許多人中刀負傷。

一看這陣勢，陳老闆親自去巡捕房報警。黃金榮這次又是慢慢吞吞地出警，等走到鑫寶酒樓，黃金榮一看，地上全是鮮血，東西已經砸的面目全非，更為可怕的是有六個人被殺死在茶樓裡。

「陳老闆！」黃金榮生氣地呵斥道：「在你的茶樓有命案發生，怎麼不及時報官啊？」

「這，小的很早就報官了呀」，陳老闆委屈地說。

「那你是指責我黃某出警不力了？」黃金榮緊皺眉頭，狠狠地問陳老闆。

「這……這……」，陳老闆被問得啞口無言。

「陳老闆，這命案我要治你個知情不報」，黃金榮冷冷的說。

「黃探長饒命啊，饒命啊」，陳老闆趕緊求饒。黃金榮哪肯甘休，向手下人揮揮手，將陳老闆押回了巡捕房。

進了巡捕房的審訊室，陳老闆心裡戰戰兢兢，心想現如今，自己的小命全在黃金榮的手上攥著，只要他一用力，自己就一命嗚呼了。他趕緊吩咐家裡人，疏通關係，救自己出來。幾番折騰，陳老闆才被保釋出來，留待以後審理。

回到家的陳老闆心事重重，他知道，如果不能解決黃金榮，以後這種驚心動魄他是在所難免。於是便帶了一萬元，來到了黃金榮的家裡。一番討價還價之後，黃金榮終於嚇住了陳老闆，將鑫寶茶樓霸占，然後在招牌上加上了「榮記」二字，從此成為了鑫寶茶樓的主人，也開始在這裡開

香堂，收徒弟。

◆黃金榮說：他是「大」字頭上加一橫──「天」字輩

　　開香堂收徒弟這天，黃金榮早早來到了裝飾一新的鑫寶茶樓，只見茶樓經過精心裝扮，張燈結彩，地上滿鋪地毯，四壁人物畫屏，琳琅滿目，旁設紫檀座椅，鋪以錦繡鋪墊。香堂正中的案桌上，燃起了足有十斤重的一對舞龍嬉珠紅燭，光焰奪目；古銅爐內檀香滿爐，青煙繚繞，香氣四溢。香案的上方，供奉一幅「關聖帝君」的畫像。看著富麗堂皇的鑫寶酒樓，黃金榮分外地自豪，得意之情無以言表。

　　按照幫會開香堂大典的規矩，凡開香堂，都有前來慶賀的，叫做「趕香堂」，「趕香堂」的人越多，說明人氣越旺，開香堂的老頭子臉上也越光彩。黃金榮雖然不是正式

幫內人物，卻也是叱吒上海灘的風雲人物，所以各路人等都前來慶賀。像陳世昌、徐天雄等青幫頭子都前來為黃金榮捧場，甚至連租界當局也派了代表前來為黃金榮賀喜，足見黃金榮面子十足。

大典開始，一陣鞭炮過後，「老頭子」黃金榮身穿藍底青花緞袍子，外罩一件壽字團花馬褂，頭戴紅珠頂瓜皮帽，滿臉紅光，從樓上下來。他的身後跟著「趕香堂」的十幾個人。黃金榮在廳堂居中的一把太師椅上坐下，其他人分坐在兩旁。

「啟山門！」隨著喊聲，茶樓的正廳大門吱呀一聲打開，恭候在門外的徒兒們手捧紅帖進入大廳。這些徒兒，有名的有金九齡、程子卿、馬祥生、丁順華、魯錦臣、曾九如、朱順林、顧玉書等，都是替黃金榮鞍前馬後跑腿，立了不少功勞的。這些徒弟跪在關公像前磕三個響頭，而後再到黃金榮面前再磕三個響頭，然後恭恭敬敬地站在了黃金榮的面前。

「開香！」司香的執事把桌子下的包頭香劃開，分給徒兒每人一支，拿在手裡。這些徒弟跪了下來，然後有兩個執事捧了只盛滿清水的銅盆，讓每個人就著盆喝一口，寓意「淨口」，就是以後要遵守幫規，不得胡言亂語。

「啟問！」這是要黃金榮作為老頭子，教導這幫徒兒。黃金榮趕緊清了清嗓子，高聲詢問道：「你們可是自願入幫？」

「是！」徒兒齊聲回答到。

黃金榮接著問道：「入幫之後，你們要嚴守幫規，能否做到？」

「能！」

黃金榮得意的一笑，「好徒兒！」

問答完畢，贊禮人喊道：「收拜帖！」兩個執事端著兩個紅漆圓盤，來到每人面前，各人雙手將拜師帖呈出，恭恭敬敬地放在盤子裡。

「禮成！」徒兒們跪在地上，又連磕三個響頭，從地上爬起來，相互道喜。趕香堂的人也拱手向黃金榮道賀，開香儀式到此算結束。

開了香堂，收了徒弟，黃金榮分外地開心。他在鑫寶茶樓大擺筵席，請來賓好吃好喝了一頓，賓客觥籌交錯，黃金榮紅光滿面。一股豪氣在黃金榮心中油然而生，當年那個鄭家木橋的小瘌三如今已經將整個上海灘踩在了腳下，今天的黃金榮才是上海灘真正的主人。

青幫的幫規

　　黃金榮開完香堂，收完門徒，在上海灘大出風頭。但是因為不是幫會人士，他對於青幫內部的管理一竅不通。為了能夠將自己的一幫徒弟管理好，在上海灘繼續發展壯大，幫會的組織體系以及規則制度必須要明晰，於是，黃金榮想到了一個人，那就是青幫中的前輩——杭州青幫首領李休堂。

　　黃金榮立即寫了一個帖子，拿了幾根金條，朝李休堂的住處——六國飯店305房間奔去。一進門，黃金榮就將拜見帖子雙手呈上。李休堂接過了帖子，打開一看，只見上面恭恭敬敬地寫著六個字：「晚生黃金榮叩。」

　　李修堂早就聽聞黃金榮的大名，見到他以晚輩的身分如此尊敬自己，連忙擺手說道：「要不得，要不得，你我都是兄弟，怎麼能這樣相稱呢，這個我萬萬不能接受。」說著就要把帖子還回去。

　　黃金榮雙手把李休堂遞過來的帖子又推了回去，並從口袋裡掏出兩根金條，畢恭畢敬地放在桌子上，說道：「晚輩前幾日得幸開了香堂，但是，對於幫會的管理，我是一點兒都不懂。想來想去，就想到您了，您是幫裡德高望重的前輩，而且我們還都是浙江同鄉，所以這次我過來，誠心誠意地想請您出面，您一定要幫我領領路」。黃金榮誠

懇地說道。

「呵呵，真是後生可畏啊。三十幾歲就開了香堂，收了徒弟，真是大有前途啊，哈哈」，李休堂聽了黃金榮真摯的敘述，越發喜歡上了這個後生，於是拉他進了裡屋，坐了下來。

「黃老闆太客氣了，你我既是同鄉，又是兄弟，你的『碼頭』發達了，我也跟著沾光。再說了，你我滬杭兩幫，還要一起打天下呢，何必這麼客氣呢？我的年紀比你大，如果你瞧得起我，就叫我一聲大哥，你有什麼事情不明白的，愚兄一定知無不言，言無不盡。」李休堂也顯得分外真誠。

看來這門已經拜開了，黃金榮便開口向李休堂請教起幫會的問題。「李大哥，你為我講講青幫的歷史吧！」

「呵呵，好呀。」李休堂高興地答應，便一五一十地說開了。

在清朝雍正年間，皇帝招募百姓興辦水路糧運，後來在漕運水手中湧現出三個英雄，分別是來自江蘇常熟的翁岩翁福明、來自山東東昌府聊城縣後來遷居河南的錢堅錢福齋、來自浙江杭州武林門外啞叭橋的潘清潘宣亭。這三個人結成了異姓兄弟，他們就是青幫的祖師爺。翁岩、錢堅和潘清三人各設立了一個堂，分別是翁佑堂、潘安堂和錢保堂；各堂又設『六部』，也就是引見部、傳道部、掌布部、用印部、司禮部和監察部；司禮部又定出『二十四輩』，依次分別是：清淨道德、文成佛法、能仁智慧、本來自性、圓明行理、大通悟學。

清朝乾隆皇帝曾經微服出巡來到杭州，發現幫內管理有方，就賞賜了一根龍棍，上書『違犯幫規，打死無罪』八

個大字，此棍就成了青幫的鎮幫之寶。自那以後，凡是有重大違犯幫規的，都用這根龍棍棍杖打。

「幫中的規矩是什麼？」黃金榮問道。

「青幫祖爺訂有十大幫規、十禁、十戒、十要、傳道十條、家法十條」，李修堂喝了口水，接著說道，

「這十大幫規是：不准欺師滅祖；不准藐視前人；不准扒灰倒籠；不准奸盜邪淫；不准江湖亂盜；不准引法代跳；不准擾亂幫規；不准以卑為尊；不准開閘放水；不准欺軟凌弱。」

「另外幫會還有十禁和十戒。十禁：一人不准拜二師；父子不准同一師；師死不准再拜師；關山門不准重開；徒不收不准師收；兄弟字派有高低；本幫與本幫引進；師過方代師收徒；在道不准誹謗道；香頭低不准爬高。十戒：萬惡淫亂；截路行兇；偷盜財物；邪言咒語；訟棍害人；毒藥害生；假正欺人；聚眾欺寡；倚大欺小；煙酒罵人。」

「作為幫內分子，要做到十要：孝順父母；熱心做事；尊敬長上；兄寬弟忍；夫婦和順；和睦鄉里；交友有信；正心修身；時行方便；濟老憐貧。同時也要謹遵傳道十條：尊法律；孝雙親；敬神明；習正道；保身體；善改過；立品行；慎言語；務正業；戒嗜好。」

見黃金榮聽得迷惑不解，李休堂得意的笑了笑，說：「阿榮，這開香堂，就得有家法，尊規矩，無規矩不成方圓，青幫裡還有家法十條，幫人必須嚴格遵守。

一、初次犯幫規者，輕則申斥，重則請家法處治。再犯時，用定香在臂上燒「犯規」二字，並加斥革。如犯叛逆罪，捆在鐵錨上活活燒死。

二、初次忤逆雙親者，輕則申斥，重則請家法處治。再犯時，用定香在胸前燒「不孝」二字，並加斥革。如犯逆倫罪，捆在鐵錨上燒死。

三、初次不尊師訓，妄言妄行者，輕者申斥，重則請家法處治。再犯時，用定香在臂上燒「頑民」二字，斥革。

四、初次不敬長上者，輕則申斥，重則請家法處治。再犯時，用定香在臂上燒「不敬」二字，斥革。

五、初次以長上資格侵占幫中老少所有財產物件者，輕則申斥，重則請家法處治。再犯時，用定香在臂上燒「強奪」二字，斥革。

六、初次毆打幫中老少者，輕則申斥，重則請家法處治。再犯時，用定香在臂上燒「強暴」二字，斥革。

七、初次違國法所禁不道德之事者，輕則申斥，重則請家法處治。再犯重大罪時，用定香在臂上燒「莠民」二字，斥革。

八、初次誹謗仙、佛、菩薩以及一切宗教者，輕則申斥，重則請家法處治。再犯時，用定香在臂上燒「妄為」二字，斥革。

九、初次不務正業，專事敲詐、逞兇鬥毆，不受規勸者，輕則申斥，重則請家法處治。再犯時，用定香在臂上燒「無義」二字，斥革。

十、初次犯奸盜邪淫，而偽造虛構、誣栽，殃及幫中老少者，輕則申斥，重則請家法處治。再犯時，用定香在臂上燒「無恥」二字，斥革。」

聽完後，黃金榮發現原來開香堂如此麻煩，感慨了一番，沒想到，李休堂接下來講的更讓黃金榮費解。

◆青幫，又稱清幫、安清幫、親幫，是舊中國在民間影響最大的祕密結社之一。青幫源於哥老會，從清初開始，以漕運為業，其黨羽遍及運河兩岸，又有船幫之稱。民國以後，海運漸興，漕運業一蹶不振，青幫「上岸」，開始在東部大中城市拓展達到了全盛時期，上海成為了青幫聖地。圖為民國10年時的青幫進家證書（進家即入會）

　　李修堂向黃金榮講述了青幫的一套暗語，叫「盤海底」，比如一個幫裡人到外地去，稱為「開碼頭」。如若坐在茶館裡，將茶壺蓋取下，放在茶壺的左面，蓋頂朝外面，蓋底朝茶壺裡面，對茶壺而坐，雙眼不能斜視。又如在飯店酒肆裡，將筷子橫放在酒杯或飯碗外面，對筷端坐。這種做法叫做「掛牌」。

幫裡人看到就會向掛牌人問道：「你是何方老大？」掛牌人見對方來問，必須恭敬起立，回答：「不敢，是沾祖師爺的恩光！」對方再問：「貴前人是哪一位？貴幫是什麼幫？」答：「在家子不敢言父，出外徒不敢言師。敝家姓陳名叫上江下山，是江淮四幫。」雙方經過這樣的問答，已知道是自己幫內的人了，便彼此坐下。

隨後，對方還要盤問道：「老大頂哪個字？」掛牌人如是大字排輩的話，便答：「頭頂二十世，身背二十一世，腳踏二十二世。」對方再問：「前人占哪一個碼頭，現在哪一個碼頭？」此時掛牌人就照直說明，然後將幫裡的三幫九代向對方交底。三幫是江淮四幫、嘉海五幫和新馬六幫，九代是自身、前人和引見師、傳道師等的姓名。到這裡，「盤海底」的對話就此結束。

對方便不會向掛牌人要茶錢或酒飯錢，不但給掛牌人招待食宿，如若掛牌人還要到另一個地方去，還得給路費資助。不過，這種招待只限三、四天，以後就不招待了。「盤海底」是對青幫外出開碼頭的人進行考察。如果掛牌人在「盤海底」時沒有對答如流，或者是答話生澀和神色慌張，對方就懷疑你是個假冒門檻的「空子」。倘若是「空子」，一經盤問出來，准會教你吃「三刀六洞」，絕不留情。

聽完這些暗語，黃金榮也是稀里糊塗。李休堂看著黃金榮迷茫的眼神，笑了起來，「阿榮，你這做老頭子的人，以後這些都得記得滾瓜爛熟才是。」

「是，是，前輩說的是」黃金榮連連應和。

「青幫的幫規中規定有福同享，有難同當，不過是講『義氣』兩字，就算你殺了人，犯了法，只要『開碼頭』

往外地躲藏，任憑官府通緝的如何緊急，保證平安無事。所以你開了香堂，『義氣』二字一定要做到，否則很難立足。」李休堂拍著黃金榮的肩膀說道。

「金榮一定牢記李大哥的教導，謹記義氣。」

「以後有什麼問題儘管來找我，我一定幫忙。還望阿榮你的生意越做越好啊，哈哈」

「阿榮以後一定好好孝敬李大哥」，黃金榮也是分外感激。從李休堂那裡，黃金榮學到了青幫的幫規和暗語。回到鑫寶茶樓，他召集程子卿等一幫人，仔細商討了這些規則，加以修訂，最後形成了黃金榮香堂的幫規。黃金榮建立起了一套相對完整的組織體系，幫會逐漸發展起來，各路「英雄」紛紛匯集到黃金榮門下，黃金榮的勢力在上海灘飛速發展著。

杜月笙的加盟

　　黃金榮開香堂後，眾多流氓混混紛紛拜到他的門下，這期間最重要的就有在日後和黃金榮並肩成為上海灘三大亨之一的杜月笙。

　　杜月笙的第一份工作是在水果行做事，他的職責就是賣水果，從此杜月笙練就一手削水果皮的絕活，從此有了「水果月生」的綽號。隨後因為杜月笙參加了抵制日貨的遊行，所以被老闆大罵了一通，並被趕出了水果行。

　　迫於生計的壓力，杜月笙只好自己單幹。依靠自己的仗義敢做，杜月笙很快聚攏了一幫人，劃地盤收保護費，在流氓混混中頗有名氣。隨後，杜月笙機緣巧合遇到了「套籤子福生」陳世昌，而且還拜了陳世昌為老頭子，入了青幫，成為悟字輩成員。

　　杜月笙自從拜了陳世昌為師後，逐漸跟其染上了賭博。雖然杜月笙賭技高超，但是賭博畢竟輸多贏少，很快杜月笙的生活便出現了經濟問題。杜月笙因為賭博，經常連飯都吃不起，因為沒有資金來疏通關係，杜月笙在青幫中也是毫無起色，不受重視。

　　這天，杜月笙又賭輸了錢，正垂頭喪氣地往家裡走，忽然迎面撞上了「飯桶阿三」黃振仁，此人正是杜月笙的好朋友。他勸說杜月笙去追隨黃金榮，並帶他往黃公館走去。

　　不一會兒，兩人便走到了黃公館牆外。杜月笙透過院牆上的鏤空花窗向裡面看去，只見綠樹成蔭，一棟精緻的小別墅掩映在草木正中，一看就是有錢人家住的地方，杜月笙做夢都想成為有錢人，心裡便生出了一陣陣羨慕。

　　在弄堂口的過街樓下，一邊有一條紅木長板凳，凳上坐著五、六名彪形大漢，穿著一色的黑雲紗褂褲，微微掀起的袖口，手臂上刺的青龍隱約可見。黃振仁湊過來對杜月笙耳語道：「他們都是黃老闆的保鏢，在弄堂口隨時等候差遣。一旦老闆要出去，他們統統要跟著出去。」

　　「哦」，杜月笙感慨了一句，對於黃金榮的敬畏又增添了幾分。

　　「幹什麼的？」帶頭的大漢攔住杜月笙兩人，冷冰冰地問道。

　　「這位大哥，我們是來投奔黃老闆的，這裡有我們陳大哥給的薦書，要請黃老闆過目。」說著，黃振仁便從懷裡取出陳世昌寫的薦書。

　　「在門外等著！」帶頭大漢依舊冷冰冰地說道。

　　「阿生，別著急，咱們等著，我這推薦信的陳大哥寫的，看陳大哥的面子，黃老闆也得見見咱們。」，黃振仁安慰著杜月笙。

　　過了一會兒，帶頭的大漢出來了，「黃老闆有請！」

　　黃振仁得意地向杜月笙遞了個眼色，杜月笙長吸了一口氣，平靜下自己的心情，邁開了步伐，走了進去。

　　沿著曲曲折折的林蔭道，杜月笙邊走邊看。四處亭台水榭，奇木怪石看得杜月笙應接不暇，幻想著何時自己也能有這樣一棟宅子。

走了大概有十分鐘，杜月笙到了黃公館的會客廳。只見這個會客廳布置得中西合璧，百彩紛呈。紅木炕几，墊著大紅呢氈，紫檀木的八仙桌與靠背椅，覆以魚蟲花卉的湘繡圍披，波斯地毯，上置紅絲絨沙發。

「哈哈，這兩位可是陳大哥的朋友？」人未至而聲先聞，杜月笙趕緊向聲音傳過來的地方看去，只見一個滿臉麻子的大胖子，正慢慢地向自己走來，邊走邊打著招呼。

◆青年時期的杜月笙

「莫非這個就是黃金榮？」杜月笙心裡嘀咕著。

「見過黃老闆！」黃振仁趕緊拉著杜月笙向黃金榮行禮，杜月笙這才回過神來，趕緊深深作了一個揖。

「哈哈，兩位賢弟，客氣啦，客氣啦。」黃金榮扶住杜月笙兩人，拉著他們的手，走進廳裡坐了下來。

看到黃金榮並非如想像中的不近人情，杜月笙的心也略微放下了一些。

「你叫什麼名字啊？」黃金榮指著杜月笙問道。

「小的姓杜，木土杜。名月生，月亮的月，學生的生。」杜月笙趕緊答道。

　　黃金榮一聽，當即哈哈大笑，向在座的幾位客人說：「真是奇怪，來找我的，怎麼個個都叫什麼生的？蘇州有個徐福生，幫我開老天宮戲院，前面還有金廷蓀、顧掌生，廚房裡有個蘇州人馬祥生……」

　　「久聞黃老闆的威名，月生特地前來投奔，希望能為黃老闆效犬馬之勞，望黃老闆接納。」杜月笙跪了下來，「砰砰砰」連著給黃金榮磕了三個響頭。

　　黃金榮看著杜月笙機靈懂事，也是打心眼裡喜歡，「哈哈，阿生，好，只要你願意，我黃金榮保證讓你有吃有喝，生活的滋滋潤潤。」

　　「多謝黃老闆！」杜月笙感激地說。

　　第三天是個吉日，黃金榮在黃公館的客廳，接受了杜月笙三拜九叩的大禮，接過他的門生帖子，杜月笙正式進入了黃公館。

　　杜月笙憑借著自己的聰慧，深得黃金榮的好感，不出半年，黃金榮便對杜月笙刮目相看，委以重任。

　　原來黃金榮新開了一家賭場，人手不夠，便將這個賭場安排給杜月笙負責。所謂的負責就是要保證賭場的安全，不僅僅是抱台腳，當保鏢，免得被人搶砸、偷盜、訛詐，而是要把上自外國衙門，下自強盜癟三、三教九流、四面八方的人，全都擺得平，攏得轉，使得賭場安然無事。

　　杜月笙自從掌握了這一個賭台後，便兢兢業業，四方周旋。結果他的賭場不但能正常運轉，而且還比其他的賭場利潤還要豐厚，黃金榮對杜月笙更加喜愛，不斷地提拔他，培養他，而杜月笙也暗自培養自己的勢力，不斷的壯大自己，進而逐漸成長為了上海灘三大亨之一。

「猛虎」張嘯林

　　杜月笙投師黃金榮門下，對黃金榮的勢力發展有著很大的作用。還有一個人的加入，使黃金榮在上海的勢力更為擴大，這個人就是有號稱「猛虎」的張嘯林。

　　張嘯林出生於浙江寧波府慈溪縣的一個偏僻鄉村。張嘯林，排行第二，哥哥叫大林，所以父母為他取名小林，乳名阿虎。張嘯林這個名字，是他在上海當流氓出了名後才改的，取「猛虎嘯於林」之意。

　　張嘯林的父親是一個木匠，靠著微薄的收入，支撐著全家人的生活，所以張嘯林自小生活很不富裕。因為父母都忙於生計無暇管教，張嘯林自幼混跡於市井之中，習得一身痞氣。1897年，張嘯林20歲，因為老家鬧饑荒，所以張父帶著全家移居到離慈溪140多公里的杭州拱宸橋，張嘯林與哥哥張大林一起進了杭州一家織造綢緞的機房當學徒。但是張嘯林不甘老實本分地生活，遊手好閒，專同地痞流氓為伍，不時糾眾滋事，尋釁打架。沒幾年，就被機房老闆發現開除了。

　　1903年，張嘯林決定投考浙江武備學堂。在武備學堂中，張嘯林與同學周鳳歧、夏超、張載陽等人結為密友，這些人後來都成為了頗有勢力的軍閥，對張嘯林日後成長為上海灘三大亨起了重要的作用。

　　浙江武備學堂是個專門培養軍事人才的學校。張嘯林在入學以前已染上了地痞流氓的惡習，入學後不是把精力集中在學習上，而是用在與官府衙門和地痞流氓的勾搭上，想以此為資本，抬高自己的地位，擴張自己的流氓勢力。所以還沒畢業，張嘯林便輟學，拜在杭州府衙門李休堂門下，充當李休堂的跑腿。

　　張嘯林也酷愛賭博，而且賭技高超，每年春繭上市和秋季稻穀收穫之際，他便雇用一條小船，來到杭嘉湖一帶，以三粒骰子做賭具，巧立青龍、白虎等名目，引誘農民賭博，設計騙取農民錢財，引起了廣大農民極大的憤怒。後來杭嘉湖一帶人民寫狀上告，杭州府派人前來捉拿張嘯林，但是張嘯林透過關係，躲過了抓捕，逃到了外省，逍遙法外。

　　後來武昌起義爆發，杭州光復，張嘯林透過關係又堂而皇之地回到了杭州。後來，張嘯林參加了「三合會」，當了一名普通的門徒，逐漸發展成為拱宸橋一帶頗有聲勢的地頭蛇。

　　但是，隨後發生的一件事，讓張嘯林不得不背井離鄉，逃到了上海。

　　一天，張嘯林在朋友家喝了幾杯喜酒，心頭已有三分醉意。在回家途中行到拱宸橋附近，看到有幾個人合力毆打一個人，便上前勸說。那幾個人看到張嘯林多嘴，就不問青紅皂白，圍起他打了起來。張嘯林原是練過拳腳的，又長的魁武，見三人打來，一腳踢去，正好踢中其中一人的睪丸，那人當場倒地而亡。他知道這次闖了大禍，鬧出人命官司了，也不敢回家去，所以連夜離家逃往上海。

　　張嘯林逃到上海後，巧遇上海灘聞人黃楚九，在他的引

薦下，張嘯林進了賭場做跑堂，在妓院兼職做保鏢，另外閒暇時間還在街頭賣假春藥。在上海，張嘯林還結識了一生最重要的朋友──杜月笙。

張嘯林在東昌渡碼頭一帶拉起了一支隊伍，向過往的商戶徵收保護費。後來杭州錫箔船商在東昌渡碼頭的生意越做越大，張嘯林一人顧不過來，便尋求另外的人合夥，經人介紹，張嘯林認識了杜月笙。

杜月笙和張嘯林合夥把杭州錫箔船商的貨物引渡到「小浦東」卸貨，從中收取保護費，這事很快被其他的流氓知道。這些流氓聯合起來，聚集了一大幫人，前來找杜月笙和張嘯林鬧事。正巧這天只有杜月笙看場子，寡不敵眾，杜月笙這邊很快地便敗下陣來，而他本人也被打得奄奄一息。

隨後，張嘯林聞訊趕來，救起半死不活的杜月笙，將他背到自己租的房子中，悉心照料。過了半個月，杜月笙恢復了健康。因為救命之恩，杜月笙對張嘯林是感恩之至。

1919年8月14日，浙江督軍楊善德病故，盧永祥由淞滬護軍使升遷，護軍使則由盧系大將何豐林繼任，張載陽升任浙江省省長。由此，透過舊友張載陽的關係，依託於軍閥的勢力，張嘯林逐漸做大。

有了軍閥做靠山，張嘯林壟斷了進出上海的鴉片運輸，這下可愁壞了黃金榮。因為黃金榮主要的生意就是賭場和鴉片，沒了鴉片進貨管道，眼看自己的鴉片館就要倒閉，黃金榮每天是憂心忡忡。

這天，杜月笙完成了黃金榮吩咐的任務，正準備回來匯報。來到議事大廳，只見黃金榮眉頭緊鎖，斜靠在椅子上抽著煙，一副憂愁的樣子。

「黃大哥，遇到什麼煩心事啦？」杜月笙關切地問。

「哦，是月生啊」，黃金榮長歎了一口氣，「唉……」

「請黃大哥告訴月生，月生得大哥提攜才有了今天，就是拼了命也要為大哥分憂」，杜月笙說得分外真切。

「月生啊」，黃金榮又歎了一口氣，「別人把刀都架在咱們脖子上了！」

「竟然敢欺負到黃公館頭上來了。哪個小癟三，吃了豹子膽了！」杜月笙一聽，火冒三丈。

「人家有後台……」，黃金榮恨恨地說。

「後台？能有咱們的後台硬？」，杜月笙不解，在他看來，中國最大的後台就是洋人，在租界沒有人不怕洋人的。

「人家有這個！」，黃金榮用手比劃出手槍的樣子，「浙江的軍閥都是他的靠山。洋人可怕，槍子更可怕……這條猛虎，咱們可招惹不起啊。」

「猛虎？黃大哥，這猛虎是誰啊？」

「就是那個張嘯林！」黃金榮無奈地搖了搖頭。

一聽到是張嘯林，杜月笙哈哈大笑起來，讓黃金榮分外不解。

「月生，怎麼了？難道你認識這個張嘯林？」黃金榮不解地問。

「黃大哥，不瞞你說，這個張嘯林，月生確實認識，而且交情不淺啊」，杜月笙得意洋洋地說。

黃金榮眼睛發出了光彩，坐直了身子，「月生，到底是怎麼回事？」

於是，杜月笙便將他與張嘯林的過往一五一十地都向黃金榮說了，而且還強調張嘯林對自己的救命之恩，證明自

己與張嘯林的深厚交情。

◆透過杜月笙的引薦，張嘯林正式拜入黃金榮門下，上海灘
三巨頭的時代正式拉開帷幕

聽完杜月笙的描述，黃金榮皺著的眉頭展開了，臉上露出了久違的笑容，他高興地拍了拍杜月笙的肩膀，「月生啊，黃大哥交給你個任務，能說服那個張嘯林入夥嗎？」

「放心吧，黃大哥，這事你就交給我吧」，杜月笙拍胸脯答應道。

隨後，杜月笙準備了厚禮，打聽到張嘯林的住處，便急匆匆趕了過去。張嘯林這幾年在上海也算是小有成就，如今已經買了一處大宅院。杜月笙走到張府門口，一看，果然氣派。

青綠色的大鐵門，門口立著兩尊漢白玉石獅子，透過鐵門之間的縫隙往裡看，偌大的院子裡樹木青翠，擺著假山

奇石，三層小洋樓掩映在林木之間，一派華貴之氣。杜月笙暗暗讚歎道，好房子，真不比黃金榮的差多少呀。

想到還有正事要辦，杜月笙趕緊敲了敲門，不一會便有僕人前來開門。杜月笙說明來意，特地強調來拜見救命恩人，僕人讓杜月笙在門外稍後。

杜月笙焦急地在鐵門外等著，不一會兒只見鐵門「嘩」的一下打開了。杜月笙抬頭一看，只見面前站著一個大漢，他身穿一身藍紫色的綢緞大褂，身材高大，耳闊面圓，一臉油光，足見富貴之相。

「哈哈，月生老弟！」來人拉起杜月笙的手，高興地叫道。

「是張大哥！」幾年不見，杜月笙已經認不出面前的張嘯林。想當年跑碼頭，風餐露宿，面容枯槁，現如今衣著光鮮，面目油潤，張嘯林彷彿判若兩人。杜月笙見到救命恩人，分外激動，撲過去，抱住了張嘯林。

「哈哈，月生老弟，快請進。」張嘯林熱情地將杜月笙請進了屋裡，高聲吩咐著：「讓廚房今天加菜，做月生老弟愛吃的蜜栗熏鴨肉！」

兩人久別重逢，分外激動。酒逢知己千杯少，張杜兩人推杯換盞，好不快活。酒過三巡，張嘯林拍了拍杜月笙的肩膀，笑著說：「月生老弟，如今在哪高就啊？」

「月生現在黃公館黃老闆手下混口飯吃。」

「可是麻皮金榮手下？」張嘯林一聽，愣了一下

「正是」，杜月笙夾了口鴨肉，笑著說。

「哎呀，老弟，看不出來呀，現在都已經是黃公館的人了，多少人想進都進不去，你真是修了福了。」張嘯林也

久聞上海灘麻皮金榮的名號，如今知道自己的這位老弟在黃金榮手下，也不得不刮目相看。

「哈哈，張大哥，這次來，我正是受黃老闆的委託，特來拜見張大哥。」杜月笙一拱手，恭敬地說道。

張嘯林摸摸油光油光的頭髮，哈哈一笑，「我張嘯林好大的面子，讓黃老闆來拜見，這可受不起呀，哈哈。」

「張大哥，黃老闆還說，想請大哥你改日去黃公館做客，他要好好招待你。」

「哈哈，張某定當赴約。」

張杜二人又把酒言歡許久，臨走時約定，三日之後，張嘯林去黃公館面見黃金榮。

杜月笙回到黃公館，向黃金榮報告了今日拜訪張嘯林之事。黃金榮聽後大為高興，重重獎賞了杜月笙。聽聞三日之後張嘯林將至，黃金榮連忙吩咐下去好好準備，要好好招待這隻猛虎。

三日之約到了，張嘯林如期而至。

「嘯林兄，大駕光臨，未能遠迎，失敬失敬啊」，黃金榮早早迎了出去。

「黃老闆，嘯林因事務繁忙，一直未能拜會黃老闆，失禮失禮，今日特來賠罪」，張嘯林也是分外客氣。

「快請進！」黃金榮將張嘯林讓進屋裡，杜月笙作陪，三人分主賓坐下。

「嘯林兄，聽聞你和浙江的張載陽熟識，可有此事啊？」黃金榮明知故問。

「哈哈，載陽兄是我在武備學堂的舊友，交情甚厚」，張嘯林得意地說。

「今日請嘯林兄前來，有個不情之請啊」

「黃老闆儘管吩咐，嘯林能辦的，定當盡力！」

「哈哈，爽快！」，黃金榮舉起一杯酒，「前幾日，我的一批鴉片在浙江被扣了，不知嘯林兄可否疏通疏通呀？」

「這個好辦，黃老闆放心，我跟載陽兄打聲招呼，以後只要是黃老闆的貨，他就絕不插手。」張嘯林痛快地說。

「哈哈，這樣太好了。」黃金榮沒想到這麼容易就要回了鴉片，分外高興。

張嘯林也舉起了一杯酒，「黃老闆，嘯林也有個不情之請。」

「哦？請講」，黃金榮有些疑惑，琢磨著這只猛虎的目的。

「嘯林初來上海，人生地不熟，還望黃老闆能收留至門下，嘯林也好有個立足之處，還望黃老闆成全。」

其實，黃金榮的鴉片被劫，正是張嘯林的授意。張嘯林知道，要想在上海灘立穩腳跟闖一番事業，必須得有一個靠山，而黃金榮這個黑白中外通吃的神通角色，正是作靠山的不二人選。可是自己如何能入得了黃金榮的法眼呢，於是張嘯林導演了這齣戲。現如今，黃金榮已經知道了張嘯林的價值，入黃門自然就輕而易舉了。

「哈哈，能有嘯林兄相助，我黃某真是如虎添翼啊，哈哈，嘯林來，乾！」黃金榮一聽原來是張嘯林有意入門，分外驚喜。

看到黃金榮答應了，張嘯林也是滿心歡喜，黃張杜三人共同酒杯，開懷暢飲。上海灘三大亨就這樣聚首了，並開始了他們的風雲歷程。

兩黃爭奪「大世界」

　　開了香堂，收納了眾多的手下，黃金榮聲威大壯，尤其是有了杜月笙、張嘯林兩員大將相助，黃金榮更是如虎添翼，如今在法租界，黃金榮算是華人中的第一號人物了，他插手各種賺錢的門道，包攬黃、賭、毒生意，指使手下門徒欺行霸市，無惡不作，許多人都恨他，但卻敢怒不敢言。但是，有道是一山不容二虎，看到黃金榮一步步做大，一些有勢力的人便開始合作發展，黃楚九就是其中的一個。

　　黃楚九的「大世界」遊樂場為他贏得了巨額的財富。但是生性貪婪的黃楚九絕不會滿足，於是，他又想以所賺的錢為本金，重新投資，準備再狠狠賺一把。

　　早些年因為缺乏資金，當黃楚九的「大世界」建成之時，黃楚九沒有及時將附近的地產全部經營起來，後來周圍的地段隨著「大世界」的繁榮而迅速發展起來，附近地價急劇上漲，經營者都獲得了重利，黃楚九卻只得了一個「大世界」，賺錢的行當一點也沒沾上，這讓黃楚九懊惱不已。黃楚九一直尋找著機會想再插一手，1925年，坐落在「大世界」不遠的「潮州墳區」打算遷往郊區，擬將地皮以投標方式出租。黃楚九覺得這是一個好機會，於是趕緊著手投標，但是天不遂人願，黃楚九在投標時走漏了風聲，最後競標失敗，這塊「肥肉」被他人搶去。

◆黃楚九，又名黃承乾，字磋玖，浙江余姚人，上世紀初上
海實業界的著名人物。晚年由於進行投機活動，負債累
累。1927年後遭黃金榮、杜月笙等人打擊，急恨交加，從
此重病加身。1931年1月19日病逝，享年五十九歲

　　黃楚九不甘心，氣惱之餘，他決定拼上全部家底一搏。
黃楚九動用了他所開設的日夜銀行的存款，以高價租下浙
江路、寧波路的一塊地皮，動遷原有住戶，翻造三層樓房
一座。本想著這次投入巨資，指望建成後可高價出租賺上
一筆，不料樓房落成時，恰好遭遇上海市經濟蕭條，且浙
江路面狹窄，地段並不算好，因此新房門面一時少人承租。

　　這下可讓這個商業鉅子騎虎難下了。投入了巨資卻不見
有回報，預想的商業街並沒有出現，為了改變這種蕭條的
局面，黃楚九又自己出資，邀請別人開設了黃隆泰茶葉店、
四合興點心店、羅春閣茶樓等商鋪，為了拉攏人氣，黃楚

九甚至出高價請來了上海灘出名的老店九福堂箋紙店，勉強撐起市面。但各鋪的營業都不景氣，甚至出現虧損，這讓黃楚九不僅難以收回投資，反而增加了一筆支出。

因為日夜銀行的存款都被黃楚九用到了地產上，一時日夜銀行的流動資金不足，儲戶的提款往往需要等很久才能實現，黃楚九天天忙於拆東牆補西牆，弄得焦頭爛額，精疲力盡。

正當黃楚九疲於奔命之時，黃金榮看在眼裡，樂在心裡。對於黃楚九的「大世界」遊樂場，黃金榮早就覬覦已久。這次黃楚九因為日夜銀行的資金不足正處於危若累卵的境地，黃金榮覺得搞垮黃楚九以及搶走「大世界」的時機到了。

黃金榮叫來頭腦靈活的杜月笙與他商量對策。

「月生，那個黃楚九的『大世界』，我早就想拿過來了，可是那個姓黃的就是不願意，故意出高價為難我。這次他的日夜銀行出了漏子，我覺得這是個機會，咱們要怎想辦法讓他把『大世界』低價盤給咱們？對於做生意，我不在行，月生，做買賣你有一手，你看咱們該怎麼弄？」黃金榮撓著腦袋問道。

杜月笙略微思索了一下，分析道：「我聽聞黃楚九為了浙江路、寧波路的地產，把日夜銀行的存款投了大部分進去，結果地產資金不見資金回籠，日夜銀行出現了虧空，資金周轉不力。這樣咱們不如在這銀行上打打主意，最後利用銀行，逼迫這個黃楚九將『大世界』賤賣。」

「恩，我也是這個想法，只是具體該怎麼辦呢？」

「這個，需要讓人們都去銀行提款，提款的人多了，黃

楚九的日夜銀行肯定支撐不了，最後不得不把『大世界』
給賣了。」杜月笙冷靜地說道。

「提款？」黃金榮喃喃地說著，忽然一拍腦門，笑了起
來，「我知道了。」

黃金榮叫來了丁順華。

「順華，現在手頭裡還有多少兄弟？」黃金榮問丁順華。

「哦，現在能活動的有2000人。大哥，咱們是要幹什
麼？」丁順華不知為什麼黃金榮會叫自己來，心中著實疑惑。

「讓你手下人這2000名弟兄，每天到日夜銀行存20元。」

「啊！」丁順華吃了一驚，不知道黃金榮唱的是哪齣戲。

「呵呵，記住，一定要在一個星期裡存完。」黃金榮瞇
著眼睛笑著說。

「這，這是幹什麼？」

「拖垮黃楚九！」黃金榮得意洋洋地說，臉上的笑滿是
猙獰。

「原來如此，大哥你放心，一個星期之內，一定會把這
4萬存到黃楚九的銀行裡。」丁順華拍著胸脯說道。

一個星期之後，黃楚九正在自己的住宅裡休息。因為這
一段的忙碌，黃楚九已經身心俱疲，加之又染了風寒，身
體發燒不止。好不容易請來了醫生，診斷打針吃藥，好歹
把病情給穩定住了，這會兒正在床上躺著休息。突然，一
陣急促的電話鈴響起。

祕書拿著電話一聽，大驚失色，趕緊將電話遞到黃楚九
耳邊。

「經理，不好了，銀行發生擠兌潮了！」這句話讓黃楚
九驚了一身冷汗。

「擠兌潮？多少人？」黃楚九趕緊坐直身子，焦急地問道。

「有幾百戶，都是幾十塊的小戶，但如此下去，恐怕會有大批儲戶湧來。」

「那些人在外面散布謠言，說日夜銀行已經入不敷出了。」

「這樣啊，先穩住這些人，他們想提多少就兌多少，一定不能讓人覺得日夜銀行沒有資金了！」黃楚九鎮定地吩咐著。

黃楚九畢竟久在上海灘混跡，見過世面，經過風雨，他已經意識到這是有人在興風作浪與他作對。雖然疾病纏身，但黃楚九已經想到瞭解決的辦法。

「黃經理，如果照這樣提下去，恐怕款子不夠呀。」

「能撐多少時間？」

「最多能撐到明天早晨。」

「好，一定要穩住，明晨7時左右，有一筆大款子進入日夜銀行，一定不要發生慌亂。」

黃楚九放下電話，吩咐祕書，「立即和廉先生聯繫好，我要馬上請他到鴻運樓去吃宵夜！」

「黃經理，現在已經是夜裡九點了，而且您還生著病！」祕書勸黃楚九不要出去。

「趕緊去！」黃楚九去意已決，呵斥了祕書一句，便開始穿衣服，收拾了一下，立刻坐著車往鴻運樓而去。在黃楚九懷裡的是那處賣不掉的地產的房契。

廉南湖，清末名士，家境殷實。辛亥革命後，廉南湖覺得連年軍閥內戰，國事日非，不想做官，移居上海。後來

他乾脆將家鄉的田產、房產賣掉，籌了一筆資金準備在上海經商。但是廉南湖是個讀書人，對於生意經一竅不通，便只好請教好朋友黃楚九。黃楚九的日夜銀行正急需錢，他想把廉南湖的那筆款子拿過來，作為交換，黃楚九準備將自己在浙江路的房地產賣給他。廉南湖畢竟不是個商人，禁不住黃楚九天花亂墜地連哄帶騙，用自己的20萬鉅款，將黃楚九那棟賣不掉的房子買了回來。

第二天早晨7時左右，黃楚九的日夜銀行經理打來電話。

「黃經理，銀行的儲備金已經用完了，已經不能兌付提款了！」

「大概還要多少款子？」

「大概需要8、90萬。」

「怎麼要這麼多？」

「小戶帶動了大戶，儲戶們都相信了謠言，恐怕今天所有的儲戶都會來提款的！」電話那頭的經理語氣已經無助了。

黃楚九停了停，語氣堅定地說：「停兌半小時，寫明布告：因去大金庫運現款，放款暫停半小時，請各顧主包涵。金庫現款運到，馬上開兌。」

「這樣行嗎？」日夜銀行的經理不相信黃楚九能變出90萬。

「照辦就行！」黃楚九胸有成竹地說。

半小時後，「大世界」遊樂場開出兩輛汽車，前面一輛敞篷的小汽車上坐著黃楚九，他身穿長袍，原先蠟黃的臉上塗抹著油彩，顯得容光煥發，他強打精神端坐著。黃楚九深知目前自己的健康情況關係到銀行的安危，所以他必須強撐病體，親自到銀行擠兌現場穩定人心。

到了銀行門口，黃楚九下車，竭盡全力大聲說道：「各位主顧，請不要擁擠，大家都能取到款，我們的現款已經運到，請大家閃出一條路，讓運款的卡車開進來。」

運款的卡車緩緩開了進來，卡車上坐著六個武裝巡捕押送著現款。銀行職員一看現款運到，忙來搬運，大約搬下20多只鉛皮票箱。存戶們一見黃楚九的實力如此雄厚，馬上議論開了：「我們不提款了，我們存進去。」

「嘩」一下，原來受矇騙的群眾由取款馬上變成存款，日夜銀行的擠兌風潮暫時被黃楚九化解了。看著轉危為安的日夜銀行，黃楚九長舒了一口氣。不過一鬆氣，黃楚九便覺眼前漸黑，心中暗道「不好」，黃楚九趕緊鑽進汽車裡，以免被別人發現，便昏厥了過去。

黃金榮本來以為透過擠兌風潮就可以一舉擊垮黃楚九，但是聽說黃楚九的日夜銀行保住了，黃金榮心中大為生氣，跺著腳罵丁順華辦事不力！

這次與黃楚九的初次交鋒，黃金榮敗下陣來。

事後黃金榮才得知自己被黃楚九「耍」了。黃楚九雖然從廉南湖那裡弄到了20萬，但是卻遠遠不夠90萬的款額。不過黃楚九耍了個小聰明，他用四只大錢箱裝了廉南湖的20萬，隨後又用報紙裝滿了其餘20幾只大鐵皮票箱，讓別人覺得黃楚九真的是帶著鉅款來的，一下穩定了人心，進而解決了擠兌風潮。事後有人戲稱，「老黃一出空城計，嚇退大亨三千兵」。

雖然黃楚九贏得了首戰的勝利，但是卻因此使得病情加重，惡化到了不可挽回的地步。1931年1月19日下午4時，黃楚九在「知足廬」寓所內病逝，終年59歲。

◆20世紀30年代的上海大世界遊樂場

黃楚九深知黃金榮覬覦自己的「大世界」，不拿到手他
絕不甘休。所以，黃楚九在臨終前吩咐，由虞洽卿、王廷
松、袁履登、葉山濤、黃金榮、杜月笙、張嘯林、趙芹波
等組成善後委員會，處理死後的產業，並特別囑託黃金榮
不能為難自己的家人。

黃楚九收斂之後，善後委員會便開始清理黃楚九的產
業。因為黃金榮在委員會中威望最高，所以眾人只得服從
黃金榮的吩咐。

黃金榮下令，所有黃楚九名下的產業繼續經營，但是日
夜銀行因為債務眾多，待清算之後，另行決定。這其實就
是宣布日夜銀行倒閉，那些有存款儲戶的錢就全打了水漂。
含辛茹苦掙來的血汗錢存到日夜銀行，現在卻落得一場空，
這些儲戶連連喊冤，他們聚集在日夜銀行前，捶胸頓足，
呼天號地，後來還發生了多起吞金、投河事件。

最後，黃金榮動用了多方勢力，以70萬的低價，將黃楚
九的「大世界」買了下來，1931年5月29日、6月1日，上海
《新聞報》先後登載了黃金榮的「榮記勝利公司」承租「大
世界」和接辦「大世界」的兩則啟事。「大世界」的招牌
赫然換成了「榮記大世界」，成為了黃金榮的私產。兩黃
之爭，黃金榮笑到了最後。

5

黃金榮的政治哲學

「大世界」成了難民收容所

　　1937年7月7日，日本帝國主義製造了盧溝橋事變，侵占了中國北方的最主要的城市北平和天津之後，又迅速將目標轉移到了中國南方最為繁華的都市——上海。

　　8月9日，日本如法炮製，再造事端，派遣駐上海陸戰隊第一中隊長大山勇夫和一等水兵齋滕要藏搭軍車強行闖入虹橋中國軍用飛機場，在遭到中國守衛士兵的阻攔後，他們開槍打死一名中國的機場衛兵。中國駐守機場的衛兵只能進行自衛反擊，當場將日軍官兵二人擊斃。事件發生後，日本帝國主義立即以虹橋機場事件為藉口，派遣大批日軍接連登陸上海，同時派出大量的飛機在滬寧、滬杭線上空偵察。4天之後，即1937年8月13日，日軍向中國上海發起了猛烈的進攻，以租界和黃埔江中的軍艦為作戰基地，炮擊閘北一帶，而中國軍民則奮起還擊，這就是舉世震驚的「八·一三」事變，而中國抗日戰爭中的第一場重要戰役——淞滬會戰由此打響。

　　短短的幾天時間裡，南京路外灘華懋飯店門前落下了炮彈，大世界附近也有炸彈落下。各國租界的路門，全副武裝的外國士兵匍匐在沙包築成的路障後面，枕戈待旦。各國領事館的官屬早已陸續疏散回國。整個上海的局勢岌岌可危。

中國軍隊在上海市民的全力支持下，奮起反擊，但是由於敵強我弱、國民黨的片面抗戰等因素的影響。1937年11月12日，淞滬防線全線崩潰，國民黨軍事委員會只得宣布「國軍全部撤出上海戰略轉移」。

在上海即將淪陷的前夕，黃金榮、杜月笙、張嘯林三大亨不得不考慮起自己的將來。杜月笙因為與蔣介石的親密關係，已經得到蔣介石的密令，建議他避居香港，以免落入日本人手中。於是，杜月笙來到了黃公館，拜見黃金榮，並詢問了他將來的打算，是否願意跟自己一起去香港避一避。

黃金榮聽後長歎一聲說道：「躲起來？我黃金榮活了快70歲了，半截子入土的人了，怕什麼？我不走了！我就留在上海了！我的大世界、黃家花園都在這，這可是我畢生的心血，捨不得！要是日本鬼子真進了上海，我就隱居在租界，這裡是洋人的地盤，料小鬼子也不敢胡來！」

「要是將來日本人要你出山呢？」杜月笙擔心地問道。

「月生！這你就太看不起我了。我黃金榮雖然沒讀過幾年書，但是寧死不做亡國奴這點民族氣節我還是有的。我現在是上海灘大名鼎鼎的大亨，又怎能投降日本人，做一條哈巴狗，對日本人搖尾乞憐！」黃金榮說得義正言辭，堅決果斷。

最終，上海灘的三大亨，各自選擇了自己的未來，一個避居香港，一個隱居上海，一個最終成為了日本人的走狗。

8月13日上海抗戰打響後，由於國民黨戰略的不當和軍隊素質的落後，使得中國軍隊不久便處於不利態勢。日軍大舉增兵上海，掃蕩周邊地區。11月12日，上海城區除蘇州河以南的租界外全部落入敵手。接著日軍侵占了江浙各

地，侵略軍殘暴屠殺搶掠，大批難民流離失所，他們紛紛
逃入上海租界。上海租界本來地方就不大，一下子湧入了
這麼多難民，租界頓時變得擁擠不堪。這些難民大多露宿
街頭，衣不蔽體，食不果腹，處於死亡的邊緣。看到難民
的慘境，黃金榮想到了自己小時候淒慘的生活，一時心生
同情，決定盡自己之力援助租界裡的難民。

◆大世界墜彈慘案，又稱為「黑色星期六」。1937年8月14
　日，淞滬會戰爆發的第二天，大批難民湧入宣布中立的法
　租界和蘇州河以南的半個公共租界，中國的一些慈善組織
　這時也成立了許多救濟機構。上海著名的娛樂場大世界也
　出面設立了臨時救濟站，聚集了大約5000名難民。當天下
　午四時許，兩架中國空軍飛機，攜帶兩枚炸彈，準備轟炸
　停泊在市中心黃浦江中的日本軍艦「出雲號」，尚未到達
　投彈地點，就被日本高射炮擊中炸彈架，回程途中意外墜
　彈，炸彈墜落在大世界遊樂場門前，造成三千多人死傷

　　黃金榮出面召集了仍留在上海的虞洽卿、袁履登、聞蘭亭等聞人大亨，組建了上海市難民救濟委員會，一面組織募捐，替這些難民籌錢籌衣物，一面尋找收容所，讓這些難民有個安身之地。

　　看著眾多難民仍然沒有去處，黃金榮做了一個極富民族大義的決定，他宣布「榮記大世界」遊樂場停止營業，改為難民收容所，供難民居住。於是難民便大量湧入大世界，不久的時間，整個大世界裡面的空地都被難民占滿。這時，黃金榮又宣布，開放所有大世界的舞台、劇院，都供給難民。

　　難民入住後，黃金榮每日又花不少錢物來購買食物、設立診所，他還在南市老西門、城隍廟等處施捨米粥給窮人和難民，這些愛國行動，得到社會各界的好評，為黃金榮爭得了美譽。

　　11月12日，日軍完全占領上海及周圍地區後，租界成為了孤島。由於日軍的封鎖，租界內糧食奇缺，難民面臨斷糧的威脅。黃金榮一方面擔心難民餓死，有失人道，將好事變成壞事；一方面又怕難民在大世界裡死去，進而破壞了風水，斷了財路。於是黃金榮立刻派出自己的門徒到蘇州、常熟一帶購買糧食，透過水路運至蘇州河邊，終使大世界內的難民避免了餓死的厄運。

　　為了讓大世界裡的難民不至於無聊，黃金榮出錢請來了戲班，每日為難民們唱戲。另外黃金榮還買了很多大喇叭，掛在難民的居住地，讓難民可以透過大喇叭收聽廣播，瞭解難民消息和尋人啟事。

　　在黃金榮的庇護下，數千名難民生活在大世界這個收容所裡。雖然條件很差，但是每日都有熱粥，睡有被、穿有

衣,絕大部分難民都因為黃金榮的義舉存活了下來。他們
紛紛向黃金榮表示了感謝,稱他為在世菩薩,祝福他長命
百歲。黃金榮得到了難民的讚譽,心中也分外高興。

到了1938年,隨著日軍往中國內地入侵,原來從上海
近郊和江浙地區來的難民多被陸續遣送回去,但仍有一千
多個難民居住在大世界裡,他們往往白天出去做小本生意,
晚上回到大世界來免費宿夜;另一方面,由於占領區工業
蕭條,急需大量的生活品,租界內人口擁擠,資金、勞動
力和商品市場齊備,這些因素刺激了租界內工商業的發展,
一度還出現了經濟繁榮的局面。

設計瞞過日本人

　　日軍占據上海後，租界也沒有成為避難所，整個上海全境很快的都陷入了日軍的控制之下。黃金榮的黃家花園也遭受到了戰爭的波及，樹木被炮彈炸斷，玻璃被聲浪震碎，花園內一片狼籍。

　　黃金榮平時就躲在黃公館，深居簡出，除一年一次到城隍廟拜佛求神外，連日新浴池也難得去一次，就此過起了隱居的日子。靠著戲院、澡堂、妓院等產業，黃金榮的生活倒還算太平。不過，很快，黃金榮的太平日子就要結束了……

　　日本占領上海後，上海人民的反日情緒十分高漲。為了欺騙上海人民，日本駐上海地區後防司令部佐藤大佐決定在中國人中選擇有地位有影響的人物擔任傀儡政府的職務，借由中國人來代替日本人管理上海，以此減少上海人的反抗情緒。

　　佐藤大佐多方考察，認為黃金榮地位高勢力大，而且他還是蔣介石的老頭子，這樣的人一旦擔任了傀儡政府的市長，必將帶動一大批人轉投大日本帝國旗下，於是佐藤便預謀請黃金榮出山。

　　佐藤知道黃金榮的地位，所以去之前特地請來了文書，寫了一封拜帖，然後與吉野中佐一道，帶著翻譯和三名侍

從兵,乘坐兩輛軍用汽車,趕到黃公館。

管家接過拜帖,趕緊往黃金榮的屋裡跑去。過了好一會兒,管家出來了,恭敬地說道:「太君,我家老爺有請。請隨我來。」

佐藤被管家帶到了黃公館的會客廳坐了下來。佐藤四處張望,並不見黃金榮的身影,正在詫異之時,只見黃金榮被兩個傭人攙扶著,顫顫巍巍地走了出來。

大熱天,平常人穿件單衣都覺得熱,可是黃金榮卻穿上了一件冬天用的厚棉衣,身上還披著一件毛毯,在傭人的幫助下,哆哆嗦嗦地坐到了會客廳的太師椅上。

佐藤站起身,向黃金榮敬了一個標準的軍禮,然後恭敬地說道:「我是日本帝國駐滬海軍司令部佐藤,久聞黃先生大名,今日前來拜訪!」一旁的翻譯趕緊向黃金榮翻譯了佐藤的話。

黃金榮聽完,想掙扎著站起來,但是沒有成功,只好費力地一拱手:「謝謝將軍!我這把老骨頭,不中用了,恕我失禮。」

佐藤聽後客氣地說:「黃先生客氣了。佐藤很早就聽說黃先生在上海灘的豐功偉績,著實佩服。現在終於能來到上海,親見黃先生一面,也了卻了我一樁心願。」

黃金榮臉上笑了笑,又一拱手,權作謝意,並示意佐藤「請坐」。

佐藤坐了下來,環視了四周,問道:「帝國軍隊進駐上海之後,黃先生對我大日本皇軍印象如何啊?」

黃金榮想了想,回答道:「貴國皇軍初來中國,彼此瞭解不夠,在意見上稍有隔閡。日子久了,我想會慢慢化解

敵對情緒的。」

「中國有句古話，『英雄所見略同』。黃先生與我大日本帝國想的一樣。我大日本帝國來到中國，就是幫助中國人打敗西方人對中國的奴役，實現大東亞共榮。不過可能在溝通上還有障礙，一些中國人不理解皇軍的一片苦心，屢屢對皇軍在上海的治理製造麻煩。這次佐藤前來，就是向黃先生求助，想請黃先生出面，擔任上海市市長一職，不知黃先生意下如何？」佐藤向黃金榮說明來意。

黃金榮咳嗽了一聲，恭恭敬敬地拱手說道：「佐藤將軍和大日本帝國看得起我黃金榮，我心裡非常感謝。我也想為皇軍效勞，只是我年老重病，畏寒怕冷，終年都得穿著棉襖，下身的癱瘓病還沒醫好，連路都得由人攙扶，怕是離市長這個職位的要求差的太遠，另外我也不識字，不知國家大事，這個怕是會給皇軍丟面子啊！」

「黃先生，佐藤誠摯請您出山，希望黃先生能仔細考慮一下，過幾日佐藤再來拜會黃先生。」佐藤說完，又看了看黃金榮的「病」體，起身離去。

日本人剛走，黃金榮便哈哈大笑，扔掉身上的毛毯，脫掉厚厚的棉衣，拍著帳房先生俞永剛的肩膀，翹起大拇指。

原來，當黃金榮知道佐藤前來拜見，就估計著是來請自己出山，而他也正想著該怎麼回絕佐藤，帳房先生俞永剛給黃金榮出了個主意——裝病。他先是給黃金榮打了一針氯丙嗪，這個氯丙嗪又叫「冬眠靈」，人一旦打了這個東西，便不覺得熱，甚至在大熱天穿上厚棉衣也絕不出汗，然後又替黃金榮的腿上打了一針麻藥，讓雙腿失靈，不能走動，以此來裝出生病的樣子。這招果然好用，還真把日

本人給唬住了。

　　黃金榮樂呵呵地活動著腿腳，一旁的俞永剛則憂心忡忡
地問道：「黃先生，這日本人請你去做那個市長，你不做，
日本人會放過你嗎？」

　　黃金榮在廳內踱著步，邊走邊說道：「這個市長是做不
得的。第一，蔣介石是我的門生，現在他公開表明抗日，
我這個老頭子卻做了日本人的走狗，蔣介石的面子上能掛
的住？第二，在日本人手下做事，稍不注意，那幫人能輕
饒的了？第三，做漢奸雖然享得一時的榮華富貴，但終將
遺臭萬年。就憑這三條，我黃金榮萬萬不能當這個上海市
長。」

時隔不久，佐藤又來黃公館，邀請黃金榮出山。黃金榮依舊裝出病重的樣子，面見了佐藤。

佐藤見到黃金榮，開門見山地說：「黃先生，我知道你有顧慮，我們可以保護你。你若能出面擔任此職，皇軍擔保你一切安全。」

黃金榮連連擺手說：「我這已經半身入土的人了，活到這麼一把年紀，多活幾年少活幾年都無所謂了。實在是我身體不好，上任不但做不了事情，恐怕還會給皇軍耽誤事。我黃金榮老了，該歇歇了。」

黃金榮的回絕，讓佐藤無話可說。佐藤只好強壓怒氣，轉而說：「既然黃先生身體欠佳不能赴任，那能否推薦一、二人？憑著黃先生的資歷，想必能推薦一名合適的人選吧。」

黃金榮知道如果不能滿足佐藤的要求，這個日本鬼子肯定不會放過自己，但是這個市長誰當了誰倒楣，沒有辦法，黃金榮只好仔細想了想，從那些傾向日本的門徒中推舉了幾個人告訴了佐藤。

遊走於各種權力之間

　　黃金榮最大的愛好是發財，而要發財，就不能隨便得罪各種勢力。所以，在抗日戰爭期間，他與各方都保持著聯繫。

　　首先是與日本人的關係。上海是日本人的天下，黃金榮不得不把與日本人的關係擺在第一位。黃金榮一再推託日本人的請求，沒有接受提供給他的公開職務，但是暗地裡還是對日本進行了幫助，這種幫助體現在兩個方面：

　　首先是「薦賢」，就是向日本人的偽政府機構組織推薦人選。因為黃金榮門徒眾多，聲望頗高，所以黃金榮就屢屢應日本人之邀，推薦「賢人」。像黃金榮的門徒盧英，在抗戰前夕擔任國民政府上海市警察局緝查隊長，上海淪陷之後，盧英隨同黃金榮留在了上海。

　　1937年12月5日，日本扶植的「上海大道市政府」成立，就警察局長一職日本人向黃金榮詢問合適人選。這時黃金榮向日本人舉薦了自己的門徒盧英，說他原來就是警察局裡的人物，有一定的能力也有一定的資源。在黃金榮的大力推薦下，日本人任命了盧英擔任上海市政府南市區警察局長，不久之後就因為黃金榮的大力薦舉和出色表現而被擢升為偽政府軍事委員會委員長這一高職。

　　其次是「籌餉」。黃金榮不僅給予日本偽政府人力的支持，還進行財力的幫助，這種幫助就是透過販賣鴉片為日

本人籌集軍餉。日本人提供黃金榮條件，讓他利用自己的管道進行販賣鴉片的勾當，而黃金榮也爽快地答應，在日本人的庇護下，大肆販賣鴉片。日本人規定，一箱鴉片煙土價值一百元，黃金榮以九十元的價格從日本人手中購得，然後銷售，從中獲利十元。黃金榮從1938年3月起，每月從販賣鴉片中就可獲利5000元。

除了與日本人打好交道，黃金榮還百般討好汪偽政權。因為汪偽政權雖然聽從於日本人，但是卻直接管轄著黃金榮，對於這個「縣官不如現管」的偽政權，黃金榮處心積慮地維持好關係。

汪偽政權的社會部長丁默村、工商部長梅思平等都是黃公館的常客。1942年，黃金榮的結拜兄弟陳群投敵，出任汪偽政權的江蘇省省長。黃金榮親自出馬，率領大批徒眾，乘坐專車到蘇州予以捧場。在黃金榮和陳群的安排下，整個江蘇省的各級漢奸機構都安插了不少黃門弟子，像吳縣縣長沈靖華、江陰縣長韋長鎮、松江縣長楊士傑等。

而汪精衛這個漢奸頭子，黃金榮更是不會放過，盡力討好他。平時裡汪精衛需要人手時，黃金榮就暗暗派手下予以支援，而汪精衛需要資金時，黃金榮也會予以資助。汪精衛做壽時，黃金榮特請日本三菱洋行買辦五一亭精繪《長眉羅漢壽佛圖》一幅，派祕書龔天健專程赴南京贈送給汪精衛，表示祝賀。而汪精衛自然也回報了黃金榮，他的偽政權對於黃金榮「分外照顧」，不僅允許黃金榮勢力進行各種違法勾當，還幫助黃金榮打擊競爭對手。借助汪偽政權的幫助，黃金榮獲得了巨大的壟斷利益。

黃金榮靠著暗中支持日本人的手法當起了「灰色漢奸」，

但是老謀深算的黃金榮知道，日本人終究是會失敗的，以後的中國還是國民黨的天下，所以在上海淪陷之時，黃金榮頗為高瞻遠矚地選擇了不投靠日本，隱居幕後發財。為了表示自己對黨國的忠誠，黃金榮也理順了與國民黨的關係。

在整個抗戰期間，黃金榮曾多次在各種場合表達他對蔣介石的忠誠。為了表達自己的誠意，同時也為了保護自己的安全，他還讓兒子黃源濤擔任了國民黨軍統的上海特派員，而其門徒丁永昌則擔任了軍統上海租界特工派遣站的站長。這樣，黃金榮不僅向國民黨表示了自己支持抗戰，與國軍站在一起的立場，還在國民黨內部安插了自己的眼線，一旦有什麼風吹草動，自己可以提前做好準備。

◆黃金榮一直與國共兩黨以及日本人都保持著良好的關係，圖為（從左至右）張嘯林、褚民誼、許世英、黃金榮、杜月笙的合影

　　1940年初，為了更好地控制和指揮上海的抗戰工作，蔣介石在國民政府行政院之下設立了上海市統一委員會，任命跟隨他輾轉至大後方的杜月笙擔任主任委員，黃金榮此時也向蔣介石要求加入委員會為抗戰出力，黃金榮最終成為了上海市統一委員會24名委員之一。在1940年到1945年間，黃金榮與國民黨第三戰區司令顧祝同也一直保持著聯絡。顧祝同曾派遣他的妻舅到黃公館去探望黃金榮，而黃金榮也曾派遣門徒秦興炎到江蘇和浙江等地同第三戰區所設的辦事處進行聯絡，為了表示慰問，還給國民黨的軍隊帶去了藥品和糧食。抗戰勝利前夕，秦興炎和黃金榮的兒子黃源濤，都被顧祝同在駐滬聯絡專員辦事處中安排了相應的職務，顧祝同的心腹何尚時還同秦興炎和黃源濤結拜為兄弟。

　　黃金榮在上海淪陷期間與日本人、汪偽政府和國民政府三者之間都有著非同尋常的關係，能夠處在相互敵對的勢力中不受冷落和打擊，反而還受到來自各方共同的青睞，這是常人難以做到的。但更令人稱奇的是，黃金榮竟然還踏著第四條船遊走於上海灘，那就是共產黨。

　　黃金榮從局勢的發展中看出共產黨是一股不容小覷的力量，上海現在雖然在日本人手中，但將來一定會回到國民黨手中，不過這之後會在誰的手中就說不準了，所以黃金榮對於共產黨也表示了支持。他不僅暗中支持中共地下黨的活動，而且還與抗日遊擊隊有聯繫。黃金榮透過關係結識了江浙一帶的遊擊隊負責人雙槍黃八妹，黃金榮信誓旦旦地說支持革命，支持共產主義，向共產黨頻頻示好。

　　1941年，美國一架戰鬥機在協助重慶政府作戰中，被

日軍擊落在太湖地區，該機飛行員白勞特降落在太湖，被黃八妹的部下救護下來。黃八妹派人送信給黃金榮，經黃金榮的穿線，秦興炎、何尚時等終於將白勞特護送到後方，黃金榮也因此贏得了共產黨的信任。

由於大世界地處租界中心，市面繁華，人流雜多而且進出方便，於是被日本和汪偽政權所注意，他們經常派人在這裡接頭密談。與此同時，國民黨潛伏在上海的軍統、中統特務在戴笠的遙控下，也以大世界作為理想的聯絡點。黃源濤、丁永昌等為獲取更多的情報，在大世界樓上辦了一個「高峰舞廳」，每券只售1元，但十分豪華，只有有身分的人才能入內。舞廳一開張，汪偽76號特務隨之而入，這裡成了蔣、日、汪勢力角逐的中心。而黃源濤還與76號的第6行動大隊大隊長吳醒亞為難兄難弟，李士群也會到此瞭解蔣介石、共產黨的情報。共產黨也借助大世界發展自己，大世界裡已經出現了中共地下黨組織，共產黨員姚惠廉以劇場工作人員的合法身分祕密發展共產黨員，他以幫會的形式作為掩護，吸收下層的曲藝藝人、勤雜工和小販等加入，暗中進行抗日的活動。這些情況黃金榮都知道，他不但不舉報打擊，反而加以庇護。榮記大世界遊樂場成為了日本人、汪偽政權、國民政府、共產黨四方勢力活動的場所，黃金榮都向他們提供了幫助。

黃金榮既援日又抗日，既挺國民黨又挺共產黨，他將四方勢力維持得很好，分寸拿捏得十分準確，的確是一般人等所望塵莫及的，他的這種做法也被人形象地比喻為「腳踏四條船」。

6

再「輝煌」的人生也要謝幕

黃金榮成立「榮社」

　　1945年5月2日，在蘇聯紅軍的強大攻勢下，柏林德軍全部投降。5月8日，德國正式簽署了無條件投降書，歐洲反法西斯戰爭勝利結束。在遠東，美國軍隊以空中優勢，攻占了戰略地位極為重要的琉球群島。日本本土周邊防線全部被摧毀，美軍開始了對日本本土的空中轟炸。在中國，由於世界大氣候的影響，中國戰區也積極反攻，1945年8月10日，日本政府的乞降書透過瑞士、瑞典轉給中、美、英、蘇四國。日本在乞降書中明確表示：願意接受《波茨坦公告》的各項規定，無條件投降。

　　日本宣布投降，八年抗戰正式結束。中國收回上海租界，取締了設在中國領土上的「國中之國」，這對國人來說，無不歡欣鼓舞。然而黃金榮此時心中雖然高興，但是也有了一絲絲憂愁。因為黃金榮知道，自己當年就是依靠在租界的職權，逐漸與各路流氓相互勾結而勢力越來越壯大的，租界對中國人來說是恥辱，對他來說卻是最好的資源。法租界存在的時候，黃金榮既是法國人手下的督察長，同時又是國民黨在租界內的代理人，黃金榮實際上充當了法租界當局與中國政府之間的一個橋梁。租界一旦消失，黃金榮這個中間人的價值也就不復存在了，他既失去了法租界的庇護，在很大程度上也失去了國民黨對他的倚重，

如此一來，黃金榮將不可避免地走下坡路。想到這，黃金榮不禁悲從中來。

不過，畢竟瘦死的駱駝比馬大，黃金榮雖然實力大不如以前，但是聲勢猶在，各方也不得不對這個昔日的大亨禮讓三分，以期將來有求於他。9月4日，國民黨第三戰區司令長官顧祝同自上饒致電黃金榮，內稱：「抗戰雖獲勝利，建設尚極艱巨，滬市恢復伊始，仍請協助維持地方秩序為重。」正當黃金榮正信心滿滿準備重振雄風之時，杜月笙也回到了上海。

隨著抗戰的勝利，大後方的恆社社員陸續返回上海，召開了第四屆社員大會。經過重新整頓，恆社社員從戰前的520人增加到910人，其中不乏國民黨的黨政軍警要員。這些有頭有臉的人物，在隨後的上海地方行政區一級選舉中，有31個區的區長被杜月笙的親友、恆社社員囊括一空，連他的三兒子杜維恆也撈個區長當當，在抗戰勝利後的第一屆市參議員選舉中，杜門親信在181個議席中占據了50多個。

在恆社社員的全力支持下，杜月笙短短的一年時間裡，獲得各式頭銜70個。恆社重新活躍起來，社員迅速增加，聲勢浩大，成為戰後上海灘堂堂有名的勢力，杜月笙的杜公館門前，天天車水馬龍，各色人等絡繹不絕前去求見。

看到杜月笙一回來風頭就如此之盛，黃金榮心中憋著一口氣，他不願意看到自己「三大亨」的地位發生動搖，因此明裡暗裡總是與杜月笙較勁。

當初他成立忠信社就是為了與杜月笙的恆社進行抗衡，如今恆社復興起來，他的忠信社哪能垮下去呢？於是，黃金榮決定著手振興自己的忠信社。

黃金榮找來了程錫文、杭石君等人,與他們商量。商量的結果是另起爐灶創辦「榮社」。

經過緊張的籌備,1946年6月23日,黃金榮的榮社正式成立。社址就設在嵩山路振聲里1號黃金榮的門生、原法租界公董局的買辦趙振聲的寓所。

◆1945年抗日戰爭勝利後,黃金榮成立榮社,勢力遍及全國工商、農礦、文化各界

這天,黃公館裡熱鬧非法,黃金榮身著長袍馬褂,由兩個傭人攙扶著,站在趙府大門外邊,拱手迎接應邀前來觀禮的要人。為了給黃金榮面子,上海灘一眾頭面人物紛紛到齊。主持人杭石君一一介紹過貴賓之後,大聲宣布道:

「榮社正式成立!」

黃金榮得意地笑了,看著台下幾百個鼓掌的社員,黃金榮感到自己還沒有老,還能夠在這波濤洶湧的上海灘中叱吒風雲。

隨後,黃振世向來賓介紹了榮社的組織情況:社長為黃金榮;常務理事為邱子嘉、黃振世、陳培德、杭石君、丁永昌,另外還設有理事與監事20人,這些人組成理事會,

決定榮社的各項大政方針；理事會下設祕書長，祕書處又設總務、財務、福利、組織、交際、文化、娛樂各股，處理榮社的具體事務。榮社的宗旨是「利用業餘時間，提倡正當娛樂聯絡感情，研究學術增進知識，共謀社會福利合作事業。」

榮社成立之後，黃金榮分外用心，時時關注榮社的發展，幫助榮社籌募資金，安排活動，到1947年，參加榮社的人數已達數千，超過了杜氏的恆社。榮社社員遍及全國軍政工商農礦文化各界，雖說社員的層次不如恆社，但也是上海灘一支不容小覷的勢力。

與恆社主要活動不同的是，榮社的主要活動是聚餐。榮社經常舉辦團拜會，時間一般為正月初六、七月半、十月初一等時候，社員交納一筆費用，大家再一起聚餐。但實際上，會餐只用去一部分費用，其餘均裝入了黃金榮的私人腰包。因為榮社實在沒有發揮出太大的作用，也沒有做出多少有實際意義的事情，在社會上也沒有產生多大的影響，榮社社員之間聚在一起所做的主要事情不是別的，就是吃吃喝喝，聚餐成了榮社最為主要的社團活動，這使得榮社實際上變成了一個吃喝俱樂部。

除了黃金榮辦社團，他的眾多門徒也紛紛建立自己的社團，像老北門鴻運樓酒菜館老闆周一星組織了「星社」，法租界捕房金九齡組織了「春社」，黃振世組織了「振社」等等。

「榮社」沒能如黃金榮所願發展壯大，最終消失在歷史的灰靄之中。屬於黃金榮的時代已經逝去，黃金榮這個舊時代的上海灘大亨，不可避免地一步步走向了衰落……

蔣介石的祝壽

　　1947年，是黃金榮八十歲壽辰。六十大壽，黃金榮過得風風光光，那時候的黃金榮可謂是如日中天。現如今，二十年過去了，時代變了，自己的歲數也大了，黃金榮漸漸覺得曾經笑傲上海灘的梟雄已經離自己越來越遠。

　　但黃金榮不是一個輕易服輸的人，他並不甘任憑自己聲名滑落，黃金榮決定風風光光地過一次八十大壽，向上海灘再展現自己的威名。

　　六十大壽黃金榮是讓杜月笙和張嘯林操辦的，現如今，一個已經成為了聲頭高過自己的真大亨，另一個則因為投敵賣國被刺殺身亡，看著物是人非，黃金榮心中也不由地感慨起來。不過，既然要風風光光地過八十大壽，這個籌備還是得由杜月笙來辦。於是，黃金榮給杜月笙寫了封請帖，派人送到杜公館。

　　不日，杜月笙如期赴約。

　　「黃老闆，真是恭喜恭喜啊，恭賀您高壽！」杜月笙拱手祝賀道。

　　「杜老闆，多謝呀！好久不見，一切可好啊？」黃金榮也客氣地問道。

　　畢竟黃金榮曾經是杜月笙的老頭子，杜月笙就是風頭再盛，也不得不對黃金榮禮讓三分，而黃金榮也自知杜月笙

的實力已經遠超自己，所以對待杜月笙也是分外恭敬，因而黃杜二人雖然不和，但是表面上還是彼此非常客氣的。

「沒想到啊，我這把老骨頭能活到八十歲，真是幸運啊！」黃金榮感慨道。

「黃老闆，您多福多壽，以後肯定能長命百歲的。」杜月笙恭維道。

「想當年我的六十大壽，你和嘯林辦得漂亮，讓我出足了風頭，我這裡得好好感謝感謝杜老闆。」黃金榮拱手向杜月笙說道。

「那今年我的八十大壽，杜老闆可否仍舊擔任主持一職？」黃金榮向杜月笙邀請道。

杜月笙略微思索了一下，爽快地說：「黃老闆放心吧，我會把您這八十大壽辦得風風光光，保證比六十大壽還精采！」

隨後，《申報》便刊載了這樣一篇啟事：「國曆十二月十二日暨農曆十一月朔日為黃理事長金榮老先生八秩壽辰。……凡與先生交好歡迎參加，增輝盛會。」

黃金榮八十大壽消息傳出，各界領袖寫聯送匾，大加頌揚。于右任、白崇禧、何應欽、湯恩伯、陳果夫、龍雲等中國軍政地方要人在上海報紙上刊登了《黃錦鏞先生八秩壽序》，頌揚在上海歷史上自「學博聞智，出秦扶楚」的春申君之後又有黃金榮的誕生，接著歷數黃金榮的種種「德行」，競稱黃金榮為「今之德星」、「中國在野之巨人也」。淞滬警備司令宣鐵吾特意製作了「海屋添壽」的賀匾送到黃公館，號稱三太史的張元濟、高振霄和錢崇威也各有賀詞，其中張元濟的祝詞是：「天寶定爾，以莫不興，

如山如草，如岡如陵，如川之方至，以莫不增，如月之恆，如日之升，如南山之壽，不騫不崩，如松柏之茂，無爾或承。」將黃金榮稱頌到了極致。

透過一番精心的選擇，黃金榮慶祝八十大壽的地點確定在滬西檳榔路的玉佛寺。玉佛寺早已是裝飾一新，張燈結綵，在寺內大廳中懸掛著一幅壽聯，上聯是「金玉滿堂，天賜百福」；下聯是「榮華富貴，仁者萬壽」，將金榮二字嵌入聯中。

農曆十一月初一這一天，平時香煙繚繞、清靜寧謐的玉佛寺格外熱鬧。黃金榮身穿一套紫黑色長袍大褂，腳穿白底綢布鞋，臉上雖滿是風霜，但此刻也滿是笑容，他站在門口迎接前來道賀的嘉賓。上海灘的名流聞人濟濟一堂，像蔣介石之子蔣經國、民國大族孔祥熙、上海市市長吳國楨、社會局長吳開先等各色人物均光臨大雄寶殿祝賀。

壽宴是在玉佛寺舉行的，同時也是出於節約的目的，宴席全部用的素菜。但這些素菜也準備得相當豐盛，而且菜名也都做了精心安排的。吃完飯，照例請來了戲班，為來賓唱堂戲。不過，黃金榮畢竟已是八十歲高齡，容不得喧鬧，陪著客人聽了一會兒，便回屋休息去了。

黃金榮的八十大壽雖然不如六十大壽般奢華，但辦得也算風風光光，各種頭面人物紛紛到齊，讓黃金榮臉上倍覺有面子。不過，隨後黃金榮接到了一通電話，讓黃金榮激動地無以復加，這個人就是國民政府總統蔣介石。

農曆十一月初四日的下午，黃金榮正在黃公館休息。這時管家進來報告：「有南京電話」。黃金榮趕忙來接，原來是蔣介石的祕書陳布雷親自打來的，說蔣介石明天到上

海來，準備到黃家花園來拜壽。黃金榮聽聞又驚又喜，趕緊吩咐手下趕到黃家花園，置物打掃，布置四教廳。

第二天，黃家花園裡打掃得乾乾淨淨，四教廳前陳列著樊石八仙群雕。當年蔣介石親筆題寫的「文行忠信」那塊橫匾，經過了歲月的侵蝕不免老舊發黃，黃金榮想盡辦法，吩咐人抹漬的抹漬，去汙的去汙，費了半天工夫，終於使其面目一新，然後恭恭敬敬地高懸在廳的正中。

為了蔣介石的安全，黃金榮吩咐所有「榮社」社員和得力門徒共百十人，在花園四周來往巡邏。為了讓蔣介石能夠吃好，黃金榮特地從甬江狀元樓定了兩桌酒席，從冷盤到熱炒、大菜、點心，盡是寧波特產，全部為了照顧蔣介石的口味。

一切收拾妥當，黃金榮便領著一班人等在黃家花園門外，恭候蔣介石的大駕光臨。門徒們怕黃金榮疲勞，特地搬了張太師椅來請他歇腳。一行人足足等了一個上午，還不見貴客蹤影。一直等到下午，誰都以為蔣介石不會來了，黃金榮也心生疑惑。忽然接到電話，說半個鐘頭內蔣介石就到，要黃金榮一定做好保衛工作。黃金榮立刻傳令下去，在黃家花園四周又安排了五百多個自衛團員站崗放哨。

誰知，又等了半個小時，還是不見蔣介石的車隊到來。正當黃金榮以為蔣介石有事不會來了，準備吩咐手下人離開之時，遠處忽然傳來了汽車引擎的聲音。

黃金榮趕緊從座上站起來，踮著腳尖往遠處張望，只見一支氣派的車隊緩緩駛來。黃金榮趕緊吩咐手下人打起精神，準備迎接蔣介石，他自己也趕緊整了整衣服，捋捋頭髮，將胸前蔣介石送的金錶掛正，垂著雙手恭立，迎接蔣

介石一行。

　　蔣介石身穿藍袍黑褂，頭戴深灰銅盆帽，手持手杖，在楊虎的伴送下從車裡下來。下車後，蔣介石對在花園前恭迎的黃金榮等人頻頻頷首。他神情嚴肅，目光銳利，給人一種不可侵犯的氣概。

　　黃金榮趕緊走上去，恭恭敬敬地對蔣介石一拱手：「恭迎大總統蒞臨！」

　　蔣介石點頭微笑以示感謝，隨後在黃金榮的陪同下走進「四教廳」。蔣介石抬頭看見自己在抗戰前送來的「文行忠信」橫匾，堂堂正正高懸在大廳中間，滿懷欣喜。他雙手一拱，含笑地對黃金榮致歉：「前幾天，中正因有公務，而且玉佛寺人多，種種不便，沒來為先生拜壽，請多原諒。」

◆四教廳位於「黃家花園」中央，四教廳前，豎立著一塊高六、七尺的石碑，上刻「文行忠信」四個大字，上首記「中華民國十九年」，下面題「蔣中正贈」

　　說完，蔣介石吩咐手下的隨從將一座紅木大椅放在「文行忠信」橫匾下的八仙桌前，蔣介石又到另一張紅木大椅前，取來一個金絲壽字軟墊，放在地上，然後恭恭敬敬扶著黃金榮坐到位於橫匾下的那張大椅上。

　　正當黃金榮不知蔣介石要做什麼時，只見蔣介石輕輕一拱手：「今天中正特地給先生祝壽！」邊說邊後退兩步走到到軟墊前，準備屈膝下跪。

　　黃金榮一看，不顧八十歲的老邁身體，趕緊從椅子上跳起來，雙手急搖，嘴裡忙道：「不可以，不可以！」伸手想去攔住蔣介石。

　　蔣介石卻執意撩起衣襟，真的跪了下去，畢恭畢敬地朝黃金榮叩了個頭。

　　黃金榮連忙雙手扶起，急得滿面緋紅，連聲呼叫：「不敢當！不敢當！」

　　蔣介石起身後，握著黃金榮的雙手，親切而敬重地說：「中正不忘先生的教導，這次來為先生祝壽，望先生壽比南山，福如東海。」

　　沒想到堂堂的大總統竟對自己當眾拜壽行大禮，黃金榮早已是感激得幾乎要落下眼淚。他一時哽咽地說不出話，連忙將放在正中的那張椅子讓給蔣介石坐，自己卻偏著身坐在一旁。

　　蔣介石坐下來，面帶微笑地問黃金榮：「聽說，你建了個榮社？你的榮社人才多，力量大，應當好好利用，為社會出力啊。」

　　「是，是，是」黃金榮連連應和著。

　　這時，蔣介石站起身，拱手道：「我公務在身，不能多

留。請先生保重身體，多福多壽。」

「大總統，您難得來，一定要吃了飯再走。」黃金榮連忙挽留。

蔣介石並不理會，向黃金榮稍稍領首，便轉身朝外走去。

見蔣介石執意要走，黃金榮趕緊誠惶誠恐將蔣介石送到門外，目送他離去。

看著蔣介石遠去的車隊，黃金榮心生感慨，想當年收的那個「落魄」門生，現如今一躍成為了「九五之尊」，而且還如此的禮遇自己，黃金榮對蔣介石感激之至，也愈發信賴蔣介石，下決心為蔣介石效力。

八十大壽，黃金榮過得風風光光，蔣介石親自前來拜壽更讓黃金榮臉上生光。不過，時代已經變了，黃金榮的八十大壽已經成為了黃金榮最後值得驕傲的慰藉，等待他的是人生大幕的徐徐落下。

和杜月笙的較量

　　八十大壽成為了黃金榮又一次風光的表演，但是黃金榮心中知道，自己的地位已經遠遠不如別人，上海灘真正的大亨是如日中天的杜月笙。

　　1948年8月，法幣發行總量已達6,639,946億元。國統區裡的通貨膨脹達到了驚人的地步，像大米賣到5833萬元一石，一個大餅需3萬元，百元紙鈔當作冥錢或手紙用，甚至乞丐也拒收千元以下的鈔票。

　　金融秩序的混亂導致了大批投機分子的出現，他們瘋狂地進行黑錢買賣以及套匯活動，使得國統區的經濟狀況每況愈下。為了整頓經濟秩序，成立不久的國民黨上海金融管理局決定打擊非法交易活動，尤其是非法套匯活動。

　　因為套匯活動都是透過私設電台與香港互通行情後，雙方合謀實現的，於是上海金融管理局將這些私營電台封閉，又暗中私設了兩部電台，把香港那邊的接應電台捕獲，透過香港的電台，上海金融管理局鎖定了上海40餘家涉嫌套匯的商行，一舉搗毀了這批投機分子。不過這些投機分子都有後台，他們利用背景多方遊說，最後上海金融管理局只能不了了之。轟轟烈烈的打擊黑市交易活動，最後只有三個人被判了刑。

　　法幣的不斷貶值以及國民黨在戰場上的節節失利使得物

價瘋狂上漲，眼看經濟就要崩盤，蔣介石心中十分著急。因為上海是中國經濟最為發達的地區，所以全國物價都以上海為參考，蔣介石連忙發了電報給上海的杜月笙、黃金榮，要求他們想辦法平抑上海的物價。黃金榮與杜月笙便找來一批謀士，進行了一番調查研究，最後提出吸收遊資的最好辦法：拋售一定數量的物資，使大量法幣回籠。

蔣介石聽後，接受了這個方案，決定出售幾個所謂國營企業的股票和國庫券，同時拋售政府掌握的敵偽物資和美援物資，以此來增加市場供給，平定物價。但是措施還沒有開始實行，消息早已經洩漏出去了。消息靈通的南京高官們紛紛帶著大量現款來到上海，搶購政府拋售的物資，本應進入上海市場的物資就這樣轉而進到了國民黨高官的私囊中，讓上海的物價不降反升。

被逼無奈的情況下，1948年8月19日，南京政府下了一道「財政經濟緊急處分令」，實行「幣制改革」，發行金圓券，強迫民間所藏的金銀外幣乃至珠寶首飾，一律交出，換取金圓券。在金圓券發行前夕，蔣介石特地把杜月笙請到南京商談，要杜月笙大力支持「幣制改革」。杜月笙從南京回來後，沒有向黃金榮透露一點黨國的「經濟政策」，進而使得黃金榮因為「金圓券」損失了大筆的鈔票，這讓黃金榮心中又是鬱悶又是氣憤。黃金榮心中暗罵：「這個姓杜的，越來越看不起人了！我一定要找機會好好治一治他。」

國民政府已經病入膏肓，金圓券發行沒多久，物價又飛速上漲。蔣介石眼看不行，就派出自己的兒子蔣經國和俞鴻鈞為專員到上海坐鎮，全力平定物價。俞鴻鈞是專員，卻不願管事，蔣經國雖是副專員，但自恃有「尚方寶劍」，

想藉此機會大展抱負，於是便統率「戡亂建國大隊」，招募了不少「信仰」三民主義的青年，組成「上海青年服務總隊」大肆搜查敢於違抗命令、擾亂金融的不法分子，號稱要在上海灘進行一場「打虎」行動。

看到蔣經國，黃金榮計上心頭，他想到了一個「借刀殺人」的辦法。黃金榮心想：這個蔣經國是奉了蔣介石的旨意來上海治理金融秩序，這個人年少輕狂，正所謂初生牛犢不怕虎，莫不如借他之手，打擊打擊杜月笙。

於是，黃金榮便向蔣經國發出了請帖，希望能邀請蔣經國到黃公館一坐。哪知請帖剛送去，蔣經國很快就回了信，

說他公務繁忙，抽不開身，萬望見諒。

黃金榮知道蔣經國自知身分特殊，他去哪都會受人關注，所以不便前來。

不過黃金榮並不放棄，他對心腹黃振世吩咐了幾句，讓黃振世親自出面邀請蔣經國。

◆1948年8月，蔣經國任上海經濟管制督導員時，聆聽地方店主的投訴

黃振世是「戡亂建國大隊」的評價委員，平日裡可以遇到蔣經國，這天趁著無人，黃振世跑到蔣經國面前，將一張大紅請帖雙手呈上。蔣經國打開一看，微微一笑，對黃

振世說：「黃老先生屢次邀我，經國心領了。可是，我實在抽不出時間來赴宴。望你轉告黃老爺子，請他老人家不必費心，多謝了！」

黃振世一聽，連忙按照黃金榮的吩咐接著說：「黃先生知道蔣專員不便前往黃公館，那可否屈就到我的振社一坐？這樣，別人就不會講閒話了。」

蔣經國想了想，便說：「恩，我也想去你的振社考察一番，那就明天下午吧。」

黃振世回到黃公館向黃金榮報喜。黃金榮聽聞蔣經國要去振社接見自己，也著實高興，連忙吩咐手下人趕緊準備，並且搜集了杜月笙擾亂金融秩序的證據，準備第二天向蔣經國告狀。杜月笙因為與南京政府的許多高官都有聯繫，內部消息特別靈通，他從南京回來不久，便指使兒子杜維屏暗中搶購囤積物資，套購黃金美鈔，賺錢了大量的不義之財。黃金榮決定利用杜維屏這步棋，將杜月笙一軍。

席間黃金榮對蔣經國道：「上海的投機倒把很嚴重啊，尤其是上海交易所裡，簡直到了肆無忌憚的地步，他們還放言，說這個蔣專員是個公子，不管事，只要有杜維屏杜老闆罩著，捅再大的簍子那個蔣專員也奈何不了。」蔣經國聽著，氣得眉頭緊皺，一言不發。黃金榮看在眼中，樂在心裡。

蔣經國回到督導專署，馬上布置了親信暗中調查杜維屏的投機倒把情況。杜維屏因為有父親杜月笙做靠山，根本沒有想到小蔣會查他，所以肆無忌憚地，就在最近這幾天，他還拋售了永安紗廠股票800多股。於是蔣經國便以「連續非法交易，進行投機倒把」的罪名，把杜維屏與另外兩人

逮捕了。

聽聞兒子被蔣經國抓了，杜月笙心中大驚，趕緊找來了心腹商量對策。

有人建議道：「他蔣經國不是號稱來上海灘『打虎』嘛，現如今他把杜少爺這隻虎打了，咱們就給他再找一隻大虎出來，看他敢不敢。咱們就要讓他騎虎難下！」

「好主意！」杜月笙點頭道，「只是這隻老虎選誰呢？」

「孔家的揚子公司！」

「好！這可是隻大老虎，咱們就等著看戲吧。」杜月笙得意地笑了起來。

蔣經國為了推動「打虎」行動進行，特地邀請了各業巨頭開會。蔣經國訓完話，杜月笙慢慢地站起來，不慌不忙地說：「我杜月笙教子無方，自己的兒子違反國家的規定，擾亂市場，應該逮捕他，依法懲辦，我絕不求情。但是，有人報告說，有個揚子公司，囤積的貨物在上海灘是最多的。可是為什麼沒有人去查呢？法律面前人人平等，蔣副專員曾經親口說不論是什麼人，違反國家法律都要處罰。現在，請蔣副專員去揚子公司看看。若不方便，各位同仁和記者先生們，可隨杜某先去開開眼界！」

蔣經國知道揚子公司是孔令侃開的，因為與母親宋美齡的關係，蔣經國一直沒有動它。如今杜月笙將揚子公司搬了出來，逼蔣經國去「打虎」，蔣經國真得變成了騎虎難下。為了自己的顏面以及「打虎」行動的威信，蔣經國無可奈何，只得對揚子公司開刀了。經濟員警搜出了揚子公司倉庫的大批囤積貨物後，蔣經國下令查封了這家公司。

孔令侃聽聞蔣經國把自己的揚子公司給封了，十分氣

憤，立刻打了一通話給小姨媽宋美齡，宋美齡聽後也是焦急萬分，二話不說，直飛上海，把蔣經國和孔令侃叫來，要求私下解決這件事。可是蔣經國不願讓步，他說：「全上海的人都在看著我怎麼處理這件事。我一旦讓步，在上海的行動就失敗了，在上海失敗了，黨國的經濟崩潰，國民黨就會失敗。我們只有放棄自己的利益，才能使國家不至於落入共產黨手中。」

孔令侃也不依不饒，威脅道：「你要是逼得我走投無路，我就向新聞界公布你們蔣家在美國的資產，大家同歸於盡！」

沒有辦法，宋美齡連忙給正在北面督戰的蔣介石拍了份加急電報，要他立刻南下上海，處理這件緊急大事。

10月8日，蔣介石趕到上海，聽了宋美齡的敘述以後，他找來了蔣經國，要求他無論如何都要放了孔令侃。蔣經國最後屈服了，揚子公司事件不了了之，三個月嘔心瀝血的「打虎」運動成果化為灰燼。1948年11月1日，蔣經國黯然離開上海，蔣介石集團的崩潰已經無法挽救。

既然比杜維屏更嚴重的人都沒事，再處罰杜維屏又怎能服人呢。於是，興師動眾抓獲的杜維屏被放了出來。

黃金榮雖然借助蔣經國打擊了杜月笙，但也造成了黃、杜二人之間矛盾的進一步加大。隨後，杜月笙為了報復，一步步緊逼黃金榮，讓黃金榮也吃了不少苦頭。

掃街與改造

　　經過了三次戰役，國民黨節節潰退，解放戰爭馬上就要進入尾聲。國民黨大員及其家屬紛紛逃往香港或者台灣。

　　覆巢之下豈有完卵，看到大勢已去，上海灘的聞人大亨也紛紛準備逃離上海。杜月笙決定要到香港去，臨走之前，作為打了幾十年交道的老朋友，他去看了看黃金榮，問黃金榮是走還是留？

　　黃金榮搖搖手，「我哪裡也不去了，80多歲了，連路都走不穩，還出去做什麼？葉落歸根啊！」

　　杜月笙先同情地點點頭，然後又好意勸告他說：「但是別忘了，四一二（四一二反革命政變），咱們手上沾滿了共產黨的血，共產黨是不會放過我們的。」

　　黃金榮沉默了許久，然後慢慢吞吞地說：「當初，咱們不是也支持抗戰嘛，後來日本人打進上海，我也沒走。八年過去，我還不是應付過來了？他們也沒動我一根毫毛。反正只有老命一條，今天不知明天，本來就沒幾天好活。隨他們把我怎麼樣。與其橫死在異鄉客地半路上，還不如安葬在上海黃家祠堂！」

　　杜月笙無可奈何地搖了搖頭，歎了一句，「請多保重，好自為之……」便慨然離去。此一別，黃杜二人再未能相見。

　　望著杜月笙離去的背影，黃金榮也是心生感歎，「杜月

筌這個人十分精明，很會審時度勢，他這次沒有跟著老蔣去台灣，而是先到香港，就是為了靜觀其變。上次日本人來了，他也是先到香港觀風頭，看看誰輸誰贏再做決定」。

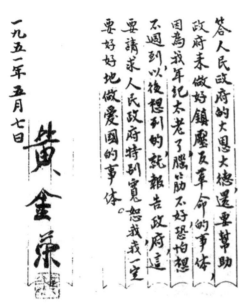

一九五一年五月七日 黃金榮

答人民政府的大恩大德，還要幫助政府未做好鎮壓反革命的事体，因為我年紀太老了膽子肋不好恐怕想不過到以後想到的紙報告政府這要請求人民政府特別寬恕我我一定要好好地做愛國的事体。

不過，黃金榮對於是走是留還是猶豫不決，這時章士釗夫人給他帶來了中國共產黨的口信：只要擁護共產黨，不再和人民為敵，我們一定能按「既往不咎」的政策辦事，希望黃金榮留在上海，不要聽信謠言和輕舉妄動。

◆黃金榮「自白書」局部，簽名為黃金榮手跡

　　章士釗夫人的一席話，讓黃金榮堅定了不走的信心。他不再彷徨，對那些勸他走的人說：「你們想走就走吧，我是決定留下了。現在我已是快進棺材的人了，這一輩子都在上海，不想臨死再往外跑了。」

　　上海人心浮動，那些大亨都想著趕緊離開上海，避居香港或台灣。黃金榮的兒媳婦李志清也準備離開上海，不過在走之前，她要辦一件事，那就是帶走黃家的財產，這也

是她當初嫁入黃門的目的。

李志清來看望公公，進門便關切地問道：「公公，我聽聞杜月笙要去香港了。他不是跟蔣介石關係很不一般嗎，為什麼不跟蔣介石去台灣呢？」

黃金榮冷笑了一聲，「他跟老蔣關係好？這兩人純粹是互相利用！他知道再跟老蔣已經沒啥好處，所以他才決定去香港。」

李志清「哦」了一聲表示贊同，然後追問道：「公公，那您為什麼不走呢？」

黃金榮早料到李志清會提出這個問題，因為兒媳婦是自家人，他也不再隱瞞，「我年紀大了，身體不好。實在不願意受那些奔波之苦了。」說完黃金榮頓了頓，湊到李志清耳邊小聲說：「另外我已經跟楊虎聯絡了，他跟那邊有聯繫，楊虎跟我說，只要不死心塌地，而且在關鍵當口立些功，人家對過去的事就不怎麼追究，所以我才決定要留下來。當年日本人來了，我都沒走，現在來的不還是中國人嘛，更用不著走了。」

李志清點頭贊同，然後她說道：「公公，這個楊虎可信不？我倒覺得有些事不可不信，也不可全信。將來是否一定會像他所說的那樣，誰也不能打包票。依我看，我們應該多做一手準備啊。」

「公公，您年紀大了，不能出遠門。再說，您出去，旅途勞頓，我們做小輩的也不放心。您的『大世界』、『黃家花園』也是死財產，搬不走。可是……」李志清走近黃金榮，表情凝重地說。

李志清指了指樓上，黃金榮順著李志清指的方向看過

去，原來是放置自己保險箱的地方，裡面有黃金榮這幾十年攢下的家產。

李志清看黃金榮盯著那些保險箱沉默不語，勸道：「這些東西怎麼辦？」

沉默了好久，黃金榮開口問道：「志清，那妳說咱們怎麼辦？」

「是不是……」李志清心裡的主意早就千思萬想拿好了，但為了不讓黃金榮看出自己早就有預謀，她故意地裝出猶豫不決，支支吾吾的樣子，「最好……最好找一個可信的人，把那些東西帶出去……」

「可信的人？」黃金榮一聽，心中頓覺一涼，自己奮鬥了幾十年，曾經叱吒風雲，有門徒3000，而如今思索來思索去，竟然再也想不到誰是可信的人了。

李志清輕輕地說：「這種事，一定要託自家人，才靠得住。」

黃金榮歎了一口，「我還有啥自家人？從來沒有親生兒女。只有妳，在黃家這麼多年，比我的親生兒女還親。妳婆婆一走，露蘭春私奔，全黃公館只剩下妳了，妳服侍我幾十年，我也把一切都交給妳，妳當然是我最可靠的親人了。」

黃金榮說得十分哀傷，從他臉上看不出一絲往日的豪情，只能看到一個垂垂老人在國破家亡之際的無限感傷。

李志清彷彿被黃金榮這番動情的話所感動，撲通跪下，她這時心裡又悲又喜，又愧疚又滿意。

黃金榮雖不願這唯一的親人遠離而去，可也只有託付她把自己一生的心血積蓄帶走了。他顫巍巍地扶起媳婦，叮

囑道「志清，我一輩子的心血就交給妳了，妳要好好照看。把財產留下一小份，其餘的妳都帶走。先別去台灣，先到香港看看情況。」

李志清不知該說什麼話好，痛哭流涕。

黃金榮也不再說什麼，只是安慰李志清，要她在香港照顧好自己，平日裡要給自己寫寫信報報平安。臨走前，黃金榮特地吩咐李志清，要她到香港後，幫自己申請一份去台灣的入境證，以向老蔣表示自己還是支持國民黨的。

李志清收拾好行裝，帶著一個養子和一個養女以及大部分黃金榮的財產，坐船離開上海去了香港，留下了黃金榮一個孤苦老人守著自己往日風光無限的回憶。

上海最終解放，重新又回到了人民的手中。當解放軍進城之時，老邁的黃金榮吩咐下人在自家的門口紮起了紅旗，以示歡迎，另外還吩咐傭人帶著酒食前去慰問。

上海解放初期，國民黨特務猖獗，各種事務繁多，上海軍管會考慮到幫會勢力和黃金榮實際情況，決定採取「繼續作惡者從嚴，將功贖罪者從寬」的政策區別對待，更好更快地瓦解、消滅幫會殘餘勢力。

對黃金榮本人，軍管會認為「黃金榮過去對人民犯過大罪，為國民黨賣命不遺餘力，確為帝國主義豢養的一個惡霸。但黃金榮近年來殘廢衰老，已不作惡，解放後也向政府低頭認罪，因此，從瓦解反動幫會勢力，對黃金榮本人可採寬大政策。」

黃金榮懾於強大的政治壓力，交出了自己手下400多名幫會頭目的名單給上海黨組織，所以解放上海時，青幫的人也沒人敢出來鬧事。對於黃、杜這樣有影響力的人物，

劉少奇的看法是「觀察一個時期再說」，周恩來認為要「努力使上海不亂」，上海不亂對穩定全國大局和恢復經濟至關重要。

時任上海市長的陳毅也兌現了對黃金榮不殺不抓的政策，黃金榮則每天在家裡吸吸鴉片聽聽戲做起了十足的「宅男」，不出來鬧事。

黃金榮交出幫會名單後，也保證過聽新政府的話，而上海市市長陳毅也兌現了承諾，對他不抓不殺。政府官員還召見過黃金榮，要求他寫份悔過書，向人民交代和認罪。1951年，5月20日《黃金榮自白書》在上海《新聞報》和《文匯報》登出後，苦大仇深的上海市民們振臂高呼要懲治他，他也曾被勒令在著名的大世界門前，他親手經營的燈紅酒綠之地，曾經無限風光的地方「掃大街」。

◆新中國成立後，黃金榮在上海大世界門口掃地接受監督勞動（1951年）

當然，這種「掃大街」只是象徵性地表示一下，考慮到國際影響，上海市人民政府並非把他如何，掃大街很快就結束了。

兩年後，孑然一身的黃金榮在他的小屋裡閉上了眼睛，時年86歲，一代青幫大亨就此告別人世。

第二部

杜月笙

杜月笙進黃府時，他眼中的黃金榮光芒萬丈，恍若神祇，彷彿能呼風喚雨，高山仰止。他心甘情願地成了黃金榮的門徒，為黃家服務了十年，最終才憑著絕頂聰明的本事和黃金榮分庭抗禮，直至後來居上。

1

獨闖上海灘

水果月生

　　年僅十八歲的杜月笙到上海的那天，風和日麗，陽光明媚。他看到上海灘這麼繁華，大街上人摩肩接踵，十分熱鬧。過街的，擺攤的，賣水果的，玩雜耍的……熙熙攘攘的人群來來往往，遠不像自己的鄉下那樣蕭條和安靜。

　　他來十六鋪找做煙紙店生意的堂兄杜金龍。十六鋪是繁華的商業區，這裡開滿了店面。糧店、布店、茶館、賭場、妓院、影院等，星羅棋布，數不勝數。

　　杜金龍把杜月笙推薦給了一間「鴻元盛」水果行，水果行的老闆打量了一下杜月笙，見杜月笙雖長得貌不驚人，但看起來很有精神，馬上就答應收下杜月笙。

　　有了一個安身之處。那晚，杜月笙感到十分滿足，以後不用再看別人臉色，還可以學到手藝，一定要好好幹，那將來的生活肯定就有著落了。

　　杜月笙每天一大早就起床，跟著師傅一起去進貨，進好貨裝車再回到水果行，把當天新進的水果上架後，打掃衛生，招呼客人。一有客人前來，杜月笙主動上前搭訕。一張伶牙俐嘴常把客人逗得哈哈大笑，杜月笙這時會趁機會讓客人多買點水果。女顧客耐不住杜月笙的一番甜言蜜語，就會買上一大包的水果。男顧客見到杜月笙也是很喜歡，每次都會照顧他的生意。

　　為了更好地做好自己的工作，杜月笙還特意學了一招削
水果的手法，在和客人聊天時，一把水果刀飛快地一轉，
一個水果就削好了。水果行有了杜月笙，生意好了很多。
因此老闆對他還算可以，常常也誇獎他一番。

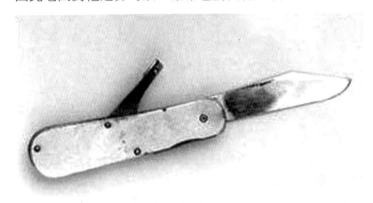

◆杜月笙原本是水果攤學徒出身，擅削水果，平時喜歡把玩
　手中的水果刀，但是沒有人想到他手中的這把「水果刀」
　其實是一把迷你型手槍。這支小口徑的微型手槍是他在瑞
　士訂造的，可以裝填一發子彈

　　那天老闆給他放了一天假。杜月笙看街上到處開著賭
館、妓院，形形色色的人從賭館內進進出出，其中不乏穿
著考究，前呼後擁坐著汽車的有錢大佬們。杜月笙很羨慕
地看著他們，便也想進賭場碰碰運氣。

　　賭場內人潮湧動，在煙霧繚繞中，聚滿了賭博的人。杜
月笙看了幾回，也大著膽上桌嘗試，雖然他膽戰心驚的，
沒想到第一次試手竟然贏了。賭了幾回之後，杜月笙的精
神變得十分亢奮，馬上沉迷在那種刺激中不能自拔。不到

一個晚上，杜月笙就把身上僅有的幾文錢都輸掉了，杜月笙懊喪地拍了拍自己的大腿，自我安慰地說了聲：「今天老子運氣不好，下次一定要贏回來！」

杜月笙無精打采地回了水果行，一整天都心不在焉，腦中還回想著手中的那副牌，懊悔自己打錯了牌，不然一定不會輸的。要是身上再有一點錢，也能再來幾回。

杜月笙一雙眼睛四處亂轉著，突然他看到櫃檯裝錢的盒子就放在櫃檯邊，他四處看了下，趁左右沒人時，就偷偷地拿了一塊大洋，急速地塞進自己的懷中。看到老闆來了，杜月笙心裡禁不住「通通」直跳，但表面上卻裝著若無其事，繼續做他的事。

好不容易等到水果行關門，杜月笙又跑到賭場。沒想到這次的運氣還是不佳，杜月笙再次把偷來的錢輸了。杜月笙失魂落魄，很不甘心地走出賭場，心中暗暗發誓：等我手裡再有了錢，一定要贏回來！等到自己成為賭王時，就可以過著體面的生活了！杜月笙一邊走，一邊在心裡憧憬未來的生活美夢。心想下次他要是贏了的話，第一件事就是先去「全聚德」搓一頓。

到了水果行，杜月笙的手又開始發癢，不時地把手在身側的衣服上擦。老闆見他魂不守舍的樣子，就關心地問：「月笙，你怎麼了，是不是哪裡不舒服？」杜月笙搖了搖頭：「老闆，我沒事的。」杜月笙就這樣心不在焉地招呼著客人，等待時機，趁著中午沒人，杜月笙的手又伸進了收錢盒。這次，他狠心一下子拿了四塊大洋，一頭栽進賭場中，賭了個昏天黑地。等到他睜著猩紅的雙眼，兩手空空地回到水果行時，老闆黑沉著一張臉瞪著他，用手指著

門口：「你做了什麼事，想來我不說你也明白。若要人不知，除非己莫為。我念你一向表現不錯，就不和你計較了，你馬上給我滾！」

杜月笙的臉上露出一絲笑容，他其實一點也不稀罕這樣的生活，現在他徹底自由了。沒了工作，很快他就花光了身上本來就少得可憐的錢，只得流落街頭。雖然他食宿都沒著落，但他還是自我安慰著自己：機會馬上就來了。

在底層掙扎，杜月笙也認識了一些朋友。他的朋友有小叫花、搓澡工、車夫等，三教九流、各行各業的無所不包。無處落腳時，他會和叫花子睡在一起，有時還會睡在大街上。

十六鋪有不少小癟三，他們遊手好閒，吃了上頓沒下頓，靠混吃混喝過日子，但成不了什麼氣候。杜月笙就網羅了幾個小癟三，整日與幾個小癟三相依為命，日子過得有些清苦。不過杜月笙很有心計，在身無分文的日子裡他總有辦法讓大家吃飽飯，所以這幾個小癟三很聽他的話。有時候杜月笙賭癮大發，手裡卻沒有錢，他就讓他手下的小癟三把褲子脫下來，自己拿去當鋪當幾個錢下賭場，如果贏了再去把褲子贖回來完璧歸趙，有時候輸得連褲子都贖不回來了，杜月笙就把自己的褲子脫下來讓手下穿，自己乾脆鑽進被窩睡大覺。

有一天，杜月笙和幾個小混混又沒飯吃了，於是，他帶了幾個夥計在街上東遊西逛，後來就來到了十六鋪碼頭。碼頭上摩肩接踵，人來人往，穿著破爛者有之，無非就是乞丐和窮苦老百姓；穿著華麗者亦有之，一看就是家境富裕的人家。杜月笙一下子有了主意。

一個叫阿狗的小混混得到杜月笙的授意，從收破爛的那

裡討了一個空酒瓶，裝滿了自來水，裝成給人家送酒的夥計，硬往人堆裡擠。這時候一艘輪船剛剛靠岸，從船上下來一大批人，阿狗看準了一對衣著光鮮的男女乘客身邊，使勁將酒瓶往地上一摔，頓時玻璃四濺，酒瓶子粉身碎骨。那對旅客嚇了一大跳，阿狗隨即拉住女乘客的衣服，不依不饒地說：「好啊，妳把我要給人家送的酒摔碎了，妳今兒個非賠不可，不然小爺跟妳拼了！」

一旁的杜月笙和其他幾個夥計立刻跑了過來，將這對男女圍在了中間，一個個挽胳膊捲袖子，杜月笙皮笑肉不笑地說：「先生，這小夥計替人做事也不容易，你怎能摔人家的酒瓶呢，把他賣了也賠不起這酒啊？先生，你看這事該如何解決？」

杜月笙邊說邊往那個女乘客的身上蹭去，那女乘客沒見過這樣的陣勢，早已哆嗦得如篩糠一般，也算她是個明白人，哆嗦地從隨身帶的包裡掏出幾張鈔票扔下，然後拉著男的就跑了。

杜月笙微微一笑，他彎腰拾起地上的鈔票，沾著唾沫數了數，隨即從中抽出一張賞給了阿狗，然後帶著一幫手下揚長而去，不用說，杜月笙又去賭場了。

十六鋪一向就是個魚龍混雜的地方，既有很多乞丐、流氓，也有不少從事皮肉生意的「野雞」，她們平日裡濃妝艷抹，站在街邊搔首弄姿勾引客人。

這天下午，杜月笙早早就收了他的水果攤，又來到了煙花間，這時有個30歲左右的女人走了過來，看到杜月笙渾身透著一股子機靈勁兒，便不覺對他有了好感。於是女人上前拍了拍杜月笙的肩膀，笑瞇瞇地說：「嗨，這位小兄

弟，你最近忙不忙啊？」

杜月笙一看，是一個濃妝艷抹的陌生女人，便咧嘴笑了笑，問：「太太，是不是有事需要我幫忙？」

陌生女人道：「我是小東門的大阿姐，不知道你願不願意去我店裡幫忙。」

凡是在十六鋪混的都知道，大阿姐是小東門煙花間的老鴇，幾乎無人不知無人不曉，杜月笙自然也經常聽人說起過，他心裡暗想：「自己現在衣食無著，正是落魄的時候，能有個安穩的地方吃飽飯就不錯了，管它是妓院還是燕子窩！」

杜月笙不愧混了幾年的上海灘，早已磨煉得圓滑世故，極善於察言觀色，而且見什麼人說什麼話，他既然有心去大阿姐那兒，當即滿口答應下來，說：「當然願意！」

大阿姐聞聽此言，當即從口袋裡摸出幾張鈔票，遞給杜月笙道：「好，小兄弟，這錢你拿去，先去洗澡理髮，換身乾淨衣裳，弄精神點，回頭到小東門來找我。」

大阿姐經營的煙花間屬於最低一級妓院，妓女們靠在碼頭和街上等人潮較多的地方拉客為生。這裡出出進進的嫖客大部分是當地的地痞和流氓，也有些在碼頭上打工的鄉下佬。杜月笙來到煙花間後，大阿姐安排他在這裡打雜，無非是替那些妓女拉拉皮條，替那些嫖客跑個腿，買盒煙什麼的。

有一天，杜月笙吃過午飯，按慣例去給大阿姐請安，卻見大阿姐的房裡有客人，他還是第一次見這個年輕的小夥子，但直覺此人不是個簡單人物。只見小夥子生得人高馬大，虎背熊腰，濃眉大眼，身穿一身黑色衣褲，說話底氣

很足，善於察言觀色的杜月笙深知小夥子非等閒之輩，於是他恭恭敬敬地向小夥子鞠了個躬：「先生，您好！」

小夥子懶洋洋地瞥了一眼杜月笙，見眼生，就隨口問大阿姐：「新來的？」

大阿姐忙賠著笑臉介紹道：「這是月笙，是我新認的乾兒子。泉根，今後可要麻煩你多罩著他點兒。」

這位叫泉根的小夥子走上前來，拍了拍月笙的肩膀，又拍了拍他的腰板，讚賞地說：「好，不錯，我敢擔保這小子將來有大出息！」

這個叫泉根的小夥子，真名叫顧嘉棠，是十六鋪出了名的地頭蛇，過去是花匠出身，所以有人送他一個「花園泉根」的綽號。顧嘉棠現在是十六鋪一個叫「小八股黨」的流氓集團當打手，人送外號「四大金剛」。

當時的上海灘魚龍混雜，特別混亂。自從有了租界，外商的輪船就可以隨便在十六鋪碼頭停留，此時買賣鴉片的生意尤其興旺，一些專門經營鴉片生意的大老闆在做生意時常有被搶劫的事情發生。為了保險起見，這些大老闆更願意高價聘請一批打手保鏢。而盤踞在十六鋪的「小八股黨」流氓集團，則壟斷了這個保鏢行業。由於那天顧嘉棠一眼便看中了杜月笙，沒幾天，顧嘉棠就把杜月笙拉進了「小八股黨」。

很快的，杜月笙就成了「小八股黨」裡有名的人物。每當有經商的輪船停靠碼頭，杜月笙就帶著一群小流氓一擁而上，如果看到商家沒有向「小八股黨」交過保護費，他們就會將那些商家的小夥計攔住，蠻不講理地開口：「你們都有家有店有依靠的，我們白天喝西北風，晚上吃露水，

無依無靠，識相的話就給大爺讓條道出來。」

◆1904年時的上海十六鋪碼頭。在舊上海，碼頭是社會各色人等最為混亂的地方，魚龍混雜。很多後來名震上海灘的大人物都是從這裡開始發跡的

這些小夥計也深知這些流氓痞子的厲害，好漢不吃眼前虧，他們要麼溜之大吉，要麼趕緊孝敬這些流氓一些保護費，好以後不再受他們的敲詐勒索。

杜月笙就憑著他的小聰明，用這個法子敲詐了不少過往船隻，杜月笙這時變得心狠手辣，就連那些販運瓜果蔬菜的農民都不放過，使得他有了足夠的錢進賭場、逛妓院。也因為這個原因，杜月笙在十六鋪這個小圈子裡名聲大振，成了「小八股黨」的小霸王。從此，杜月笙在魚龍混雜的上海灘算是擁有了自己的一席之地，他的膽子越來越大，終於也跌了一次大大的跟頭。

在小東門的福生街上有一家生意興隆的客棧，叫人和客

棧，老闆姓陳，經營這家店多年。這店規模大，能容納不少客人，因此路過上海的客商常把此地當成歇腳地，稍事休息後，再捎些貨物販往內地。時間一久，這些客商也不免染上抽大煙、賭錢和逛妓院的毛病。

無商不奸，這陳老闆本也不是什麼安分守己的人，見常有客商詢問他店裡有無大煙讓他們提神，陳老闆見有利可圖，便暗中吩咐茶房不時去碼頭接點煙土。

杜月笙在十六鋪混得時間久了，這些便瞞不過他的眼睛，他不由動起了心思，想著得從客棧老闆那裡敲些竹杠賺點賭資。

這天，杜月笙領著幾個小流氓大搖大擺地走進了人和客棧。杜月笙對帳房先生敲詐了5塊大洋後，便帶著幾個小流氓揚長而去。

杜月笙前腳剛走，帳房先生後腳就跑到樓上，把剛才發生的事情一一告知了陳老闆。陳老闆畢竟也在十六鋪摸爬滾打過許多年，也算是有些來歷和背景的人，他便立刻寫了一封信，要帳房先生找人把這封信和幾塊大洋一起送到巡捕房去，讓巡捕房出面，查一下剛才那幫人的來歷。

不久，杜月笙冒充巡捕敲詐勒索人和客棧的醜聞登到了報紙上，巡捕房也開始四處通緝杜月笙。

初入青幫

　　杜月笙剛在上海灘嶄露頭角，就被陳老闆以敲詐勒索的名義找巡捕通緝追捕，杜月笙心裡自然十分氣惱。可是，憑借他現如今的實力，必然無法與陳老闆抗衡，只能繼續在大阿姐那裡待著。

　　這個時候的杜月笙畢竟血氣方剛，並且流氓成性，也許可以憋屈一、兩天，然而想讓他長時間地待在家中，斷然是不可能的。幾天以後，杜月笙見風聲已然過去，便怎麼也不想在家裡憋著了，他將渾身上下徹底換了一遍，然後悄悄由大阿姐家中的東門溜出，向西而去。

　　離大阿姐七、八里以外就是八仙橋，八仙橋屬法租界地面，杜月笙心想在法租界即便是碰上巡捕，他們也不敢怎麼樣，便直奔八仙橋而去。

　　八仙橋是舊上海的商業重鎮。高樓矗立，在這裡，你也許找不到幾家戲院，可是賭場和妓院則隨處都是。各式各樣的賭館星羅棋布。八仙橋一直向南的寶帶門外，是一片破舊木屋，裡面全是風光旖旎的煙花間，當時的小市民在辛苦疲勞之後，就在這些低級的遊樂場裡鬼混、消閒。

　　穿著一身嶄新衣服的杜月笙瞇著好奇的眼睛，左顧右盼，沒走多久，杜月笙就被眼前所見迷住了，他認為，眼前才是真正的花花世界。他頓時覺得自己早已長大了，自

己的舉手投足間，也已經有了那些賭桌上、妓院裡的爺兒們的氣派，心裡突然想到：「我再也不能像叫花子那樣，我一定要在上海灘混出名堂，做出一番大事業。」

杜月笙的宏圖大志便這樣產生了，然而，空有宏圖大志還是不行的，必須要去努力實現，那麼，該如何實現自己的宏願呢？

做醫生或者是律師已經是不可能了，況且杜月笙認為那些死郎中或者律師什麼的都是騙子，騙子怎麼能與宏圖大志聯繫在一起呢？於是，杜月笙暫且沒有想自己要去幹什麼，而是想自己一定不能做什麼，那就是一定不做醫生或者律師，尤其不能做騙子。

確定了自己要完成宏圖大志一定不能依靠的手段之後，杜月笙開始重新思考自己該透過什麼來實現宏願。過了一會兒，杜月笙腦子一轉，對，就從賭做起！

下定決心之後，杜月笙往賭攤信步走去，沒走多久，他就來到了一家賭攤，他仔細瞧了瞧賭攤老闆，覺得頗有些面熟，仔細一想，這個人不就是在大阿姐煙花間見過面的「套竿子福生」。

杜月笙連忙上去，拱手推笑地招呼：「陳老闆好！」

「套竿子福生」的本名叫陳世昌，住在小東門。此人胸無大志，主要做的是賭、嫖兩檔營生。然而，此人開賭比較特別，他從煙花間妓女吃花酒那裡學會的抽竹竿，變化成了套竿子賭具。一個鐵筒，插上32只牌九，下尖上方，做成籤子的形狀，16支分成五四三二一不等的五色絲線鐵籤，攤主與賭客，各人插5支，賭牌九，則配出兩副大牌，比較大小，賭顏色的意思是比誰的顏色多。

攤主一手抱籤筒，一手挽竹籃。竹籃裡裝的是花生糖果。這賭攤可以賭果品，也可以賭現錢。像這種流動性的賭攤在賭行裡頭，是最低等的。雖然這個陳世昌在上海灘並不顯眼，可是他整天如此擺設賭攤，日子還算過得去。

陳世昌見來人是杜月笙，也拱手道：「喲！是月笙啊！好久不見了，怎麼樣，現在哪裡發財啊？」

「發財？陳老闆是在笑話我吧？我前幾天剛剛栽了一個跟頭，哪裡談得上發財啊？」

杜月笙就這樣不加掩飾地把他如何被人和客棧老闆吃癟，現在出來散心的事，詳細地說了一遍給陳世昌聽。

陳世昌聽完後哈哈大笑，並對杜月笙說：「月笙，你靠大阿姐是成不了氣候的，想在上海灘混，就必須找靠山，一旦出了什麼事，師兄弟都好有個照應，就算是捅了什麼大簍子，有勢力的靠山都是上通天、下通地的角色，到時候，像你這樣的事一句話就能擺平過去了！」

聽陳世昌這麼一說，杜月笙茅塞頓開，對啊，在上海灘，只要有勢力，無論做什麼都能發財，如果不形成自己強大的勢力，就算發了財也保不住。於是，杜月笙試著問陳世昌：「陳老闆能不能指條門路？」

事實上，陳世昌欣賞杜月笙的精明強悍，敢作敢為，有意拉攏他，便回答說：「月笙，投身青幫怎麼樣？」

杜月笙認為要是什麼幫什麼派裡混，就一定會有出息的一天，而且這個時候正想在這個人稱陰陽地界的上海灘尋找一個穩妥的靠山，以免吃虧上當，現如今聽到陳世昌這麼一問，便迫不及待地問：「怎麼投法？」

陳世昌明白，眼前的這個年輕人對加入青幫很有興趣，

便眨眨眼睛,神祕地露了一句:「三日後開香堂。那天半夜,你在八仙橋小廟等我。」

看著陳世昌那副神祕的樣子,杜月笙使勁點了點頭,當然,這個時候的杜月笙不知道這個「套竿子福生」陳世昌會給他介紹一個什麼樣的靠山,更不知道青幫是什麼,然而,望著揚長而去的陳世昌,想像著從今以後再也不會有人敢欺負自己,杜月笙心裡是說不出的興奮。

三天後的半夜,月落星稀時分,杜月笙獨自前往八仙橋小廟,從小東門到八仙橋的小廟路上,不時出現三三兩兩的夜行人。他們一個個面容嚴肅,埋頭疾走。杜月笙在行人中發現了在恆大水果行裡的夥計袁珊寶,兩人以前有一定的交情,這時只是會心一笑,彼此心照不宣。事實上,兩個人都已經準備好了拜師紅帖,也各自都準備了敬師的紅包。在進香室以前,按照幫裡的規矩,他們都只能算是「倥子」,只有在拜師之後才能成為青幫中的小師傅。

青幫在上海灘的勢力僅次於洪門,是上海灘的第二大幫會,相傳,青幫有著三百多年的歷史,對於青幫起源,則有著不同的說法,事實上,青幫是因為清朝雍正初年為承運漕糧而形成的。當然,青幫中也有些人把歷史淵源推向明朝,以明永樂朝的文淵閣大學士金幼孜為第一代祖師。第二代祖師是羅傳。羅傳曾收徒三人:翁岩、錢堅、潘清。乾隆年間,此三人為清廷運糧,奉准欽命,準備招徒1326名,帶糧船1990艘,因為名義上是幫助清廷,所以名為青幫。

運糧之後,翁、潘、錢照軍功例,被授予武職,於是公開奉羅傳為祖師,立下3堂6部24輩,制定十大幫規,使得

青幫發展為嚴密幫會組織。其中，三堂是：翁佑堂、潘安堂、錢保堂。六部為：引見部、傳道部、掌印部、用印部、司禮部、監察部。二十四輩按：「清靜道德、文成佛法、仁倫智慧、本來自信、元明興禮、大通悟學」排列，一字一輩。十大幫規為：一、不准欺師滅祖，二、不准擾亂幫規，三、不准蔑視前人，四、不准江湖亂道，五、不准扒灰放籠，六、不准引水帶跳，七、不准奸盜邪淫，八、不准以卑為尊，九、不准開閘放水，十、不准欺軟凌弱。

在辛亥革命前夕，上海灘的青幫以「大」字輩當家，而「套竿子福生」陳世昌是「通」字輩，杜月笙拜陳世昌為師，按順序列為青幫中的「悟」字輩，輩分很低。

杜月笙、袁珊寶走到小廟的時候，陳世昌與邀來撐場面的青幫前一輩人物已到齊了。廟祝將雙扇廟門關住，大殿裡香煙繚繞，燭火搖曳。神龕前放著一列營紙黑字牌位。等了一會兒，一個引見師帶著一隊「俓子」直趨廟門。

杜月笙跟著他們來到廟門後，引見師伸手在門上輕輕敲了三下，過了一會兒，便聽見裡面有人高聲問：「來者何人？」

按照青幫規矩，在開香堂儀式中，任何人都不能答錯一個字。引見師不慌不忙地道名報姓：「我是張某某，特來趕香堂。」

「此地抱香而上，你可有三幫九代？」

「有！」

「你帶錢來了嗎？」

「129文，內有1文小錢。」

這種儀式在杜月笙以後的青幫生涯中出現了許多次。過

了一會兒，廟門「吱呀」一聲敞開，引見師便把十幾個「侄子」領到神案之前。杜月笙瞥了一眼，神台上放著十七位祖師的牌位，正中間的牌位上寫著：「敕封供上達下摩祖師之禪位。」

此時的陳世昌正端坐在一張靠背椅上，顯然。陳世昌是這群「侄子」的命師，在陳世昌的兩旁，排著兩行趕香堂的前輩。

過了一會兒，有人端來一盆水，從本命師起，按著輩分次序，依次淨手。淨手代表淋浴，水只有一盆，手倒有好幾十雙，因為是按照輩分輪流洗，所以到了杜月笙洗手的時候，盆中的水已然變成了爛泥漿。當然，這個時候的杜月笙並不認為這盆中的水髒，並且上前虔敬地洗了很長時間。

按照青幫規矩，淨手之後，還要齋戒。隨後，有人端來了一大碗水，同樣是按著輩分依次轉下去，一人一口，喝水的時候嘴巴不許碰到碗邊。喝過淨水之後，就算齋戒過了，也就是從此可以專心致志地迎接神祖了。

這個時候，抱香師走出行列，並高聲唱請祖詩：歷代祖師下山來，紅氈鋪地步蓮台；普度弟子幫中進，萬朵蓮花遍地開。

◆青幫的徽章。「親幫」即「青幫」，「進家」即「入會」，中間的「潘」字代表著祖師爺

　　杜月笙聽著不怎麼好聽的歌聲，和其他人在各位祖師的牌位面前拜了又拜，過了一會兒，廟門被關緊，抱香師宣布：「本命師參祖！」陳世昌離座就位，面對神壇，先是默念了一首詩，也許這首詩的意思連他自己都不明白，念完詩以後，他就開始自報家門：「我陳世昌，上海縣人，報名上香。」報完之後，又對著神壇磕了三次頭。

　　潘清跪在陳世昌身後的人也和他做了同樣的事，杜月笙見狀後，倍感振奮，隨著引進師參拜命師，參拜在場的本門爺叔。

　　參拜完畢之後，杜月笙又學著眾人的樣子，將預先準備的拜師帖和贄敬呈遞上去。拜師帖是一幅紅紙，正面當中一行字：「陳老夫子」，右邊寫三代簡歷，自己的姓名、年齡、籍貫，左邊由引見師領先簽押，附寫上了年、月、日。拜師帖的反面，寫著一句誓詞：「一祖流傳，萬世千秋，水往東流，永不回顧！」再經過繁瑣的儀式之後，杜月笙以及其他的十幾位「同參兄弟」便正式成為青幫成員了。

　　這些青幫的新進成員仔細地聽著陳世昌的訓話，杜月笙極為入迷，他依然還在想著自己以後再也不會受人欺負的美好日子，想到幾乎進了入迷的境界。

　　站在杜月笙旁邊的是袁珊寶，這時他的眼中也閃著興奮的光澤，然而，站在袁珊寶另一邊一個叫馬祥生的人似乎並不在乎這件大事，杜月笙認為這個人加入青幫不是為了不被別人欺負，或是因為其他的什麼原因，當然，這個時候的杜月笙管不了那麼多了，只要自己能不被人欺負，實現宏圖大願，其餘的事都見鬼去吧。

　　「月笙！」

　　馬祥生偷偷地湊到杜月笙的耳邊，杜月笙看了他一眼，正想與他論誰是師兄的時候，這個人操著一口常州方言說：「月笙，我告訴你，這個陳老頭子只不過是上海灘的小角色而已！」

　　「小角色？」

　　杜月笙心裡一驚，當然，這一驚已然寫在了臉上，看著杜月笙吃驚的表情，馬祥生高深莫測地說：「過幾天，兄弟帶你去黃公館看看，你就明白了！」

　　雖然杜月笙不知道馬祥生在說什麼，可是已經勾起了他的好奇心，他心想：這個黃公館到底是什麼樣子呢？

進入黃公館

　　雖然杜月笙加入了青幫，有了自己的靠山，但是青幫並不負責解決徒子徒孫的吃飯問題。因此已經20歲出頭的杜月笙，依舊是十六鋪的一名混混，整天不務正業，不是逛妓院，就是進賭場，常常輸得身無分文。有時候餓著肚子，就嬉皮笑臉跑到恆大水果店的夥計袁姍寶那裡蹭飯吃，簡直混到了山窮水盡走投無路的地步。有時候他路過同孚里，看到那裡人來人往，門庭若市，可是他只能遠遠地望幾眼，羨慕一下在那裡出入的人，因為這裡一般人根本沒資格進去，就連馬祥生也只能帶他到門口看看。他常常歎氣：我什麼時候才能進入黃公館呢？我什麼時候才能出人頭地、飛黃騰達呢？

　　這一天，終於來了。

　　杜月笙的老頭子陳世昌有個同輩師兄弟名叫黃振億，人送外號「飯桶阿三」，這人一輩子平庸之極，沒什麼大本事，卻眼光極高，一般人都看不到他的眼裡，唯獨他卻很欣賞杜月笙。他發現杜月笙為人仗義，做事活絡，人又聰明伶俐，直覺這人前途不可限量，日後必能出人頭地。只是他最近發現杜月笙整日裡遊手好閒，非嫖即賭，不禁替他惋惜起來。

　　這天，黃振億在街上又見到了杜月笙，看到杜月笙蓬頭

垢面，在街上遊蕩，就知道他又沒錢吃飯了。他再也看不下去，忍不住走過去喊住他，真心誠意地對他說：「月笙，我推薦你去一個好地方，怎麼樣？」

杜月笙抬眼看了黃振億一眼，認得是青幫中的長輩，有氣無力地問：「什麼好地方？」

「黃公館，」黃振億附到他耳邊，神神祕祕地說，「就是黃金榮黃老闆的公館。」

杜月笙簡直不敢相信自己的耳朵，機會就這樣來了？要知道，他現在正窮困潦倒，黃老闆能夠看得上他嗎？不過他馬上就懷疑黃振億只不過是說說而已，他有這個資格帶他進黃公館嗎？杜月笙對著黃振億笑笑，問：「好啊，我早就想跟黃老闆見見世面了，不過你能帶我進去嗎？」

其實黃振億前幾天曾跟黃金榮提起過此事，已經得到了黃金榮的許可，但他為了在杜月笙面前顯示自己在黃金榮面前吃得開，能說得上話，立即將胸脯拍得「啪啪」響，並且還輕描淡寫地說：「少廢話，你要真想去，馬上收拾行李，我這就帶你去見黃老闆。」

杜月笙一聽，就知道黃振億有十足的把握，他驚喜異常，立即點頭稱謝。他隨即跑回十六鋪的住處收拾行李，並向袁珊寶、王國生及自己的一幫弟兄一一告別。袁珊寶還親自背著杜月笙的行李把他送出老遠。兩人臨分手時，杜月笙看看這個經常幫助自己的好朋友，頓生不捨之情，他對袁珊寶說：「兄弟，我這次能夠進黃公館，一定聽黃老闆的話，好好做出一番大事來，可能短時間內不能來看你了。」袁珊寶早就盼著這個兄弟能闖出一番事業了，於是鼓勵他說：「你好好做你的事，等你安頓下來咱們再見

面不遲。」

杜月笙告別袁珊寶後，就跟著黃振億向八仙橋的黃公館走去。此時雲淡風輕，杜月笙一路上歡欣鼓舞，激動地心都要跳出來了，以至於一路上黃振億囑咐他的那些話，他一個字也沒聽進去。

杜月笙遠遠看到同孚里的弄堂總門，進進出出的人一個個趾高氣揚，派頭十足，他想到以後自己也即將成為這裡的一員，心裡頓時升起了一股自豪感，但又多少有點忐忑不安。進了同孚里的總門，迎面是弄堂口，過街樓下，兩邊各擺了一條紅漆木長條凳，上頭各坐著五、六名彪形大漢，他們身穿清一色的黑色香雲紗褂褲，袖口微微掀起，一個個虎背熊腰，膘肥體壯，看上去兇神惡煞一般。黃振億和他們熱情地打招呼，那些人架子十足，嘴角一咧，就算是回應了。

穿過過街樓，就走進了黃公館的大門，寬闊的門廊天井裡依舊有不少人來回穿梭，一派熱鬧的景象。黃振億一個個問候著，並教杜月笙如何稱呼他們，杜月笙一時之間也記不住這麼多人，只能隨便答應著。他還看到了馬祥生，馬祥生看到他一臉驚喜，和他打了聲招呼，就忙別的去了。

杜月笙跟著黃振億走進了黃公館的客廳，這個客廳陳設布局堪稱中西合璧，在杜月笙的眼裡簡直是富麗堂皇，百彩紛陳，是他自打出娘胎以來見過這樣豪華、高級的擺設。那些紫檀木桌椅上覆蓋著繡滿了花鳥魚蟲的湘繡圍披，華麗的波斯地毯上擺著紫紅色的絲絨沙發，以及層層疊疊掛滿牆壁的名家字畫，無不顯示著主人一擲千金的氣度。正面的牆壁正中，掛著一幅關公讀春秋的彩色掛像。兩旁則

是一幅泥金繡字，左面是：赤面秉赤心，騎赤兔追風，馳
驅時無忘赤帝，右面則是：青燈照青史，仗青龍偃月，隱
微處不愧青天。

Pension Müller Yates Road, Nos. 10-11-12,
Shanghai, China.

◆黃金榮的「黃公館」有好幾處，它們見證了黃金榮在老上
海灘的發跡史。有老北門同孚里黃公館、八仙橋鈞培里黃
公館和黃家花園黃公館。最初的黃金榮公館，就是同孚里
黃公館（現已不存），是黃金榮用自己的積蓄買的住宅，
這幢石庫門房子不算太大，共有8幢房子，但足以接待地
位高低不同的來客，對於腳跨黑白兩道的黃金榮特別適
用。黃金榮遷入後，如杜月笙等親信門徒亦紛紛遷入。圖
為早期民國時上海同孚里的高級別墅，可見當時同孚里的
繁榮

杜月笙正看得發呆，黃振億扯了他一把，隨即領著他走到一張方桌前，這裡有幾個人正圍著桌子打牌，黃振億俯身在一個矮胖子身邊恭敬地說：「黃先生，我給您帶過來一個小囡。」

「好啊！」矮胖子抬起頭來，轉過身子，目光落在杜月笙的臉上：「不錯。」

杜月笙看到這矮胖子，知道這就是大名鼎鼎的黃金榮，他不由一陣緊張，心想就自己這單薄的體格，給黃老闆當保鏢打手還不夠格，門口那些保鏢可是一個比一個的驃悍。

「你叫什麼名字？」矮胖子上下打量著杜月笙問。

「小的姓杜，木土杜。名月生，月亮的月，學生的生。」話一出口，杜月笙自己都佩服自己了，沒上過幾天學堂，說話竟然文縐縐的，帶著一股書生味。

杜月笙本名「杜月生」，名字的來歷也很簡單，因為他出生於農曆七月十五的月圓之夜，父親就給他取名叫「月生」。而「月笙」則是他後來飛黃騰達之後一些文人墨客為他另取的雅號。「生」字上加竹字頭，取周禮大司樂疏：東方之樂謂「笙」，笙者生也，從此杜月生改稱「杜月笙」。同時，又以同疏：西方之樂謂鏞，於是他便得名「鏞」，號「月笙」。

聽杜月笙報過自己的名字，黃金榮聽了不由哈哈大笑，他對在座的幾位牌友說：「真是巧合呀，怎麼來給我幫忙的這幫小朋友，個個名字都帶生的？蘇州有個徐福生，前面有個顧掌生，廚房裡有個馬祥生……」大家也都跟著笑了起來，連聲說真是太巧了。

大家一邊玩牌，一邊談笑風生，杜月笙看到鼎鼎有名的

黃金榮也在玩這種民間的紙牌，心裡頓時覺得沒那麼緊張了，尤其看到黃金榮為人隨和，沒什麼架子，使杜月笙的心裡有一股說不出的親切，感到黃金榮身上彷彿有一種吸引力，能夠讓人在不知不覺中放鬆警惕，並願意與其推心置腹。

趁黃金榮忙著玩牌，站在一邊的杜月笙有機會端詳這位黃老闆，黃金榮矮矮胖胖的，方頭大耳，嘴巴闊長，一雙犀利的大眼，天庭飽滿，一副大富大貴的面相，他那張紫膛色的胖臉上疙疙瘩瘩的，聽說是小時候長天花留下的記號。

黃振億怕打擾黃金榮玩牌的興致，稍坐片刻便起身告辭。黃金榮見黃振億要走，就抬起頭來，笑瞇瞇地看著杜月笙，和顏悅色地問：「月笙，你可認識馬祥生？」

杜月笙連忙應道：「是，我認識他。」

黃金榮聞聽，便對他擺了擺手，「那好，你去找馬祥生，就跟他住一起吧。」

杜月笙和黃振億再次向黃金榮告辭，二人走著走著，杜月笙忽然覺得自己少了什麼東西，這才記起來時帶的行李不知順手放哪裡去了。不過他怕給黃振億添麻煩，雖然著急，但並沒有說出來。

杜月笙恭恭敬敬地將黃振億送出了黃公館的大門，告別時再次向他道謝。杜月笙正想著是不是再去天井裡尋一下自己的行李，這時看到馬祥生跟他打招呼，杜月笙不由樂了，因為他這才想起來，自己的行李其實是他和馬祥生第一次見面的時候，馬祥生就替他接過去了，剛才實在是太緊張，居然把這事給忘了。

馬祥生在廚房裡幫忙，平時就住在廚房附近的一間小

屋。杜月笙進去一看，屋裡擺著兩張單人床，馬祥生睡其中的一張，另一張就是為杜月笙留的，馬祥生早已經將他的行李放到了床上。馬祥生是常州人，來上海比杜月笙要晚幾年，但是他的路子比杜月笙要寬，到上海沒多久便有朋友介紹他進了黃公館。

由於初來乍到，杜月笙生怕做錯了事情，而在這裡他唯一認識的「熟人」就是馬祥生，所以他一有不明白地事情，就會向馬祥生請教，可是馬祥生卻總是一臉高深，神祕地說：「你自己多注意觀察，自然就明白了。」

為了早一點適應黃公館的生活，早點成為黃公館的得力幹將，杜月笙在好長一段時間內，硬是改掉了自己的不少惡習，每日裡少說話多做事，同時「眼觀四方」，「耳聽八面」，冷靜觀察周圍的一切，用心揣摩每個人的生活習慣和脾氣秉性，以便靈活應對。

杜月笙本來人就聰明，經過一段時間的觀察，他很快就將上自黃老闆及夫人，下至身邊底層的人，每個人的脾氣秉性摸透了，並牢牢記在心裡。

2

黃公館大展拳腳

老闆娘的好感

　　雖然杜月笙立下了雄心壯志，可現實卻是無情的，他此時只是黃公館裡最底層的小夥計，要想成為黃老闆的心腹，看起來還非常遙遠。

　　杜月笙也知道，心急吃不得熱豆腐，他只能老老實實待在黃老闆身邊，一邊聽話地做事，一邊尋找機會，以求博得老闆對自己的關注。

　　憑著杜月笙的機靈勁兒，他很快就發現，黃金榮雖然在黃公館裡一手遮天，但卻對一個人言聽計從，這個人就是黃金榮的太太，被尊稱為「桂生姐」的林桂生，她是黃金榮身邊最得力的助手，尤其善於出謀劃策，深得黃金榮的信任。

　　其實，杜月笙在進入黃公館之前，早就聽馬祥生說起過林桂生，尤其經過這段時間的觀察，他確定林桂生在黃金榮心目中有著非同尋常的地位。摸清黃公館的底細後，杜月笙心裡有了主意，決定先從桂生姐身上尋找機會。杜月笙暗想：「俗話說，背靠大樹好乘涼，要想取得黃金榮的信任，就要先取得桂生姐的信任，只要取得她的歡心，得到她的信任，等她的枕邊風一吹，自己何愁沒有出頭之日呢？」

　　想是這麼想，可是黃老闆的太太畢竟是個有身分的人，

像杜月笙這樣打雜的小夥計在黃公館裡比比皆是，自己的地位自然比傭人高不到哪去，平日裡根本就見不到桂生姐的面，也就找不到可以接近她的機會。

不過，上天註定了杜月笙日後要飛黃騰達，所以一次次地將幾乎不可能的機會擺在他的眼前，而聰明的杜月笙每次都能牢牢抓住這些千載難逢的好機會。

正在杜月笙苦苦尋找接近桂生姐的機會時，機會就從天上掉下來了。

◆林桂生，蘇州人。20世紀初來到上海，開了一家妓館「煙花間」。與黃金榮一見傾心，很快就結了婚。婚後，精明的林桂生與黃金榮以十六鋪為基地，公開向全上海網羅門徒。黃金榮憑借以前結識的三教九流，再加上林桂生的精明強幹，很快就一躍成為當時上海灘最大的黑幫大佬

最近，黃公館裡發生了一件大事，因為黃公館的女主人林桂生得了重病。當時老百姓都頗為迷信，女主人病了，如果派身強力壯陽氣足的年輕人日夜守護在床前，就可以達到祛病鎮痛的作用，有助於女主人迅速恢復健康。

黃公館也不例外。黃老闆從館內精挑細選了四、五名年

輕力壯的小夥子輪流守候在林桂生的身邊,這其中也包括杜月笙。

其實,守護病人可不是一椿美差,因為他們要守護的病人可不是一般人,一旦不能滿足林桂生的要求,輕則被呵斥,重則可能就被逐出黃公館,因此被挑中的幾個小夥子有苦難言,每日裡戰戰兢兢,頗有種伴君如伴虎的感覺。

但杜月笙和其他人不同,他把這個接近林桂生的機會當成了天賜良機。所以,其他人把守護林桂生當成是一種負擔,只能做到守在床旁寸步不離,心卻早不知道飛到哪兒去了,而杜月笙則不,他不但寸步不離地守在林桂生的床邊,而且能夠專心致志地觀察林桂生的需求,只要林桂生歎一口氣,或者轉頭看他一眼,立刻就能心領神會,知道林桂生此時是想喝水,還是想翻個身。總之,但凡林桂生有什麼差遣或需要,杜月笙總能做到她的心裡去。

林桂生當然也不傻,杜月笙為她所做的一切,她都看在了眼裡,記在了心裡,覺得這個杜月笙是個可造之材,就想好生拉他一把。

十幾天後,林桂生的病終於好了。她把這功勞全給記到了杜月笙的頭上,逢人就說:「別看人家月笙是個孤兒,無父無母,可他額骨高,面相不俗,有福相。」

當時的上海灘,人們都很迷信,包括混江湖的人,特別重視某個人的運氣好不好。因為某個人的運氣好,做事必定會吉星高照,肯定會馬到成功,如運氣不好,做事就為老闆帶來晦氣,老闆鐵定不會重用這樣的人,免得他的壞運氣將大家都拖累了。因為杜月笙被老闆娘認定是為「吉星高照」,相當於替他在黃公館鋪平了步步高升的道路。

牛刀小試

　　杜月笙在黃公館的地位一步步高升，但是他仍然沒有因此進入運送大煙的隊伍，也就是說，他目前還沒有成為黃老闆的心腹。畢竟，黃金榮混到今天，絕不是等閒之輩，而運送大煙一事有關黃公館的切身利益，來不得半點馬虎。因此凡被他挑中的人，無不是精兵強將，可以說個個都是有膽有識、機智過人。而杜月笙顯然還需要進一步的考驗。正在此時，命運之神再次垂青杜月笙，使他終於有機會向黃金榮證實他的膽識和機智。

　　這天深夜，黃公館內所有的男性都被召集到客廳內，林桂生憂心忡忡地告訴他們，今晚做了一票大煙生意，本來一麻袋貨已到手，後交給一人吩咐其雇用黃包車送回黃公館。奇怪的是，負責斷後的人馬都已返回黃公館，而負責運貨的那人卻蹤影皆無，看來是路上出了意外情況，因此急需派人探查一下究竟。偏巧這天黃金榮另有要事，將館內一干精兵強將都帶了出去。林桂生無奈，只好抱著試試看的態度，看能不能從家中的男性裡，找一個能獨當一面的人承接此事。林桂生說完，滿懷希望地掃視了一圈，可是大家一個個大眼瞪小眼，無人敢應聲。

　　看著這一堆人平時吃自己的喝自己的，關鍵時刻卻沒有一個人挺身而出，林桂生又著急又懊惱，畢竟時間不等人，

再拖延下去，等麻袋運出城外，那這次黃老闆的面子就算丟到了黃浦江餵王八了。黃老闆身為法租界巡捕房的總探長，但他連自己的貨都看不住，那以後他的臉還往哪擺？

其實杜月笙早已經胸有成竹，他知道此時乃天賜良機，自己無論如何都要牢牢抓住這個機會。但他故意拖延了一會兒，以免給人留下急於表現的樣子，同時也為了給林桂生留下一個遇事不驚的印象，進而顯示出自己的與眾不同。

略過片刻，杜月笙方踏前一步，冷靜地對林桂生說：「老闆娘，小的願意走一趟。」

林桂生一愣，她壓根兒沒有想到，關鍵時刻肯站出來替她分憂的，不是那些虎背熊腰的手下，竟然是這個看似弱不禁風的杜月笙。

林桂生儘管多少還有點懷疑杜月笙的能力，但更多的是對他的賞識，在這緊要關頭，是騾子是馬，只有拉出去遛遛了！

「行，你就跑一趟吧，需要誰幫忙嗎？」林桂生問。

「我自己就行。」杜月笙堅決地說。

杜月笙早就想好了，他一定要抓住這個千載良機，如果失敗了，自己也認了，但如果成功，他可容不得讓別人和自己分享，否則怎麼能顯出他的能力呢？

杜月笙接過林桂生遞給他的一支手槍，問清運送那只麻袋所走的方向，杜月笙快步走出黃公館，招手叫來一輛黃包車，指揮車夫快點跑。

車夫拉著車飛奔，杜月笙的大腦也在高速運轉：那賊劫走麻袋後，會選擇逃往哪裡呢？

此時此刻可謂緊急萬分，根本沒有多少時間可供杜月笙

從容思考，但他命令自己必須保持頭腦冷靜，慢慢也就理清了思路。那賊既然劫的是黃老闆的麻袋，那他肯定不敢留在法租界，留在黃老闆的地盤無異是自找死路，上海縣城那賊這時候也進不去了，因為這時候早就四門緊閉，那麼，此刻這賊能選擇的，一定就是緊靠法租界的英租界了。

◆20世紀初，上海的鴉片走私仍然十分活躍，為了獲得暴利，煙販們冒險販運、倒賣煙土，並且發展成許多販賣外國煙土的大煙商，如郭子彬經營的「郭鴻泰土行」、鄭四太爺經營的「鄭洽記土行」等。這些大煙土商行，都集中在公共租界（英租界）境內，形成了著名的「潮州煙幫」和「大浦煙幫」。由於販賣煙土可以獲得暴利，所以黃金榮和妻子林桂生商量，用搶劫的辦法獲得煙土。他派手下的徒弟們在租界的交界處進行搶劫，然後逃入法租界，英國巡捕和華捕都不能進入法租界，被搶者因為是非法經營，也不敢在英租界報案

　　杜月笙仔細計算了一下時間，此時他已經胸有成竹，於是吩咐車夫說：「加快速度，直奔洋涇浜！」

　　杜月笙所說的這個「洋涇浜」其實就是英、法租界的交界處，中間以小河溝為界，兩邊則分別為英租界和法租界。杜月笙判斷，那賊如果要經法租界進入英租界，此地乃必經之處，而以時間來推算，那賊一定還沒進入英租界，因此，杜月笙選擇在此處守株待兔，必能手到擒來。

　　夜色深沉，霧氣濛濛，天空連點亮光都沒有，路兩邊一片漆黑，杜月笙坐在車上，手裡緊緊握著手槍，同時瞪大眼睛，豎起耳朵，仔細搜索和傾聽著哪怕一絲一毫的動靜。事實證明瞭杜月笙準確的判斷力，不一會兒，杜月笙就發現了前面有一輛黃包車形跡可疑。

　　杜月笙手一揮，催促車夫加快腳力，迅速跟上了那輛黃包車。

　　一麻袋大煙至少也有百十斤重，何況車上還坐著一個押貨的人，再加上已經走了老遠的一段路，所以車夫氣喘吁吁，腳步緩滯，雖然車上的人不停地催促車夫，但是黃包車依然走得很慢，因此杜月笙不一會兒就追上了他們，並呵斥他們停下。黑暗中，杜月笙身手矯健地從車上跳了下來，車上那個賊尚未反應過來，已經被他用手槍抵住了腦袋。

　　「對不住，朋友，你失風了。」杜月笙穩住心神，厲聲說道。

　　嘴上說著話，杜月笙的眼睛卻一直緊盯著車上那個人，一旦他輕舉妄動，自己就要立即開槍，不過那個偷大煙的賊，顯然是個生手，早已嚇得屁滾尿流，不敢動彈了。

　　「不、不知兄弟是哪方高人？」那個賊哆嗦得早如篩糠

一般，連說話都帶著顫音。

「到時候你就會知道，給我乖乖舉起手來，下車。」杜月笙呵斥道。

那個賊乖乖地舉起了雙手，幾乎是從車上滾下來的，杜月笙一不做二不休，一手拿手槍抵住那人的腦袋，另一隻手立即搜他的身，果然從他的腰間摸到一把匕首，杜月笙立即取出匕首，隨手扔到了一邊。

杜月笙終於鬆了一口氣，知道那個賊現在基本上不具有危險性了。

此時一旁的車夫也嚇得不輕，杜月笙緩和了口氣對他說：「你不用怕，這事和你無關，你只要幫我把這麻袋送到黃公館，我還會重重有賞。」

那車夫正渾身哆嗦，聽得杜月笙這話，彷彿聽到特赦令，頓時喜出望外，別說還有重賞了，為了保住自己的小命，就是一個子兒不給，他也得乖乖聽命。

車夫連忙點頭如啄米：「是，是，小人遵命。」

那個賊看到杜月笙做事如此俐落，斷定來者不善，起碼也是黃公館裡數一數二的大人物，於是趴在地上連連磕頭：「小的只想混口飯吃，沒想到有眼無珠，冒犯了黃公館，大哥饒命，饒命啊！」

杜月笙淡淡一笑，說：「放心吧，我不會要你的命，黃公館從不殺人。」

那個賊心裡一塊石頭算是落了地，他從地上爬起來就想溜。

「且慢！我說不要你的命，可沒說就這樣放你走，不然我空口無憑，怎麼向老闆娘交代呢？」

那個賊差點癱軟到地上。

　　杜月笙又是淡淡一笑：「別害怕。我們老闆娘是菩薩心腸，頂多大罵你一頓，你只要離開上海灘，別再撞到黃公館的人手裡就沒事。」

　　那賊對著杜月笙千恩萬謝，彷彿杜月笙成了他的救命恩人，於是一輛黃包車拉著麻袋，一輛黃包車拉著杜月笙和那個賊，直奔黃公館而去。

　　兩輛黃包車很快到了黃公館，早有守候在此的兄弟們迎了上來，有人搬麻袋，有人就把那個賊押進了客廳。

　　此時林桂生聽說人贓俱獲，不由一陣驚喜，這杜月笙果然不是凡夫俗子，自己真沒有看錯人。

　　杜月笙此時看到林桂生，卻一臉的平靜，絲毫沒有居功自傲的樣子，而是輕描淡寫地匯報說：「老闆娘，人已帶回，現在廳裡，請您發落。」

　　這就更令林桂生刮目相看了，她本來以為，杜月笙立此大功一件，肯定會聲情並茂地大吹特吹自己是如何單槍匹馬破獲劫案的，既能在眾人中樹立威信，也好向老闆娘邀功請賞。

　　可是出乎她意料之外，杜月笙卻只是簡單匯報了一下事情的結果。

　　「此人確實是個人才，將來前途定不可限量。」林桂生由衷地暗歎。隨即，她露出笑容，吩咐杜月笙下去休息。至於那個賊的處理，林桂生果然如同杜月笙說的那樣，僅僅是罵了他一頓，然後將那人趕出了上海灘。

　　在此之後，林桂生終於將杜月笙當成了自己的心腹，而幾縷枕邊風一吹，黃老闆也對杜月笙高看一眼並不斷委以重任。杜月笙明白，他離那個販運大煙的隊伍更近了一步。

不要怕被別人利用

　　杜月笙有句名言：「不要怕被別人利用，人家利用你說明你還有用。」所以他盡可能地表現自己的才能。

　　杜月笙得到林桂生的信任後，屢次得到一些有油水的差事。比如林桂生叫他去黃老闆名下的「共舞台」劇院收「盤子錢」，也就是負責在戲館裡的前座以及花樓包廂的座位前，擺上盤子，裡面放一些果品及香茗，供客人享用，只是這些東西價格高得令人咋舌，而且頗有些強買強賣的味道，客人吃不吃都要掏錢，這就是所謂的「盤子錢」，收入自然非常可觀。

　　杜月笙明白，這其實是林桂生對他的考驗，自己絕不能掉以輕心，須得小心行事，因此杜月笙每次收到錢款，都會如數上交給林桂生。

　　林桂生對杜月笙的表現非常滿意，於是她向黃金榮正式推薦，讓杜月笙進入了負責販運大煙的核心隊伍。

　　說販運大煙那是好聽，其實就是搶大煙，這可是個空手套白狼卻一本萬利的買賣。而且，只要有強大的後台做靠山，再加上準確的情報，只要幾個人就能輕易完成任務。

　　當然，每次組織具體行動，他們都是有明確分工的。負責提供資訊的是黃老闆，他的身分讓他擁有最快捷最準確的消息來源，負責坐鎮指揮的是林桂生，作為黃公館的老

闆娘她責無旁貸,負責具體行動的當然就是黃金榮手下那些得力幹將了。

這天,黃老闆獲得一個消息:一名來自南京的鴉片商從租界購買了大量煙土,分裝後計劃從一個叫周家渡的小碼頭上船,途徑黃浦江水路運到嘉興去。

這樣的好機會,林桂生又怎麼會放過呢!她立即指派外號「歪脖子」的阿光帶領7個人去搶大煙,這裡面就包括杜月笙。

夜幕降臨之後,「歪脖子」領著大家埋伏到周家渡附近,並找了幾根木頭放到馬路中間當路障。

過沒多久,一輛馬車過來了,車上有5個人,其中一個車夫,其他4個看樣子就是保鏢了。其中一人看到前面的爛木頭,嘴裡罵了一句,要車夫趕緊停車,又指揮人下車將這些爛木頭搬到一邊去。

車夫剛把車停下,就聽「呼啦」一聲,一條麻繩拴成的繩套準確地套進了車夫的脖子,他剛要呼喊,只覺繩套一緊,整個人就被拖到了車下。

「歪脖子」指揮幾個人先將車夫和保鏢捆成了粽子,然後招呼其他人從車上搬下幾口大箱子,打開後赫然是一包包的大煙,他們手腳俐落地每人扛了一包,分頭離去。

很快的,8個人齊聚在一間早已約定好的房子裡,「歪脖子」一點大煙,竟然是12包!

「歪脖子」有些激動,他眼珠子轉了轉,取出兩包大煙,用匕首將它們分成8塊,讓每人各拿一份。但杜月笙猶豫地一直不敢拿,「歪脖子」吼道:「你怕啥?老闆娘對我們說一共是10包大煙,這兩包是憑空多出來的,不拿白

不拿！」

　　杜月笙看形勢，自己要是不拿，等於把其他人都得罪了，估計自己也不會有好果子吃，好漢不吃眼前虧，他也拿了一份揣進了懷裡。不過，他在心裡早已打好了自己的小算盤。

　　看到大家都拿了大煙，「歪脖子」鬆了口氣，他瞪起眼睛發下狠話說：「今天這事兒就天知地知，還有我們8個人知道，誰要是活膩了，敢向老闆和老闆娘打小報告，哼哼，就別怪老子不客氣！」

　　得知8個人順利完成任務回來了，林桂生便吩咐廚房給他們擺好酒菜接風，自己則到客廳裡坐著等他們。

　　8個人將大煙抬到客廳裡，並一包包地放到桌子上，讓老闆娘過目。林桂生看到10包大煙整齊地碼在桌子上，她非常滿意，招呼幾個人趕緊坐下吃飯喝酒，接著又打開一包大煙，吩咐杜月笙切成8份分給大家，林桂生看杜月笙逐一把大煙分完了，又對他說：「月笙，一會兒把這些東西搬到樓上我臥室裡。」說完，林桂生就上樓了。

　　林桂生的臥室在二樓，她的臥室，除了黃老闆和貼身傭人，就只有杜月笙享有出入的特權了。

　　等大家吃飽喝足離去，杜月笙才將大煙一包包搬進了林桂生的臥室，並鎖進了一個大鐵箱，做完這些，杜月笙並沒有立即離開，而是看著林桂生欲言又止。

　　林桂生奇怪地看了他一眼：「怎麼了月笙？你是不是還有話要說？」

　　杜月笙等的就是老闆娘這句話。他三步並作兩步走到林桂生跟前，從懷裡掏出一小包大煙遞給林桂生，又把「歪

脖子」私分大煙的事情一五一十地說給她聽。

林桂生一聽，頓時氣得咬牙切齒，當即就要讓杜月笙把「歪脖子」綁了來治罪，杜月笙連忙勸說：「老闆娘請息怒。」

林桂生這時也冷靜了下來，心想這事是不能魯莽，否則就會把月笙給出賣了。她強壓心頭的怒火，對杜月笙說：「你先下去吧，這事你誰也不能說，我自會處理。」

杜月笙跟老闆娘告辭，下樓後，他長長舒了一口氣。

轉眼到了第二天晚上，黃公館的客廳裡烏雲籠罩，只見黃金榮與林桂生坐在桌子兩邊，顧掌生、馬祥生等幾個徒弟還有幾個兇神惡煞的保鏢站在他們周圍。

黃金榮臉色一沉，說：「傳阿光！」

就見「歪脖子」阿光走進了客廳，他渾身上下早已抖成了一團。

居然敢有人在太歲頭上動土，黃金榮一張麻臉氣得發黑，但他仍然不動聲色地問：「說實話，昨天晚上你們搶了幾包大煙？」

「歪脖子」的腿一下子就軟了，他「撲通」一聲就跪到了地上，將腦袋磕得「咚咚」有聲：「師父饒命，師父饒命，小的再也不敢了！」

此時，昨晚與「歪脖子」一起的7個人，包括杜月笙在內，大家也都一起跪下，替「歪脖子」求情。

一直沉默的林桂生，輕輕歎了一口氣，問「歪脖子」：「那兩包大煙，你是怎麼處理的？」

「歪脖子」連忙說：「小的不敢獨吞，私下分給其他7位兄弟了……小的這就拿出來。」說完，他哆嗦地從懷裡

掏出了那包大煙。

林桂生又問：「你說實話，這是誰出的主意？」

「歪脖子」又將腦袋磕得「咚咚」響：「都怪小的鬼迷心竅，小的對不起師父、師母對我的教養！」

林桂生連連搖頭：「阿光，沒想到你竟然做出這樣的事，辜負了我跟你師父對你的信任，太令我們寒心了！」

林桂生轉頭看了一眼黃金榮，接著說：「算了，念在你沒有功勞也有苦勞的分上，今天就饒你一命，馬上給我滾出上海灘，別讓我再看到你。」

「歪脖子」猶如即將押赴刑場的囚犯忽然聽到了特赦令，驚喜萬分，趴在地上拼命磕頭：「多謝師父師母不殺之恩，小的這就滾出上海灘，馬上滾。」

「歪脖子」連滾帶爬地離開後，林桂生看看下面仍然跪著的其他人，淡淡地說：「一人做事一人當，這事和你們沒關係，都回去吧。」

杜月笙他們從地上站起身，這時黃金榮仍然很憤怒，他連著吸了幾口雪茄，情緒才稍稍穩定下來，對站立一邊旁的顧掌生說：「掌生，你以後就接替阿光負責管轄他那塊活兒吧。」

「是啊，掌生一直是你的得力助手，肯定能做得很好，對了，還可以讓月笙幫他幹。」林桂生笑著說。

黃金榮看了一眼杜月笙，點了點頭：「行，那就按你師母說的，月笙最近幹得不錯。」

等大家都走了，黃金榮把杜月笙叫到身邊，吩咐他：「阿光那婊子養的，按幫規得挨三刀六洞。你師母仁慈，讓他撿了條小命，不過，死罪饒過，活罪難免，你現在就

去找他，讓他留下一個手指頭。」

杜月笙嚇了一跳，他做事向來講究圓滑，如此明目張膽給自己樹敵，他可不願意做。但他又不能直接拒絕，只好想辦法推辭，他小心翼翼地問：「師父，現在是不是晚了，恐怕他已經離開上海灘了吧？」

但黃金榮沒有給杜月笙推脫的機會，他極其肯定地說：「放心吧，這個狗娘養的現在肯定還在上海，他老家是江蘇青浦的，現在末班車早走了，輪船也要明天才有，所以他走不了，能不能拿到他的手指頭，就看你的本事了。」

杜月笙不由暗暗叫苦，但他轉念一想，不行，他好不容易才在黃老闆和老闆娘面前樹立起威信來，可不能因為這件事功虧一簣，讓黃老闆從此小看了他。想到這裡，杜月笙挺了挺胸，底氣十足地說：「我馬上就去，請師父靜聽佳音。」

黃金榮遞給杜月笙一把短柄利斧，又問他：「你還需要幾個人？」

杜月笙搖搖頭，說：「一個也不需要，我自己就行。」說完，杜月笙匆匆離去。

杜月笙去買了一隻烤雞，又去旁邊的酒店裡買了一瓶酒，然後直奔「歪脖子」的小屋而去。

看到杜月笙推門而入，他一下子從床上蹦了起來，手中已然多了一把寒光閃閃的匕首，他冷笑了一聲，問：「月笙老弟，是黃老闆反悔派你來殺我的吧？」

杜月笙歎口氣，將手裡拿的東西擺在了小屋裡的一張桌子上，說：「大哥，你想到哪兒去了，咱們畢竟兄弟一場，我是特意趕來給你餞行的。」

此時阿光看到，杜月笙的確是獨自一人，就相信杜月笙了，他覺得，如果杜月笙要來殺他，何必拿著酒和吃食呢。

「歪脖子」連忙請杜月笙坐下，二人插上門，一邊稱兄道弟，一邊對飲起來。

幾杯酒過後，杜月笙將幾塊大洋塞到「歪脖子」手裡，眼圈一紅，說：「咱倆兄弟一場，今天你落難，小弟我也幫不上你，這幾塊錢給你做盤纏用吧。」

「歪脖子」非常意外，以前他與杜月笙不過是一般的交情，可是今天自己落難了，以前的好兄弟竟然沒有一個人敢露面，還不如這個交情一般的杜月笙重情義⋯⋯

「歪脖子」一仰脖，一杯酒就下了肚，他大著舌頭，拍著杜月笙的肩膀說：「患難之交見真情，我阿光本來還以為自己有幾個好兄弟，可是今天我落難了，他們連個影子都沒有⋯⋯算了，不說了。老弟，你的心意我領了，錢你拿回去。以後只要你用得著我，兄弟一定全力以赴。來，再喝一杯！」

「大哥，你，你莫不是嫌錢少吧？」杜月笙似乎喝醉了。

沒想到，杜月笙又從身上摸出了兩塊大洋，對「歪脖子」說：「大哥，小弟我這裡還有兩塊錢，不過這是我給自己準備的盤纏，要不大哥也拿去吧，小弟我可以想別的辦法。」

「歪脖子」瞪著眼睛，問：「你準備盤纏幹啥？難道，老弟你想離開上海灘？」

「本來不想走，可看來不離開不行了。」杜月笙悠悠地歎道。

「怎麼回事？你現在可是黃公館的紅人，大有前途啊，

為什麼要離開？」

杜月笙一看，是時候了，一伸手，就把那把斧子摸出來放到桌子上：「大哥，小弟跟你說實話，這斧子是黃老闆交給我的，他命我帶你一根手指頭回去。」

「歪脖子」愣愣地，似乎還沒有反應過來。

杜月笙接著說：「黃老闆要是看不到你的手指，絕不會輕饒我。可咱倆是兄弟，我無論如何下不了這個手，所以啊，咱倆喝完了這頓酒，我也要去逃命了。」

說完，杜月笙又將一杯酒灌下了肚，然後撕下一隻雞腿，大口咀嚼起來。

就在這時，「歪脖子」猛然站了起來，只見他高高舉起斧子，斧子落下之後，一截血淋淋的手指落到了杜月笙的面前。

杜月笙驚得差點跳起來，因為他還沒來得及反應，事情就結束了。

「歪脖子」從衣服上撕下一塊布條，纏住了滿手鮮血的左手，吸著涼氣說：「老弟，你趕緊拿回去交差吧。」

杜月笙感動得熱淚盈眶，他對著「歪脖子」拱了拱手，朗聲說道：「杜月笙今生不忘大哥的恩情，咱們後會有期。」說完，他拿起那截斷指，離開了小屋。

回來的路上，杜月笙不由感慨萬千。他心裡的滋味也不好受，可是他更知道，為了保住自己的前程，他必須這麼做。

一回到黃公館，杜月笙馬上把斷指交給了黃金榮。黃金榮心裡一驚：沒想到，這個杜月笙僅憑一人之力，竟然能順利地完成了任務，果然非同一般。

創辦三鑫公司

　　杜月笙的進步，黃公館的眾人都有目共睹，大家都私下議論杜月笙最近運勢如日中天，過不了多久，黃金榮就會讓他自立門戶。

　　杜月笙自己心裡也有數，但他仍然高調做事低調做人，並沒有因此而趾高氣揚，因為他知道，要想讓眾人對自己心服口服，只憑老闆和老闆娘對他的器重顯然是不夠，他還需要做一、兩件大事來顯示自己的能力。

　　杜月笙手中的煙土越來越多，找他賣煙土的煙土商人也越來越多，這使杜月笙從中受到了啟發：與其把煙土轉給你們賺錢，不如我們也開一家煙土行自己賺錢！想到此，他就跑去找老闆娘林桂生商量。

　　林桂生聽了杜月笙的想法思考了一下，認為這辦法倒是不錯，自己開一家煙土行，不但能賺到很多錢，還能擴大自己在上海灘的影響。於是就答應了杜月笙。隨後兩人討論開了投資的事。

　　林桂生問：「你想想看，開土行得多少錢？」

　　杜月笙回答說：「我以為要麼不開，要開就開最好的。先買一幢房子，然後好好裝修一下，顯出一種氣派。我算過了，至少要兩、三萬塊錢，再加上咱們手裡的貨，生意肯定差不了。」

　　林桂生同意杜月笙的意見，並進一步表明她的想法說：「咱們既然是開公司、做生意，一切都得按規矩來。公司要找哪些人入夥，每個人負擔多少股本，都要定下來。」

　　杜月笙說：「人當然是越少越好，人多了不容易撮合在一起，會因此鬧意見的。」接著他試探性地說：「老闆要算一股。其餘的呢，桂生姐算一股，我算一股，再給金廷蓀算一股，一共四股，每股五千元，有兩萬元的股本也就行了。」

　　林桂生笑了笑，然後決斷地說：「一筆寫不出兩個黃字來，我跟老闆只算一股，不能占你們的便宜，金廷蓀一股，咱們三一三餘一，每人出一萬股本，共投資三萬元。」

　　黃金榮手下有那麼多心腹大將，辦土行杜月笙為什麼單單選中金廷蓀呢？其中原因也許很多，但最主要的原因有兩個：其一，金廷蓀世居上海南陽橋，他家總是被上海人稱做「老金公館」。因此，他對上海的情況很熟悉，熟人多，朋友也多，做起生意來自然遊刃有餘，如魚入海。其二，金廷蓀心思靈巧，料事如神，許多大事的結果每每被他料中。他的「算盤」打得既精又狠，是黃公館出身的唯一的「理財專家」。做生意需要的就是這種人，所以杜月笙單單選中了他。

　　林桂生雖是女流之輩，但做事向來乾脆俐落。她和杜月笙三言兩語商議後，當下就打開保險櫃，從中取出一萬塊錢的錢票，交到杜月笙手上。

　　杜月笙從林桂生手中接過錢票後，要說的話都說了，要辦的事也全辦了，按說該告辭走了。可是他站在那裡遲遲不動，眼望著手中的錢票，臉上出現了一種有話說不出口

的神情。

林桂生一眼就看出，杜月笙一定有什麼話要說，繼而猜猜，很快地就明白是怎麼回事了，便直截了當地問：「月笙，是湊不出股本吧？」」

杜月笙沒說話，只是輕輕地點了點頭。

林桂生問：「差多少？」

杜月笙仍未開口。說實話，此時的他，別說要拿出一萬元，就連拿出一千元也有困難。

林桂生也沒有再說話，轉身又從保險櫃裡拿出一萬塊的錢票遞給杜月笙，並說：「算是我借給你的，幾時有了幾時還，不要利息。」

杜月笙謝過林桂生，告辭出來，就又去找金廷蓀。

兩兄弟在浴堂的一間房子裡，嘁嘁喳喳議論一陣。金廷蓀興奮異常，當即答應入股，並詳細商量了辦土行的章程和做法。兩人議定，公司的名字就叫「三鑫」。這是因為老闆的名字裡有一個「金」字，金廷蓀的名字裡也有一個「金」字，杜月笙的字是一個單字「鏞」，其中也有一個「金」字。這就是古今中外，空前絕後的「三鑫」公司的來由。

「三鑫」公司最初設在法租界維祥里，辦公、倉庫連在一起，從弄堂口起，裝有一道道鐵柵欄，門邊日夜由安南巡捕分批守衛，對外場面擺得很闊氣。此後沒幾年，因該公司的經營方式奇特，盈利大得驚人，上海人提起它，艷羨中又不失敬畏，覺得「三鑫」公司這個名字，不足以表現這個公司的宏大規模和威風氣派，就自然而然地叫它「大公司」。

◆新樂路82號是黃金榮、杜月笙和金廷蓀等人合股成立的三
鑫公司辦公樓（公司壯大後）。建於1932年，法國建築師
拉法爾設計

在桂生姐的支持下，杜月笙成立了「三鑫公司」，杜月
笙自任董事長，黃金榮和桂生姐只掛名股東，而公司的一
切具體運作皆由杜月笙負責。

有了三鑫公司作依託，精明的杜月笙如虎添翼，沒多久
就壟斷了法租界的全部煙土生意。杜月笙在法租界的威望
越來越大，勢力如日中天。但他並不滿足，他的下一步目
標便是把自己的勢力範圍擴大到英租界那邊。

其實所謂的英租界，正確的稱呼應該是「公共租界」，

實際上這片租界包括英國租界和美國租界，不過美國人又委託英國人代管，上海人便習慣性地稱這片租界為「英租界」。

英租界的地盤遠比法租界要大得多，繁華程度和社會秩序都比法租界要好得多，可以說是上海灘的精華所在。當時的上海灘凡是規模數一數二的大煙土行，除了三鑫公司，全部都設在英租界，而英租界的煙土生意則全部被沈杏山所掌控。

因此杜月笙明白，要想獨霸上海灘的煙土生意，就必須徹底扳倒沈杏山。可是，沈杏山畢竟實力雄厚，如何才能扳倒沈杏山呢？很快就有一個機會擺在了杜月笙面前。

當時世界各國紛紛宣布戒煙，北洋政府也湊熱鬧頒布了戒煙令，大總統還專門派出禁煙專員，奔赴上海負責戒煙事宜。

這名禁煙專員名叫張一鵬。杜月笙聞聽此事，立即心生一計，他要借張一鵬之手扳倒沈杏山。杜月笙很快就摸清了張一鵬的底細，得知此人好色是出了名的，便輕輕鬆鬆透過美人計跟他攀上了交情，還特意為戒煙一籌莫展的張一鵬提供了一份英租界的煙土行名單，當然，這些煙土行全是沈杏山保護之下的。

急於立功的張一鵬按照這份名單，帶人查封了英租界的不少煙土行，也繳獲了大量煙土。在萬國禁煙會議上，輪到張一鵬發言時，為了證明自己戒煙的豐功偉績，他毫不留情地當眾點了沈杏山的名，指責他不僅監守自盜，還勾結黑道，提請英租界當局嚴厲處罰此人。

沈杏山聞風喪膽，逃到天津避難去了。英租界的煙土商

們一看沈杏山跑了，而他們設在英租界的煙土行又被查封了，便紛紛把手下的煙土行挪到了法租界，投奔了杜月笙。從此，杜月笙將整個上海灘的煙土生意納入了囊中。

不過杜月笙還有塊心病未去，這就是在押運煙土的過程中，專門緝私的水警營和緝私營會不時的刁難他們。

杜月笙知道自己沒辦法和水警營及緝私營直接攀上交情，於是他暗自琢磨，水警營和緝私營直接受淞滬護軍使衙門管轄，而淞滬護軍使衙門屬於軍閥的勢力，如果想辦法與軍閥大佬們搭上關係，不就容易與水警營及緝私營攀上交情了嗎？

當時的上海灘歸浙江軍閥所管，而當時的浙江督軍就是前任淞滬軍使盧永祥，現任的淞滬軍使也不是外人，正是盧永祥的得力幹將何豐林。

杜月笙決定從盧永祥和何豐林兩人身上打開局面。可是，如何才能跟這兩人搭上關係呢？杜月笙正為此事苦思冥想時，一個關鍵人物適時出現了。這個人就是張嘯林。

張嘯林祖籍浙江，中等個頭，生就一雙肥頭大耳，一雙牛眼一瞪，無不令人心驚膽寒。張嘯林出身貧寒，先是當學徒，後來考入了浙江武備學堂。

辛亥革命以後，張嘯林糾集了一幫街頭小混混，逐漸發展成了一個頗有勢力的流氓集團，在當地混吃混喝，無惡不作。後來鬧出了命案，張嘯林不得不逃到上海灘避難，還在十六鋪碼頭與杜月笙相識。

當時兩人皆參與了一場混戰，杜月笙傷得不輕，張嘯林為了替他治傷毫不猶豫地當掉了身上穿的棉衣，兩人從此惺惺相惜，結成了患難之交。

　　杜月笙早就知道，張嘯林與現任浙江省省長張載陽曾一同在浙江武備學堂上學，因為張載陽的面子，張嘯林與盧永祥和何豐林也互有來往。

　　在杜月笙的授意和支持下，張嘯林前往黃公館拜了碼頭，正式加入了三鑫公司。在張嘯林的引薦下，杜月笙輕而易舉就與盧永祥和何豐林攀上了交情。有了這層關係，水警營和緝私營就算有天大的膽子，也不敢在杜月笙頭上動土了。此後，三鑫公司的煙土在整個上海灘一路暢通無阻。

　　此事順利解決後，杜月笙有了更大的計劃：進軍英租界！當然杜月笙心裡也明白，自己老是跟英租界那邊的人為了利益明爭暗鬥，他早已成為英租界那邊的眼中釘，所以英租界那邊對自己是口服心不服。

　　杜月笙想到這裡，知道進軍英租界不能硬來，化敵為友方為上策，只有讓那邊的人心甘情願地擁戴自己，才能真正達到他進軍英租界的目的。

　　就在這個時候，一直龜縮在天津避難的沈杏山見風頭已過，返回了英租界。

　　杜月笙得知消息，立即到黃公館找黃金榮，向黃金榮和盤托出他的計劃，請黃金榮不計前嫌幫助沈杏山東山再起。黃金榮一聽杜月笙言之有理，便在他的陪同下一起登門拜見沈杏山。

　　這樣一來，給足了本已顏面掃地的沈杏山面子。不僅如此，杜月笙還親自牽線，說服沈杏山把自己的小女兒許配給了黃金榮的義子，讓兩人當了親家，沈杏山也重新在上海灘抬起了頭。

沈杏山親自出面，動員手下那支「大八股黨」的弟兄投奔到了杜月笙門下，杜月笙把他們全部安排到了「三鑫」煙土公司，並且人人享有一份豐厚的俸祿，「大八股黨」就這樣被杜月笙收服了。

3

上海灘的新格局

結交貴人化危機

　　正當杜月笙雄心萬丈，欲將稱霸整個上海灘的時候，為他帶來巨額利潤的三鑫公司卻出現了危機——煙土斷貨了。

　　三鑫公司一直從事煙土的無本生意，煙土本來是源源不斷，可是為什麼忽然斷貨了呢？這件事的起因緣於一場軍閥混戰。

　　當時的上海灘掌握在皖系軍閥盧永祥的手裡，時任江蘇督軍的直系軍閥齊燮元早就盯上了上海灘這塊大肥肉，也一直虎視眈眈地尋找各種機會，企圖從盧永祥嘴裡奪食。1924年9月的一天，盧永祥和齊燮元兩支軍隊大打出手，這就是所謂的「江浙之戰」。

　　因為盧永祥和何豐林與三鑫公司利益並存，因此在戰爭中，杜月笙也卯足了勁從物資上支持盧永祥和何豐林。兩支軍隊剛開始勢均力敵，後來老奸巨猾的齊燮元聯絡了同是直系軍閥的福建督軍孫傳芳援助他，由於力量懸殊，腹背受敵，盧永祥的軍隊潰不成軍。

　　盧永祥和何豐軍的殘兵敗將見大勢已去，紛紛歸降，孫傳芳奉命來到上海接收他們，並下了一道任命書，曾為前海州鎮守使的白寶山一舉登上了上海防守總司令的寶座。一夜之間，上海灘易主，變成了孫傳芳的勢力範圍。

　　這就給了杜月笙和他的三鑫公司迎頭一擊。因為三鑫公

司運送煙土完全是倚仗盧永祥的保護，而盧永祥兵敗後從上海撤走，這就意味著以前運送煙土的路已經不通了。新煙土無法順利運進來，而三鑫公司的庫存早已告急，這麼一來，煙土生意就無法做下去了。

眼看著發財路上遇到了攔路虎，杜月笙自然心急如焚，可是幾天之前他還幫著盧永祥和何永林打孫傳芳，此時再去和孫傳芳結交顯然不是好主意……

杜月笙心知肚明，自然也不想去碰這個壁。

◆孫傳芳，字馨遠，山東泰安人，直系軍閥首領。1904年出國赴日本留學，回國後歷任北洋陸軍營長、團長、旅長等職。1924年9月江浙戰爭爆發，出兵援助齊燮元，夾擊皖系盧永祥，占據浙江。1925年10月起兵驅逐蘇皖等地奉系勢力，11月在南京宣布成立浙、閩、蘇、皖、贛五省聯軍，任五省聯軍總司令，號稱「東南王」，成為直系後期最具實力的軍閥

　　三鑫公司的生意受阻，使得這些股東們遭遇了經濟危機。「小八股黨」們雖然名氣不小，但來錢的門路不多，基本是靠三鑫公司吃飯。煙土供應中斷，這些人基本上就淪落到了喝西北風的地步。

　　如何度過眼前這個危機呢？幾乎人人都在絞盡腦汁想辦法。

　　幾經周折，這些人還真打聽到了一個重要消息，有個叫陸沖鵬的人手裡還有不少存貨。

　　這個陸沖鵬祖籍江蘇海門，陸家在當地本是大戶人家，擁有良田以千百頃計，佃戶更是多得數不清。

　　陸沖鵬本是前清的一名秀才，本立志金榜題名，不料戊戌變法那年廢除了科舉制度，陸沖鵬只好進了蘇州法律專科學校讀書，畢業後就在上海灘當起了執業律師。

　　由於陸沖鵬家底殷實，長得一表人才，又是律師，故名聲很大。陸沖鵬在1912年當選為國會議員，因為利益關係，他和皖系軍閥段祺瑞及李思浩等人，私交甚好。

　　打探清楚了陸沖鵬的底細，以顧嘉棠為首的「小八股黨」便登門拜訪陸沖鵬。待見到他本人，顧嘉棠就單刀直入地說：「陸律師，我們幾個都快餓死了，只有您能救我們。」

　　陸沖鵬平時與「小八股黨」井水不犯河水，但他知道「小八股黨」都是赫赫有名的杜月笙的心腹，不看僧面看佛面，既然他們開了這個口，自己就不能讓他們空手而歸。

　　於是陸沖鵬微笑著說：「看來各位兄弟最近手頭緊了，說吧，想要借多少錢？我陸某一定會盡力而為。」

　　顧嘉棠淡淡地一笑，拱了拱手說：「陸律師，我們兄弟

幾個可不是來跟你借錢的。」

「不借錢，那要借什麼？」陸沖鵬眉頭微皺，有種來者不善的感覺。

果然，顧嘉棠仍然微笑著，卻加重了語氣說：「兄弟們想借一點煙土。」

陸沖鵬心下大吃一驚：我這裡有煙土的事知道的人不多，這麼嚴密的消息他們如何得知的？難道只是來試探的？於是打著哈哈說：「各位兄弟真是說笑了，陸某只是一名小小的律師，哪來的煙土啊？」

見顧嘉棠他們不說話，只是笑嘻嘻地盯著自己看，陸沖鵬暗歎一聲，知道這些人都是有備而來，不好糊弄，連忙改口說：「我有個要好的朋友有，不如我幫你們問問如何？」

顧嘉棠一拍手掌，說：「陸律師真爽快。這樣吧，告訴你朋友，我們不多借，20箱就夠了。」

陸沖鵬急得連連擺手，說：「不行，這不是難為我嗎？20箱太多，最多只能借10箱。」

顧嘉棠心想還是見好就收吧，說：「那就按陸律師說的數吧。」

當顧嘉棠他們神采飛揚地把10箱煙土抬到杜月笙面前時，著實出乎他意料之外。杜月笙連忙問顧嘉棠：「這些東西你們是從哪弄來的？」

顧嘉棠告訴杜月笙，「是從陸沖鵬那裡弄來的。」

杜月笙迅速在腦海裡搜索陸沖鵬這個人的有關資料，他半信半疑地問顧嘉棠：「據我所知，這個陸沖鵬不但是律師，還是國會議員，怎麼可能會做煙土生意呢？」

杜月笙沉思一會兒，肯定地說：「陸沖鵬沒說實話，我

敢說這些煙土全是他自己手裡的貨。你們說說看，他既然能這麼大方地借給我們10箱煙土，那麼他手裡至少還有多少箱？」

經過調查，陸沖鵬手裡不止有500箱煙土，而是整整擁有1000箱。可是，陸沖鵬到底有什麼通天本領，居然能弄來數目如此驚人的煙土呢？杜月笙立即著手調查。調查結果一出來，連杜月笙也驚訝了——陸沖鵬的煙土居然和堂堂北洋政府有關聯。

事情是這樣的，1924年10月直系和奉系軍閥大戰後，段祺瑞臨時執政，將北洋政府的大權握在了手中。

段祺瑞一上台，立即把自己的心腹李思浩提拔為財政總長。不過因為連年軍閥混戰，軍費支出太多，北洋政府財政早就出現了赤字。由於糧餉短缺，軍隊人心渙散，導致頻發混亂。最嚴重的是海軍將士因為跟總司令杜錫珪索要糧餉，竟然將他逼下了台。這個大問題現在就擺在段祺瑞和李思浩面前，讓他倆頭痛不已。

為瞭解決海軍的吃飯問題，段祺瑞和李思浩苦思冥想，四處找人，最後居然真找到了解決辦法。有個叫三井的日本財閥出手相助，為北洋政府提供了一個發財的門路。這個門路就是，由日本人每個月從波斯購進500箱煙土，然後偷運到上海販賣，購煙土的成本由三井墊付，所得利潤則歸北洋政府。

這事聽起來是不錯，但要真正實施起來，還得有個合適的人來操作，總不能讓段祺瑞和李思浩這兩個堂堂政府官員，親自參與販賣煙土吧。

兩人商量來商量去，一致認為與他們倆關係不錯的陸沖

鵬是最合適的人選。陸沖鵬也沒有辜負兩人對他的期望，他很快的就找到了買家——廣茂和煙土行，並且與煙土行老闆簽訂了合同。陸沖鵬只需將煙土運送到這家煙土行，對方即見貨付款。

沒想到，第一批煙土順利抵達上海的時候，煙土行的老闆竟然要起了無賴，他對陸沖鵬說，自己沒那麼多現錢，要麼這買賣不做了，要麼就先拖欠著貨款。

不過段祺瑞的軍隊裡正急等著現錢救命呢，這樣的條件陸沖鵬自然無法答應，這樣一來，這筆買賣就算拉倒了。

這500箱煙土目標可不小，如今生意沒了，陸沖鵬必須找個穩妥的地方來放置這些東西。為了安全起見，陸沖鵬將那500箱煙土運到了他的田莊藏了起來。還發放了槍枝給田莊的佃戶，以提防有人來田莊搶煙土。

杜月笙將陸沖鵬的底細摸了個一清二楚，他當機立斷，不管用什麼方法，一定要將這批煙土納入自己囊中。

當初沈杏山落難的時候杜月笙曾拉了他一把，沈杏山一直感恩在心，這下子正好給了他報答的機會。沈杏山痛快地就答應了杜月笙的請求。

沈杏山來到陸沖鵬的府上，對他說：「陸兄，咱倆不是外人，我就打開天窗說亮話吧，如今上海灘的煙土包括三鑫公司全都斷檔了，杜先生聽說你手裡有貨，特委託我過來跟你談談合作的事宜。」

陸沖鵬早就耳聞杜月笙的大名，但那只是道聽塗說，對其本人還缺乏瞭解，於是就找了個藉口，說：「我手裡是有不少貨，而且足有1000箱。不過這些都有了買主了。」

「不瞞沈兄說，買家是蘇北的煙土商。」

　　原來，陸沖鵬在第一筆生意黃了之後，心裡著急，就四處託人聯繫買家，好儘快讓這批貨脫手。陸沖鵬的老頭子，也就是青幫「大」字輩的通海鎮守使張鏡湖，得知此事後對他幫了大忙，不但幫他透過自己的地盤海門將煙土運往蘇北，還幫他在那裡聯繫好了買家。

　　沈杏山大惑不解，說：「這我就不懂了，蘇北那麼遠，你幹麼捨近求遠，直接賣給杜先生多好。」

　　陸沖鵬微微一笑，說：「沈兄你有所不知啊，如今的上海灘已不是以前那個盧永祥的地盤了，現在是孫傳芳一手遮天，失去了軍方保護，路上的安全無法保證，這些煙土一旦被搶，那損失不可估量啊！」

　　沈杏山一聽，陸沖鵬說的也不是沒有道理，就拱手說道：「這樣吧，我會把陸兄的擔心帶給杜先生，他一定會有辦法解決的。」

　　杜月笙聽完沈杏山的匯報，淡淡一笑，透過電話聯繫了一位姓單的男子。這位單先生是山東督軍張宗昌派駐上海的特使，也與杜月笙來往比較密切。

　　第二天，單先生便趕到陸沖鵬的家裡。他一進門就嚷了起來：「煙土的安全你有什麼不放心的？煙土到了碼頭，由杜先生自己運到法租界，要是出了什麼漏子，我替老杜做這個保人，保准讓你不會少拿一分錢。」

　　事已至此，陸沖鵬也不好再堅持了，於是他說：「既然單先生說話了，那我就分給杜先生500箱貨，一週後一手交錢，一手交貨。」

　　「那好，這事就這麼定了！」單先生看大事告成，興高采烈地去找杜月笙交差去了。後來，杜月笙又直接找到陸

沖鵬，把一切細節全部敲定。

幾天後，運送煙土的輪船抵達上海。陸沖鵬立即通知了杜月笙，貨物從船上卸下來後，有杜月笙派來的人在岸上接應。500箱煙土就這樣神不知鬼不覺地進了三鑫公司。而陸沖鵬當然就從杜月笙的手裡拿到了貨款，他心裡的一塊石頭也落了地。

這500箱煙土轉眼就賣光了，不但幫助杜月笙等人渡過了經濟危機，而且還及時給上海的那些癮君子解了「斷糧」之急，三鑫公司以及杜月笙的名氣也越來越大了。從此以後，杜月笙與陸沖鵬也開始了長期合作關係。

不久，李思浩來到上海與杜月笙相見。後來陸沖鵬隨著李思浩去了北京一趟，又帶回來兩張北京臨時政府財政部的委任狀，給杜月笙和張嘯林戴上了財政部參議的帽子。二人心裡自然對李思浩和陸沖鵬非常感激。

這件事過去之後，杜月笙和張嘯林又慢慢和孫傳芳有了聯繫。孫傳芳當然明白，在上海灘，唯有走私煙土才能賺大錢，而當前上海灘煙土行業的老大是杜月笙，如還讓杜月笙進行操作，可省去很多麻煩，而自己只要坐等按時給的紅利就行了。

有了共同利益做目標，杜月笙和孫傳芳自然是握手言歡、惺惺相惜。特別是孫傳芳的駐滬代表宋希勤，在杜月笙的賄賂下，簡直成了杜月笙的保護神。

投其所好

　　杜月笙和孫傳芳的勢力攀上關係不久，上海灘的局勢又發生了變化。隨著孫傳芳的勢力不斷擴大，他的部下們開始在上海灘耀武揚威，不可一世。這樣一來，可惹惱了奉系軍閥張作霖，他一怒之下，派了手下第一軍的軍長張宗昌率兵進軍上海。

　　張宗昌，字效坤，乃山東掖縣人氏。他大字不識，是地道的一介武夫，人們還送給了他一連串的外號，諸如「長腿將軍」、「三不知將軍」、「五毒大將軍」、「狗肉將軍」等，足可以看出這位軍閥粗魯野蠻的一面。

　　孫傳芳有自知之明，他曉得張作霖的厲害，自然不敢正面與他為敵，於是三十六計走為上策，率兵退到新龍華地界，把上海灘留給了張宗昌，兩支部隊互不干涉。

　　局勢演變至此，杜月笙的心裡也是叫苦不迭。他知道，這兩派軍閥無論哪個自己都得罪不起的，對誰都得強裝笑臉，誰操縱著上海灘的局面，他杜月笙就要盡力巴結誰。幸好，要想和張宗昌結交，杜月笙有非常便利的條件，因為張宗昌的手下有一名得力幹將跟杜月笙交情非常深厚。杜月笙便在推杯換盞中，把張宗昌的底細摸了個一清二楚。杜月笙本來就擅長和三教九流結交，這次為了和張宗昌攀

交情，他也採取了一套辦法。

◆張宗昌，字效坤，山東省掖縣人。綽號「狗肉將軍」、「混世魔王」、「三不知將軍」、「五毒大將軍」、「張三多」等。奉系軍閥頭目之一

張宗昌剛到上海時，門前可以說是車水馬龍，上海灘當地的名流輪番盡地主之誼，他日日盤旋在這些三教九流之間。杜月笙並沒有湊這個熱鬧。他耐心等著，一直到張宗昌那裡有了空閒，杜月笙這才將自己的請帖遞上，直接將張宗昌請到了有名的富春樓名妓「富老六」的房間。

當時上海灘妓院很多，等級也高低不等，而富春樓是當時首屈一指等級最高的妓院，裡面的妓女個個都是沉魚落雁之容、閉月羞花之貌，而且才藝雙絕，而「富老六」則是其中大名鼎鼎的頭牌妓女，而且還獲得過「花國大總統」的稱號。

這個「花國大總統」稱號的由來，來自於一個妓女選美比賽。上海灘有些有錢的無聊人士，每年都會找來一些妓女舉行選美大賽，最後奪得冠軍的人就會榮獲「花國大總統」的稱號，富老六就是某一年的選美冠軍。

杜月笙事先早已用重金將富老六收買了，而他交給富老六的任務，就是一定要把張宗昌給伺候得舒舒服服、開開心心。杜月笙將準備工作做好之後，便在富老六的房間裡擺好酒宴，和張嘯林一起坐等張宗昌大駕光臨。

張宗昌既然稱「五毒大將軍」，嫖是必不可少的，這陣子整天出席那些所謂名流的接風宴會，害得他這個混世魔王不得不裝得人模人樣的，早就煩到不行了，正琢磨著怎麼放鬆一下呢，居然聽到杜月笙專門在富春樓設宴為他接風，這個張宗昌還未見到杜月笙的面，心中已經對他有了十分的好感。

張宗昌興高采烈地來到富春樓，急不可耐地跨進富老六的房間，一看眼前這個富老六，當真是風情萬種、嫵媚動

人，骨子裡透出一股風騷，這讓張宗昌樂得恨不能當即就把她帶到床上去銷魂一番。

這個富老六不負杜月笙重託，只見她一會兒跟張宗昌喝交杯酒，一會兒對張宗昌拋媚眼，整個酒桌上飄蕩著富老六的嬌笑聲，直把張宗昌哄得魂不守舍，骨酥腿軟。酒桌上的氣氛顯得異常活躍，親切和友好。

富老六不愧是妓院的頭牌，很會帶動酒桌上的氣氛，為了更熱鬧一些，富老六扭著細腰嬌笑道：「今晚我真是三生有幸，竟然一下子見到了兩位張大帥。」

張宗昌一愣，他疑惑地問：「哪裡來的兩位張大帥？」

富老六咯咯嬌笑著，她翹起尖尖的手指，一指坐在一旁的張嘯林，說：「這位先生姓張，他有個綽號，也叫張大帥。」

張宗昌一聽，還真是這回事兒，於是將手中酒杯一舉，對張嘯林說：「原來張先生也是張大帥，今天我張宗昌有眼不識泰山，他娘的還真巧，來，咱倆張大帥喝一杯！」

張嘯林連忙站起身來，笑著說：「我算哪門子大帥，你張大帥手下將士十萬，一呼百應，威名遠揚，這才是大帥的真風采，今天見了您張大帥，我張嘯林這個假大帥的外號就再也沒臉叫了。這就像見了孫大聖手裡拿的寶葫蘆，我這冒牌的一見真的，就徹底露餡了，哈哈！今日有幸見到真正的張大帥，是我張嘯林三生有幸！」

別看張嘯林平日一副大大咧咧的樣子，畢竟也是曾進學堂讀過幾年書，關鍵時刻，靠著肚子裡僅存的一點墨水，竟然也說出了幾句文縐縐的話來，比起大老粗張宗昌，顯得有學問多了。

　　張嘯林一番自謙的話，把一桌子人都給逗樂了，在笑聲中大家又一次舉起了酒杯。

　　透過一番推杯交盞，張宗昌很快的就在酒桌上和杜月笙及張嘯林打成了一片，大家開始以兄弟相稱，一副相見恨晚的樣子。

　　杜月笙早就摸清了這位張大帥最大的嗜好就是女人和賭錢，見張宗昌吃飽喝足，杜月笙笑著說：「張兄，我杜月笙沒別的愛好，平時就愛玩幾把牌，不知道張大帥有沒有這個雅興？」

　　張宗昌一聽，拍著杜月笙的肩膀，噴著酒氣說：「兄弟怎麼把話說到我心裡去了，知我者，兄弟也。」

　　富老六連忙叫人安排了牌桌，大家一起陪著張宗昌玩起牌來。張宗昌自然是贏多輸少，越玩越上癮，不知不覺已經玩到了半夜。杜月笙見時候不早了，就招呼大家回去了，把早已慾火難耐的張宗昌，留在富老六的房裡。

　　自此以後，張宗昌和杜月笙、張嘯林真正成了知心朋友，沒事就一起吃喝玩樂。

　　當然，張宗昌也成了杜月笙生意上的保護神，有了張宗昌的庇護，杜月笙的生意做得順風順水，杜月笙對張宗昌的投資可謂回報豐厚，他滿心歡喜，只希望這位張大帥能一直在上海待下去，那可就成了他杜月笙永遠的靠山了。

　　只可惜，好景不常在，還不到一個月，張宗昌就在北洋政府的脅迫下，自己找了個藉口，帶著他的部隊從上海撤走了。

　　得知這個消息，杜月笙只能長歎一聲，無奈地搖了搖頭。

長袖善舞，結交軍閥

　　1925年，上海灘局勢不穩，各路軍閥在上海灘的舞台上輪番上場，先是孫傳芳取代了盧永祥，緊接著張宗昌取代了孫傳芳，但隨即張宗昌也離開了上海灘。無論是哪路人馬，杜月笙都左右逢源，極盡巴結之能事，就圖一個和氣生財。甚至是已經下了台的政要，杜月笙仍然會另眼相看，盡力結交。

　　轉眼到了11月，這天晚上，杜月笙在杜公館接見了一名神祕的男子，男子是皖系軍閥盧永祥的密使。此人將盧永祥的意思轉告給了杜月笙：居住日本的徐樹錚近日將返回上海，希望杜月笙能保護此人的生命安全。那麼，這個徐樹錚到底是何方高人，居然能讓盧永祥出面請杜月笙保護他呢？

　　說起這個徐樹錚，他原本是皖系軍閥段祺瑞的心腹和得力幹將，在1924年的軍閥混戰中，段祺瑞失敗，徐樹錚不得不旅居日本。而此時馮玉祥卻把段祺瑞推出來擔任臨時執政。段祺瑞心知肚明，他這個所謂的「執政」只不過是馮玉祥的傀儡，而實權仍然握在馮玉祥的手裡，段祺瑞自然不甘心做這個傀儡，他連做夢都想奪取馮玉祥的權力，關鍵時刻他決定把徐樹錚從日本召回來，請這個他最信任的謀士和他共商大計。

　　馮玉祥當然也不是省油的燈，他不但對徐樹錚的一舉一動瞭若指掌，還準備派人暗殺他。

　　杜月笙聽來人把盧永祥的意思說完，略一沉思，就痛快地同意了。

　　來人又叮囑杜月笙說：「徐先生被暗殺的可能性很大，還望杜先生務必布置周全，確保徐先生的人身安全。」

　　杜月笙意識到此事非同小可，他嚴肅地點了點頭，說：「請轉告盧督軍，只要有我杜月笙在，我一定會保證徐先生在上海灘完好無損。」

　　送走了密使，杜月笙暗想：「這件事情關係重大，萬一出了差錯，自己在上海灘的牌子砸掉不說，我和盧永祥之間的關係從此也就斷絕了。此事難度較大，單憑我自己的能力，怕難做到萬無一失，得讓黃金榮和張嘯林也助我一臂之力。」想到這裡，杜月笙立即喊了張嘯林，然後一起去黃公館找黃金榮。

　　沒等杜月笙把話說完，張嘯林這個直腸子便不幹了，他幾乎嚷了起來：「這個姓徐的跟咱們又沒來往，憑啥要咱們去保護他？」

　　黃金榮不想引火焚身，他說：「徐公館原本就在英租界，如果要尋求保護，他不該找咱們，應該去找英租界才對。」

　　杜月笙只好把自己的想法說了出來：「我是這麼想的，這個姓徐的是跟咱們沒什麼來往，可這事不是他本人出面，而是盧永祥找我們的。沒錯，盧永祥現在是離開上海灘了，可是現在這上海灘的局勢一天三變，說不定哪天他就打回來了。所以咱們做事得往長遠看，為了維護和盧永祥的關

係，咱們也要幫這個忙。」

黃金榮和張嘯林聽了杜月笙一席話，又細細琢磨了一番，確實有道理，也就同意了。

徐樹錚乘坐輪船到達上海灘的這天，他剛走出吳淞口碼頭，黃金榮、杜月笙、張嘯林三人就一起迎了上去，把徐樹錚緊緊圍在了中間，護送他回家。

馮玉祥安排的刺客被眼前的陣勢嚇住了，心說這個徐樹錚背後不曉得有什麼來頭，居然能請動上海灘鼎鼎有名的三大黑幫頭子當他的保鏢，哪裡還敢暗殺他？

這件事讓整個上海灘都震動了，一時成為人們街頭巷尾的談資。

杜月笙他們將徐樹錚安全護送到英租界，直到看著他進入了自己的公館，三個人才離去。但此時杜月笙絲毫不敢

鬆懈，因為徐樹錚一時半會兒不會離開上海，他們三個人也不可能像職業保鏢那樣日夜不離徐樹錚的左右保護他。因此杜月笙他們雖然離開了，但他早已安排了自己手下的那些心腹——「小八股黨」暗中保護徐樹錚，為了確保萬無一失，杜月笙還安排了大批徒子徒孫分散在各處。

◆正值壯年的杜月笙

在杜月笙費盡心機的布置下，徐樹錚在上海灘逗留的幾天毫髮無損，不僅如此，杜月笙還護送他離開上海，前去北京見段祺瑞。

最後分手時，徐樹錚百感交集，他緊緊握住杜月笙的手，說：「杜先生的大恩，我徐樹錚沒齒難忘，如果沒有杜先生，此時我怕早就在黃泉路上了。」

杜月笙此時並未居功自傲，他微笑著對徐樹錚說：「徐先生不必客氣，你是盧督軍的朋友，當然也就是我杜月笙的朋友。」

除了保護徐樹錚這件事，杜月笙還曾經為已經下台的黎元洪大總統保駕護航。當時軍閥大戰，黎元洪被奉系軍閥捧上了總統的寶座，可惜屁股還沒坐穩，就被直系軍閥趕下了台。黎元洪打算東山再起，就計劃去上海，與當時正在上海灘占地為王的皖系軍閥盧永祥結成同盟。

黎元洪還在北平時，上海灘三大亨的威名早已如雷貫耳，因此他到上海之前，早已派人拜見了黃金榮、杜月笙他們，表明自己想得到他們的保護。

杜月笙與黃金榮、張嘯林一碰頭，杜月笙說：「雖然黎元洪已經下台了，可這畢竟是前大總統啊，怎麼也是個大人物，既然人家開口了，也算是給足了咱們面子，咱們就得全力保護人家。」黃金榮和張嘯林也認為理當如此。

三大亨對這位前大總統熱情有加，給他提供的住處是杜月笙自己購買的小洋樓，給他吃的是美味佳餚，如果黎元洪需要出門，就安排「小八股黨」隨身保護。

黎元洪離開上海前，為了表達他的謝意，他將一套陸軍上將軍服和一套名貴的鴉片煙具贈送給了黃金榮，黃金榮

非常喜歡這兩件禮物，尤其那身將軍服，他總愛穿上在客人面前炫耀一番。此外，黎元洪還要人打造了30多面刻有「義勇」二字的金牌，分別送給了三大亨、「小八股黨」以及其他一些保護他安全的保鏢。

為了感謝杜月笙無私提供住處給他，黎元洪又請他的祕書長饒漢祥題了一幅對聯贈送給杜月笙。這幅對聯的上聯是：春申門下三千客，下聯是：小杜城南尺五天。

這幅對聯對杜月笙是大加讚賞，上聯把他比做仗義疏財、養著食客三千的春申君，下聯則將他的杜公館比作了唐朝貴族住的豪華府宅。

杜月笙雖然沒多少學問，但經人告訴他這幅對聯的寓意之後，如獲至寶，立即命人裱糊一新，掛在會客室裡，成了一種向客人炫耀的資本和榮耀。

杜月笙在上海灘長袖善舞，左右逢源，聲望愈高。直系、皖系、奉系各派軍閥爭鬥不斷，總統、內閣輪番在北京城轉換。在這動盪不安的政治舞台上，杜月笙比其他人表現得更加如魚得水，既能巴結上台的新貴，又善安撫下野的舊要，而且遊刃有餘。後台雖然屢換，他不但沒傷一根毫毛，反而大大擴展了自己的勢力。

搭救黃老闆

　　正當杜月笙意氣風發的時候，他的老闆黃金榮卻在女人身上栽了跟頭。

　　黃金榮有個叫張師的徒弟，他有個養女叫露蘭春。這姑娘小時候經常被養父帶到黃公館裡玩，大家都很喜歡這個漂亮的小姑娘。

　　露蘭春漸漸長大了，養父驚喜地發現，她是塊唱戲的好料，於是就請了老師培養她，這露蘭春很聰明，凡事一點就通，沒過多久，她就將唱腔和刀馬功夫學得有模有樣，樣樣精通。又過了幾年，她便開始登台演出了。

　　那時候總有些地痞混混到劇院搗亂，因此凡是有點名氣的優伶都會找個靠山，省得受人欺負，張師也有此顧慮，便帶著露蘭春來拜見黃金榮。

　　黃金榮以前是見過露蘭春的，也知道這小姑娘長得好看，只是沒想到時隔幾年，露蘭春出落得越發漂亮了，自從黃金榮見了露蘭春，就把心思放在了露蘭春的身上，整天琢磨如何博得她的芳心。

　　這時，正值第一次直系和奉系軍閥混戰之後，直系軍閥控制了北京政府。皖系段祺瑞、奉系張作霖，與在廣州的孫中山暗中聯絡，結成孫、段、張三角聯盟，共同對付直系軍閥曹錕和吳佩孚。其中負責聯絡的是「四大公子」：

孫中山之子孫科、張作霖之子張學良、段祺瑞之子段宏業，還有浙江督軍盧永祥之子盧筱嘉。

這位盧筱嘉盧公子年方二十出頭，倜儻風流，交際甚廣。他長居上海，又酷愛聽戲，整天帶著兩個隨從出入於劇院和舞廳等場所，自然對當地的旦角名伶非常熟悉。露蘭春紅了之後，自然免不了招蜂引蝶，盧筱嘉即是其中之一。

一次，盧筱嘉在戲院公開追求露蘭春，並鬧了黃金榮的戲院，被黃金榮打了一頓，盧筱嘉那吃過這樣的虧。為了出這口惡氣他連夜跑回杭州，找父親盧永祥哭訴去了。

盧永祥一聽寶貝兒子被打了，頓時火冒三丈：「這個黃麻皮，不過是法國佬養的一條狗，竟然敢在太歲頭上動土，我盧永祥的兒子，還輪不到你來管。我倒要會會這個黃麻皮，看他到底有多大的能耐！」

盧永祥當即致電任上海淞滬護軍使的何豐林，命令他出面為盧筱嘉出氣。

當時上海地區是皖系軍閥盧永祥的管轄範圍，上海淞滬護軍使何豐林名義上受江蘇督軍齊燮元的管轄，而實際上則事事聽命於浙江督軍盧永祥。既然何豐林是盧永祥的部下，肯定是盡心盡力地為他效勞。

這天晚上，黃金榮只帶了四個貼身保鏢就大搖大擺地進了劇院。今晚露蘭春要首場演出新戲《槍斃閻瑞生》。這齣新戲是根據當時轟動一時的社會新聞改編而成，露蘭春飾演這齣戲的女主角。

為了首場演出成功，黃金榮利用他法租界探長的權威，事先廣發海報和請帖，請了法租界各個幫會和商會的會長們來看戲，為露蘭春捧場。

隨著鑼聲響起，露蘭春輕移蓮步上場了。因為是新戲首演，黃金榮斥重金為她置辦了全上海最時髦、最漂亮的行頭，只見她水袖一甩，風情盡顯；啼唱低吟，眼波流轉，一開口就博得了滿堂喝彩聲。黃金榮高興極了，他得意地晃著二郎腿，手在扶手上打著鼓點，瞇著眼睛，完全沉浸在了露蘭春的戲曲中。

◆露蘭春，民國時期上海灘著名京劇老生女演員。原籍山東，幼年時到處流浪，後學京劇，改名為露蘭春。唱文戲音色嘹亮，功架沉穩。1922年露蘭春被黃金榮娶為妻室，藝術生命遭到扼制，漸少登台演出。1925年與黃金榮離婚後嫁給薛恆為妻，之後便淡出舞台生涯

誰也沒有發現，這時有十幾個人偷偷摸進了包廂內。黃金榮頓覺腦袋一涼，因為他的腦袋被一把手槍給抵住了，只聽一聲低喝：「黃麻皮，別來無恙呀！。」

黃金榮大吃一驚，抬眼一看，一個身穿白西裝的男人正站在自己面前，再一細看，不由倒吸一口冷氣：「原來是你……」

男人冷笑著說：「沒錯，是我盧筱嘉。」他頭一擺，上來幾個人就左右搧了黃金榮幾個耳光，打得黃金榮頭暈目眩。黃金榮正想呼叫自己的保鑣，哪曉得身後一隻腳飛來，正踢到了他的腰間，一陣劇痛襲來，黃金榮不由自主摀著腰蹲到了地上。

盧筱嘉手一揮，兩個人立即架起黃金榮，連拖帶拉，把他塞進了門外的一輛轎車。盧筱嘉隨後和手下各自上了另外的轎車，在夜色中飛馳而去。

黃金榮在自家劇院被盧筱嘉綁票的消息，像一陣風傳遍了大上海。各家報紙更是均以頭版添油加醋報導此事。大名鼎鼎的黃金榮老闆，法租界赫赫有名的華捕總探長黃金榮，竟然在自家劇院遭到綁票，他門下的那些徒弟們覺得丟盡了顏面，頓感在外人面前矮了三分，就連那些平時靠著黃公館吃飯的地痞無賴，此時也有些看不起黃金榮了。

杜月笙和張嘯林聽說師母有急事，立即趕到了黃公館。

林桂生把兩個人叫進客廳，顧不得叫人沏茶給他們，就急乎乎地說：「出大事了，你們黃老闆，在戲院遭人綁票了！」

「什麼！」杜月笙和張嘯林當即跳了起來。黃金榮居然被綁架！簡直太令人吃驚了。兩個人心裡都明白，黃金榮若被人綁架，那他可就算栽了大跟頭了，這消息一旦傳出去，黃金榮還有何面目在其他幫派面前抬起頭來？以後還怎麼有臉在上海灘混？一句話，黃金榮在上海灘的地位算是完了，再也不可能像以前那樣威震上海灘了。

「這是誰吃了熊心豹子膽？他媽的敢在黃老闆頭上動土？」張嘯林是個急脾氣，他瞪著眼珠子罵了起來。

「是盧筱嘉這個混蛋。這小子仗著他老子的權勢橫行霸道，無法無天，今天竟然欺負到黃公館頭上來了。所以我才急著把你們請來，請你們想想如何救人。」

張嘯林一聽，綁票者竟然是「四大公子」之一的盧筱嘉，不由倒吸一口涼氣，他平時天不怕地不怕，可面對盧永祥的勢力他也只能乾瞪眼。張嘯林只好轉頭看看杜月笙，指望著足智多謀的他能想出個好辦法來救黃金榮。

杜月笙連忙站了起來，誠懇地對林桂生說：「桂生姐的心情我們理解，可這件事非同小可，我們還沒有摸清對方的虛實之前，不要盲目採取行動。我贊成先讓嘯林去摸清底細，然後我們再一起想對策。」林桂生只好同意。

「十里洋場」以外的滬南地區歸軍閥控制，連那裡的流氓混混也要受軍閥管制。而護軍使何豐林在管線範圍內宛如土皇帝一般。

這次何豐林奉盧永祥的命令將黃金榮綁架到他的府上，明裡是替盧公子出口惡氣，給黃金榮點厲害看看，暗地裡何豐林還有自己的想法，那就是趁機敲黃金榮一筆竹槓。

張嘯林和杜月笙離開後，林桂生已經平靜了下來，頭腦也變得清晰了，她經過再三考慮，覺得張嘯林此行未必能成功。第二天早上，林桂生登門拜訪身為道勝銀行買辦的虞洽卿，此人平時與黃金榮私交甚厚。

林桂生離開了虞府。虞洽卿也動身前往何豐林的府上。

何豐林雖然接見了虞洽卿，但態度始終是不冷不熱，虞洽卿當然明白何豐林的意思：他絕不會如此輕易就把人給放了。何豐林打著官腔說：「盧公子平白無故遭受委屈，盧督軍非常生氣，要圓滿解決這件事，必須要讓各方面都

滿意才行。」

虞洽卿知道再說無用，於是告辭離去。

而張嘯林的待遇比虞洽卿差遠了，他根本連何豐林的面都沒見著。當何豐林聽手下匯報張嘯林求見時，他不耐煩地擺擺手，說：「告訴他，我不在家。」

這時候，杜月笙卻打起了自己的小算盤。有著無數徒子徒孫、威震上海灘的黃老闆被綁架了，這件事在幫派裡稱為「跌霸」，綁架時間越長跌得越慘。黃金榮被綁架後，杜月笙起初也很著急，後來他冷靜一分析，想到黃金榮跌下去，我杜月笙就可以趁機爬上來了，人不為己，天誅地滅，就讓何豐林多關他幾天吧，反正對我有好處，於是也不積極想辦法了。

何豐林為何還不輕易放人？精明的杜月笙馬上就意識到了，何豐林想要錢！

黃金榮名為法租界華捕總探長，而實際上他的主要精力都放在了經營生意上，如開戲院，走私鴉片，開賭場，幾乎日進斗金，賺了不少錢。這次黃金榮栽到了何豐林手下，何豐林豈會便宜了他？不敲黃金榮一筆大的絕不會輕易放人。

杜月笙知道該自己出場了，他帶著10根金條，到何府拜見何豐林。到了何府門外，杜月笙把金條交給了衛兵，請他進去稟報，就說「三鑫」公司董事長杜月笙求見。

見到貨真價實的金條擺在面前，何豐林滿意地笑了，他撫摸著鬍子連連點頭：「還是杜月笙會辦事。這年頭，不來點真格的，光憑面子能值幾個錢啊！你去請杜先生到小書房等我吧，我馬上就到。」

由於那幾根金條的功勞，杜月笙得以被請到了小書房，

而其他人能夠進客廳見他就算不錯了。

何豐林以為，杜月笙見了他，肯定會單刀直入提起放了黃金榮的事情，但令何豐林意外的是，杜月笙卻沒有提起黃金榮一個字，而是與他隨意說笑。聊了一會兒之後，杜月笙隨意問道：「杜某今日登門拜訪，是有一椿要緊的生意要與何將軍和盧公子商量，不知道杜某能否見到盧公子。」杜月笙不卑不亢地說。

聽到有生意可做，何豐林立即派人將盧公子請了過來。

杜月笙和盧公子寒暄過後，說道：「我和黃老闆、張嘯林籌集了一筆資金，想開一家『聚豐貿易公司』，專門從事煙土生意，想請何將軍和盧督軍入股，不知道兩位意下如何？」

何豐林知道，煙土生意可以說一本萬利，是條發大財的路子，但他不敢輕易表態，只是問：「不知道需要我們投入多少錢？」

杜月笙淡淡地一笑，說：「無需兩位投資，何將軍和盧督軍的名望和財氣就是股份。公司一共分成五股，咱們五家平均分紅。只需兩位在運銷煙土時向貴部下招呼一下，保證咱們的煙土在浙江各地暢行無阻即可。」

聽杜月笙解釋完，何豐林放心了，他興奮地說：「要是這樣的話，我同意入股。」然後他又問盧筱嘉，「盧公子，你同意嗎？」

盧筱嘉也不例外，有這等天上掉餡餅的好事，傻子才會放過機會呢，於是連忙表態說：「這是大好事啊，想必家父一定會同意的，我替家父做主了。」

「好，我們一言為定。」杜月笙與兩人擊掌為誓。

話說到這份上，杜月笙才胸有成竹地說：「既然合作的事定下來了，那麼公司馬上就要開業剪綵，到時候可不能缺了我們五大股東啊！只是黃老闆現在還被何將軍關著呢，是不是可以放人了？」

何豐林不敢擅自做主，他轉頭看了盧筱嘉，盧筱嘉對他點點頭，何豐林立即說：「請杜先生放心，我這就叫人去把黃老闆放了。」

杜月笙卻攔住了他，「且慢。黃老闆怎麼也是上海灘有名的大亨，要是就這麼放了，那他以後還有何顏面在上海灘立足？不如何將軍好事做到底，給黃老闆一個台階下。」

何豐林心裡讚歎不已：杜月笙做事當真滴水不漏，考慮得真周全，嘴裡問：「請杜先生明示，我該怎麼做才能給黃老闆找回面子呢？」

「聽說何老太太收了黃夫人做乾女兒，何將軍何不擺個認親宴，黃老闆和盧公子趁此機會握手言和。這樣黃老闆的面子也找回來了，盧公子也不算失面子，豈不是兩全其美？」

何豐林拍手稱讚道：「好主意！這事簡單，包在我身上了。」

幾天後，何府上熱熱鬧鬧地擺起了認親宴。黃金榮打扮一新出席宴會，並與盧筱嘉握手言和。為了幫黃金榮把面子做足，盧永祥還特意請北洋政府頒給黃金榮一枚獎章，聘請他為護軍使衙門督察。

到了這個地步，黃金榮總算體面地回到了黃公館。儘管這樣，黃金榮的名望迅速下跌，杜月笙的名氣卻扶搖直上，因為大家都知道，黃金榮是被杜月笙救回來的。

杜月笙彷彿看到了自己徹底超越黃金榮的那一天。

坐上第一把交椅

黃金榮回到了黃公館，林桂生設宴幫他壓壓驚，同時一併感謝杜月笙和張嘯林等人。

黃金榮的心思怎麼能瞞得過精明的桂生姐呢，她不客氣地說：「你這幾天別出門，在家休養吧。」黃金榮聽出了林桂生的話外音，一時不敢輕舉妄動。

一天晚上，林桂生從外邊辦事回來，回家一看，黃金榮已不見人影了。

直到很晚黃金榮才回家，一直在大廳等他的林桂生見他得意洋洋的樣子，一時怒從心生，大聲吼道：「你又去找露蘭春了？今天我把醜話說在前頭，我可容不下這個女人，要麼你跟她一刀兩斷，要麼我跟你一刀兩斷。」

桂生姐正在氣頭上，說這話並非本意，黃金榮聽後卻咆哮起來：「不可能，我不會和她一刀兩斷，我還要明媒正娶，把她娶到家裡來。」

黃金榮巴不得林桂生快點走，林桂生隨即就搬出了黃公館。

林桂生對杜月笙有知遇之恩，杜月笙不會忘記，也就不管黃金榮是否樂意，親自替林桂生租了一幢新樓房，並布置妥當。林桂生從黃公館搬出後，就直接住進了這裡。林桂生感動地說：「我和黃金榮夫妻一場，還幫著他打江山，

卻落個掃地出門的下場，還不如月笙對我有情義。」

黃金榮隨後就大擺筵席，把露蘭春娶進了黃公館。婚後他對露蘭春是百般疼愛，吃的、穿的、用的，全是給她最好的，連保險箱的鑰匙都交給了露蘭春。為了防止再有公子哥垂涎她，黃金榮乾脆不讓露蘭春登台演出了，讓她一心在家做黃太太。

但對於露蘭春來說，她從小就學戲、唱戲，早已習慣了上海灘的那個花花世界，習慣了繽紛的舞台和如雷般的喝彩聲，黃金榮妄圖把她當金絲鳥關在黃公館這座金絲籠裡，她哪兒待得住，再說金銀珠寶根本收不住她那顆年輕躁動的心，蜜月剛過，露蘭春就跟黃金榮要求重新登台唱戲。

黃金榮起初不同意，但最後經不住露蘭春耍小性子，只得同意了。

露蘭春色藝雙絕，早有無數風流少年為之傾倒。露蘭春重新登台的消息傳出後，以前她那些戲迷們奔相走告，紛紛前去捧場。

其中有一個死忠戲迷最興奮了，這人叫薛恆，出身豪門，是上海顏料業富商薛寶潤的二公子，人稱薛二。這薛二皮白面嫩，容貌俊美，家境殷實。露蘭春第一眼看到這個風流倜儻的美男子，一下子就被迷住了。

露蘭春不由得想起了黃金榮那滿臉的麻子，肥胖鬆弛的身體，再看看眼前這位風度翩翩的年輕男子，頓感萬分委屈，心裡對黃金榮這個老頭子有了一種厭惡感。於是他們開始頻繁的約會。

紙裡包不住火，黃金榮很快的就知道了張嘯林打薛二的事，同時也知道了薛二與露蘭春偷情的事情。

　　向來霸氣十足的黃金榮，卻不敢拿露蘭春怎麼辦，因為他實在是太喜歡這女人了，生怕惹她不高興。黃金榮只是告誡露蘭春：「以後出門要經過我同意。」露蘭春隨便敷衍了一聲，心裡卻早已有了自己的主意：要儘快尋找機會，脫離這個老頭子！

　　露蘭春盼望的機會終於來到了。

　　1923年5月的一天，在魯、蘇兩省交界的鐵路線上，發生了一起震驚中外的「劫車案」。一輛載有200多名中外旅客的列車，途徑臨城站附近的沙溝山時，有80名旅客被劫走，被關到了峰縣的巢雲觀。

　　被劫旅客中有幾名法國人，法國駐滬總領事便委派身為法租界巡捕房總探長的黃金榮北上，儘快救出被劫的法國旅客。黃金榮接到命令後，立刻動身。

　　黃金榮前腳剛走，露蘭春後腳就毫不客氣地將黃金榮的金銀財寶等席捲一空，然後找到薛二，兩人一起私奔了。

　　一個多月後，黃金榮經過一番努力，終於成功解救出了全部人質。

　　黃金榮春風得意地返回了上海灘。當他回到黃公館時，卻發現每個人看他的眼神都是躲躲閃閃的，他頓時有一種不祥之感。他急忙走進自己的臥室，只見到處是一片狼藉，保險櫃四敞大開，而露蘭春已蹤跡皆無。黃金榮額頭上的冷汗刷地流下來了：露蘭春捐款私逃了！

　　黃金榮欲哭無淚，跌坐於地。他知道，自己這次算是栽到了女人手裡。露蘭春跟人私奔，「跌霸」是不用說了，更要命的是，自己積存了大半輩子的錢財全被露蘭春捲跑了。

　　黃金榮沉默了半晌，要人去把杜月笙請了過來。

　　杜月笙很快來到黃公館，當他第一眼看到黃金榮，不由大吃一驚：眼前這個滿臉滄桑的老頭，是那個威震上海灘的黃金榮嗎？他彷彿一夜之間衰老了，表情呆滯，一臉悲戚之色，杜月笙簡直無法把眼前這個人與自己印象中的黃金榮劃上等號。片刻難過之後，杜月笙更多的是欣慰：黃金榮這次肯定大塌台，很難再重振威風了。自己不是一直在等這個機會嗎？

　　黃金榮長歎一聲，把露蘭春捲款私奔的事情跟杜月笙說了。

　　其實，杜月笙不但對前前後後發生的事情瞭若指掌，而且還一直派人跟蹤露蘭春和薛二。

　　杜月笙沉默了一會兒，說道：「金榮哥，我這就派人把他倆帶回來，替你出這口氣。」

　　黃金榮閉著眼睛擺了擺手，說：「算了，強摘的瓜不甜，她已經變心了，帶回來也沒用。我老了，再也經不起折騰了。你能替我追回她帶走的那些財物，我就感激不盡了。」

　　杜月笙只好照做，派人將露蘭春和薛二帶了回來，還特意請人居中調解，最後露蘭春將她帶走的所有財物還給了黃金榮，而黃金榮同意和她離婚，隨後露蘭春改嫁給了薛二。

　　這事解決後，杜月笙陪著黃金榮喝酒澆愁。已經56歲的黃金榮，居然像個小孩子，在杜月笙面前嗚嗚大哭。

　　黃金榮捶胸頓足，懊悔不已：「我黃金榮一世英名，居然葬送在女人手裡。」看著黃金榮老淚縱橫的樣子，杜月笙心裡明白：黃金榮是徹底垮了。但同時杜月笙又發覺自己心中竟有一絲絲難過。

　　杜月笙畢竟是個重情義之人，他能有今天的地位與黃金榮對他的提攜是分不開的，他永遠也忘不了這一點。但想到他對林桂生絲毫不念情義，覺得黃金榮落到今天這個地步也怪不得別人，只能說他咎由自取。

　　這次打擊過後，黃金榮心灰意懶，整日躺在床上吞雲吐霧，借助煙土帶來的欣快感麻痺自己，再也不管外面的事情，一切皆交給杜月笙全權處理。

　　杜月笙正式取代黃金榮，坐上了上海灘幫派老大的第一把交椅。

4

「杜先生」的政治賭局

結交各界名人

　　杜月笙在上海灘崛起之時，正是直系、皖系、奉系各系軍閥混戰的時候。總統、內閣如走馬燈般地換。由於上海是當時中國的政治經濟中心，身不由己地被置於動盪不安的政治局勢中。無數軍閥政客、仁人志士，都在上海灘留下了他們的身影。

　　面對複雜多變的局面，杜月笙表現得更加靈活善變，不管後台如何更換，他不但毫髮未傷，還總是能進一步擴大自己的影響和勢力，但杜月笙的影響主要存在於黑社會中。那些自恃清高的社會名流、文人墨客雖然也與他有所往來，但都打從心裡看不起這樣的流氓混混，一個個都敬而遠之。杜月笙心裡明白，他要想在上海灘大展宏圖，光靠手下的流氓打手是不行的，還必須拉攏一批知識分子，必要時為他所用。

　　為了和文人墨客打成一片，杜月笙開始轉變自己，從各個方面向知識階層靠攏。為了讓人們改變對他這個青幫頭子的印象，他首先改變了以往的穿著習慣。

　　當時上海灘的流氓，從打扮上一看便知，他們一律都是黑拷綢短打扮，對襟中分，一個個挽著袖子，敞著懷，手臂上多有「刺青」，一個個凶相惡煞般招搖過市，普通市民見了紛紛躲避，唯恐惹禍上身。

杜月笙不但以身作則，還要手
下的徒子徒孫們也改換打扮，
任何季節都不得赤身露體。因
為杜月笙胳膊上有刺青，從此
他便一年到頭都身穿長馬褂。

杜月笙不僅從穿戴上向知
識分子靠攏，就連說話也開始
學著文人的腔調，接待客人他
總是雍容和藹，謙虛有禮，一
副文質彬彬的知識分子樣子。

◆年僅40歲的杜月笙終於在上海灘坐到了頭把交椅的位置

當時發生了一件事情，讓杜月笙發現了社會輿論的重要
性，他因此決定向新聞界進軍，把勢力滲透到新聞界。這
樣，當自己需要時，可以有備無患。

有個叫鄒韜奮的左派人士在上海創辦了一份《生活》週
刊。這份週刊代表的是進步勢力，看不慣黑幫出身的杜月
笙，因此週刊經常刊出貶低杜月笙的文章，讓杜月笙很沒
面子。

杜月笙私下找人去疏通，可是鄒韜奮根本不把他放在眼
裡，依然我行我素。這下子杜月笙的徒弟們氣壞了，都去
找杜月笙，要求去把這家不知好歹的報社砸了。

杜月笙明白，砸了這家報社容易，但要是真的這樣做
了，只會讓自己的名聲更臭，只會給更多的報社提供負面
新聞，對待這樣的人絕不能硬來，而應該智取，因此他淡

淡一笑，說：「沒關係，人家有罵的自由，隨他們罵好了。」

由於《生活》週刊的言辭越來越激烈，矛頭直指法租界，租界當局決定封殺這家報社，並捉拿鄒韜奮等負責人。

執行這個逮捕任務的探長與杜月笙素有來往，因此他接到命令就討好地把這消息透露給了杜月笙。

不料，杜月笙聽到後並沒有意料中的高興，反而勸說這位探長：「這些人靠辦刊物謀生也很不容易，你們就別真抓了，到時吆喝幾聲，把他們嚇跑算了。」

探長疑惑地問：「難道他們屢次辱罵你，杜先生都忘了？」

杜月笙笑笑說：「上海灘罵我的大有人在，我根本不在乎。」

探長照著杜月笙的意思，只是帶著人走過場，在報社前門大呼小叫的，等他們打開門，人早就從後門跑光了，探長領著人把報館封了就回去交差了。

這件事的內幕逐漸被許多從事報業工作的人得知，鄒韜奮後來也知曉了內情，感激的同時，也覺得自己過去做得有些過分了。在這種情況下，許多其他從事報業的人員，竟然不約而同地不再刊登批判杜月笙的新聞了。

應該說，杜月笙這件事做得非常漂亮。但他卻不這樣認為，他覺得要是每次都這樣解決事情，那自己豈不是處處陷於被動。為了能夠掌握主動，左右社會輿論，杜月笙決定在新聞界廣收徒弟，逐漸培植自己的勢力。

杜月笙很快的就找好了第一個徒弟的人選，這個徒弟叫唐世昌，是上海《新聞報》的一名資深編輯，從事多年的新聞工作，在新聞界比較有名氣。

為了與唐世昌搭上關係，杜月笙託人給他捎去請柬，請唐世昌到杜公館做客。

在當時的上海灘，如果有人被請到杜公館做客，就會感覺很有面子。但唐世昌可沒這麼想，因為他對杜月笙一向抱有成見，也已經認定了他是不乾不淨的黑幫頭子。送請帖的朋友再三勸說，唐世昌才勉強同意去見一見這個聞名上海灘的大人物。

見到杜月笙後，卻出乎唐世昌的意料之外。只見杜月笙身穿一襲綢布長衫，腳蹬一雙布鞋，待人接物彬彬有禮，活脫脫是一副讀書人的模樣。唐世昌和杜月笙一交談，發現這位傳說中的黑幫老大知書達理，對人對物頗有一番見識。

唐世昌從此便改變了對杜月笙的成見，相反還非常欽佩他，與杜月笙的交往也多了起來，後來便順理成章地成了杜月笙第一個從事新聞業的徒弟。

有了唐世昌這個關係，杜月笙自然而然就認識了更多的編輯和記者。為了把他們都納入自己門下，並為自己所用，杜月笙迎合文人的心理，特意將青幫開香堂的程式進行了簡化。如將開香堂簡化為點香燭，將磕頭跪拜簡化成鞠躬，原本寫有祖先三代的「拜師帖」也簡化成了「門生帖」，拜師帖上沿用的十六字套語，簡化成了「永遵訓誨」四個字，甚至將徒弟的稱呼改成「學生子」，「老頭子」則改為「先生」或「老夫子」。

簡化之後收徒的方式就顯得文明多了，再加上有唐世昌這個資深編輯的引薦，不久後就有大批的文人拜到了杜月笙的門下。杜月笙的勢力終於慢慢滲透進了新聞界，並且掌控了社會輿論的導向。

　　從此以後，杜月笙靠著自己這些徒弟，幫著不少上層人物擺平了很多不宜刊出的醜聞，保全了他們的面子。這些人自然對杜月笙感激不盡，若杜月笙需要他們幫忙，一個個定是全力以赴當作回報。

　　杜月笙用這種方式，大大發展了他的關係網，使他在各個階層各個領域都如順風順水。

　　當然，杜月笙也不會虧待自己那些徒弟們。新聞業人員的工資低，待遇少，杜月笙每月都按時向他們發放津貼，幫助他們緩解了生活上的困難。這樣一來，他們無不對杜月笙俯首貼耳。

　　不過杜月笙還不滿足，為了進一步抬高自己的身價，他還想結識更多的文人墨客。

　　章太炎是中國有名的國學大師，在國人心目中聲望極高。杜月笙做夢都想與這樣的人物結交，但卻一直找不到機會。就在他發愁的時候，章太炎竟然因為一件事求助了他。

　　原來，章太炎的侄子租住在法租界，因為房租問題與房東發生了衝突，房東有黑道背景，章太炎的侄子對其無可奈何，只好去找章太炎幫忙。可是章太炎做學問是很行，但處理這種事情卻沒辦法，苦惱之際，章太炎想到杜月笙是法租界兩手通天的人物，便抱著試一試的想法，寫了一封信給他，希望能得到他的幫助。

　　杜月笙接到章太炎的信，不由大喜，這正是踏破鐵鞋無覓處，得來全不費工夫，他立即幫助章太炎的侄子解決瞭解紛，還借這個機會，專門跑到蘇州章太炎的家中拜訪他。杜月笙見章太炎的家境並不好，臨走時將兩千塊錢的銀票悄悄壓在了茶杯下面。

後來杜月笙每個月都派人送錢接濟章太炎。而且稍有空閒，杜月笙便到章太炎的府上聽他講國學，與章太炎建立了深厚的友情。後來，杜月笙在為家族修定族譜時，章太炎還放下一代國學大師的身分主動幫杜月笙的忙。

杜月笙除了結交新聞界和文化界的名人，他還和很多來上海灘開唱的名伶建立了深厚的友情。

上海灘有個不成文的規矩，凡是來上海演出的名伶，若要自己演出時不受到當地流氓混混的刁難，就要照老規矩拜見本地有頭有臉的大亨，為自己找一把保護傘，如黃金榮、杜月笙，然後就可以安安穩穩地唱戲了，杜月笙因此結識了許多名伶，如梅蘭芳。

杜月笙第一次見到梅蘭芳是在黃公館。那是1913年，梅蘭芳第一次到上海演出，去黃公館拜見黃金榮。

當時杜月笙並沒有機會和梅蘭芳交談，更談不上有什麼交情，只是彼此之間有印象而已。等梅蘭芳第二次到上海演出，杜月笙早已名聲大噪，梅蘭芳自然要專程到杜公館拜見他。

◆杜月笙與梅蘭芳的情誼頗為傳奇，二人同時都愛著一個女人——孟小冬。圖為杜月笙六十大壽時梅蘭芳所送親筆畫卷

　　二人這次見面相談甚歡，彼此惺惺相惜，結下了深厚的友誼。以後，只要梅蘭芳來上海灘，無論日程有多緊湊，事務有多繁忙，一定會抽出時間去找杜月笙一敘。後來梅蘭芳離開北京，定居於上海，二人更是經常見面，成為無話不談的好朋友。

　　杜月笙從小就對戲劇很感興趣，再加上經常接觸一些伶人朋友，他也學了幾齣戲，後來居然派上了用場——在多場募捐義演中，杜月笙都親自登台演出，成了著名的戲劇票友。

　　杜月笙雖然對戲劇有著濃厚的興趣，但對於電影——這個當時的新生事物卻沒有多少興趣。杜月笙認為電影的情節大同小異，沒什麼看頭。而且，電影院黑漆漆的環境也讓他很不舒服。

　　儘管如此，杜月笙在支持電影業的發展上卻不遺餘力。許多電影公司最早的創辦人，如張石川、周劍雲等都是杜月笙的徒弟，為了支持自己的徒弟發展電影業，杜月笙主動替他們籌集巨額資金，有一次居然連自己的老房子都貢獻出來拍攝電影。

　　不僅如此，當時上海灘紅極一時的電影明星，比如阮玲玉、蝴蝶等，也都曾與杜月笙有過往來，與杜月笙結下了深厚的友誼。因此，儘管杜月笙對電影多少興趣，但對當時的電影界來說，杜月笙依然有一定的影響力。

　　杜月笙經過努力和一番活動，不僅在幫會上擴大了自己的勢力，而且在知識分子中也有著不凡的影響力。上海灘的「三大亨」中，黃金榮被稱為「黃老闆」、張嘯林被稱為「張大帥」，惟有杜月笙卻被冠以一個文雅的稱呼——「杜先生」。

風雲變幻的上海灘

1927年的3月，上海局勢風雲突變。

南北兩大軍閥在上海碰頭了，張宗昌率領的直魯部隊，孫傳芳率領的五省聯軍，以北火車站畢庶澄的指揮部為中心對峙起來，兩軍虎視眈眈，殺氣騰騰，一場巷戰迫在眉睫。

眼看上海就要淪為各方軍閥勢力乃至革命大軍混戰的戰場，人們的心頭被恐怖所籠罩，戰爭一旦開打，誰敢保證不會殃及自己？上海灘的各界群眾及社會名流乃至紅道黑道因此憂心忡忡，不約而同四處活動，為了制止戰火燃起分頭努力。

黃金榮、杜月笙和張嘯林也沒閒著，他們準備拉攏畢庶澄，瓦解直魯軍。只要他們能夠牽住這位直魯軍的軍長，既有助於革命大業的順利推進，還可以將許多一觸即發的衝突消於無形。如果他們能勸說畢庶澄投靠革命陣營，解決了這兩萬多人的直奉軍主力，那麼就只剩下孫傳芳的第九師，區區官兵2000多人也就不在話下，革命軍定可輕鬆搞定，到時戰火也將遠離上海而去。

3月10日，杜月笙和張嘯林準備了一份請帖，請畢庶澄赴宴洗塵。畢庶澄接到請帖，考慮再三，欣然應邀。他知道杜、張兩人都是他頂頭上司的朋友，再者他若想在上海站穩腳跟，自然就不能得罪上海灘的青幫老大。此外，當

年黃、杜、張「三大亨」招待張宗昌極盡豪華奢侈，畢庶澄當然有所耳聞，也心生羨慕。現在輪到他統率兵馬，擁兵滬上，為何不趁機享受一番十里洋場繁華夢？

杜月笙和張嘯林在富老六的閨房設宴款待畢庶澄，在邀請他之前，杜月笙早已和富老六密談過，細細交代了一番。

19日，畢庶澄身著便衣，只帶著一個副官，搭著汽車去了富老六的住處。杜月笙和張嘯林親自等在門口迎接。這是三人初次見面，只見畢庶澄身穿一襲湖色長衫，生得星眉朗目，唇紅齒白，宛如潘安再世，難以想像如此美貌男子竟然是直魯軍閥中的一員大將。杜月笙和張嘯林不由暗暗稱奇，他們連忙和畢庶澄握手寒暄，並把他引到樓上。

畢庶澄踏進房內，只見房內布置一新，美輪美奐，好一座海上瓊樓！畢庶澄初到上海，本來戰事一觸即發，迫在眉睫，他本來想趁此機會立功建業，不料被杜月笙定下了錦囊妙計，使他日夜沉迷於溫柔鄉裡、流連忘返，忘了今夕何夕。

畢庶澄在富老六那裡一擲萬金，快活似神仙，只苦了第八軍的官兵，根本見不到軍長的面。而北伐東路軍一路勢如破竹，箭頭直指上海。

張宗昌轉戰徐州，孫傳芳在南京苦守，還為畢庶澄一支孤軍陷在上海著急上火，連著發了幾封急電，命令畢庶澄速帶部隊支援南京。這時畢庶澄正被富老六伺候得神魂顛倒，乾脆來個「將在外，帥命有所不受」，將一封封加急軍令視若不見，再不過問軍事。

杜月笙和畢庶澄多次會面，然後替他穿針引線，與國民黨駐上海的特派員搭上了關係，畢庶澄趁機提出了自己的

投降條件：「只要北伐軍不攻打淞滬地區，我願意率領部下由江陰退往江北。」

兵家向來兵不厭詐，國民革命軍絕對不會留下這支直魯軍的精銳部隊，以絕後患，為了徹底消滅這支部隊，北伐軍虛與委蛇，答覆畢庶澄說：「如果畢先生願意留在上海，可在我們進攻上海時，向我們投誠，我們總部會上報蔣總司令，派畢先生擔任國民革命軍第48軍軍長，兼華北海防總司令。」

◆畢庶澄，字莘舫。山東省文登市文城東關人。出身士紳官僚家庭，深得張宗昌賞識。1927年4月4日，因其在上海的投蔣行動而被張宗昌所殺

畢庶澄喜不自禁，當即就把直魯軍的作戰計劃全盤交出以表他的誠意。從此一心一意，抱著富老六翻雲覆雨，只盼北伐軍早日攻打上海。

北伐軍穩住畢庶澄後，加緊了向上海推進的步伐。孫傳

芳見大勢已去，援軍遲遲不見動靜，早已逃往了揚州。20日，北伐軍開始進攻松江第31號鐵橋，北洋軍閥潰不成軍，到處流竄。這時，北伐軍如入無人之境，順利進駐新龍華。山東開來的直魯軍早已失去了鬥志。

山東籍的士兵一聽這消息，頓時軍心渙散，當晚士兵們便開始棄械逃亡。

3月21日，共產黨領導的工人暴動，他們組織群眾向虹口區員警廳發起攻擊。這些員警一向欺軟怕硬，一受到攻擊，馬上就繳械了。有人急忙打電話向鄰近的警署和上級警署求援，但電話卻怎麼也打不通。

虹口地區有個流氓頭子叫孫介福，天生臂力過人，人送外號「鐵胳膊」，性格耿直，脾氣暴躁，好抱打不平，在弟兄們中間威信很高。他在青幫和杜月笙同輩，二人常有來往。虹口地區的警署裡面有不少人是他的徒弟，因此鐵胳膊和虹口警署一向狼狽為奸，虹口警署這次遭到突然襲擊，就有好多人找到鐵胳膊，要求他拔刀相助。

鐵胳膊一聽大怒，這些工人好大的膽子，竟敢造反攻擊警署，他一聲號令，身後已聚集了一、二百人，個個持槍荷彈或拎著棍棒，緊緊跟在鐵胳膊身後，揚言要報仇雪恨。鐵胳膊一面領著人衝向警署，一面破口大罵：「這些該死的傢伙！竟敢在我的地盤找事？」

對於鐵胳膊來說，無論是造反也好，暴動也罷，或者兩軍對峙，只要是在虹口地面上，就應該先徵求他的同意。共產黨把虹口鬧的天翻地覆，居然都沒跟他匯報一聲，也太不把他放在眼裡了。就憑這一點，他鐵胳膊也要去找共產黨拼命。

隊伍浩浩蕩蕩走在路上，一路招呼著黃包車夫、搬運苦力、賭場的保鏢等三教九流，他們一個個放下手裡的工作，加入老頭子鐵胳膊率領的隊伍，人越聚越多，沿街居民看勢頭不對，連忙緊閉大門，唯恐惹禍上身。

此時早已有人打電話給杜月笙，匯報虹口即將有一場混戰。杜月笙大吃一驚，這批暴動者究竟是什麼來路？不過他比鐵胳膊沉穩，遇事能沉得住氣。

考慮到國民黨與這場暴亂可能有關係，杜月笙心中著急起來，他深知鐵胳膊的脾氣，二話不說帶了保鏢就向門外走，坐上汽車便奔著虹口警署飛馳而去。

一會兒的工夫，汽車便到了離警署不足百米之處，杜月笙已經聽到人聲鼎沸、喊殺聲一片。他估計雙方應該都是自家人，想到兩虎相爭，必有一傷，一想起那爭鬥的死傷場面，他更加著急，不顧危險搖下了玻璃窗查看情況。

這時，虹口警署前面早已是一片混亂。突然，一陣激烈的槍聲傳了過來。

「壞了！」杜月笙不由驚呼起來。

虹口警署的各個門窗裡面射出密集的子彈，圍住警署大門的青幫子弟已經有不少人受傷，躺在地上不停地呻吟。

鐵胳膊氣得暴跳如雷，但是槍子兒不會長眼，他也不敢硬來，只好喝令大家後退，再命令有槍枝的人找好掩護再進行回擊。

雙方正相持不下，杜月笙在保鏢們的保護之下，來到了警署大門口，他找到急紅了眼的鐵胳膊，劈頭就問：「胡鬧，你這是要做啥？」

然後他大聲地說，「快讓兄弟們都住手，大水沖了龍王

廟，自家人怎麼打起來了？其實攻占警署的，是支持北伐
軍的朋友！」

鐵胳膊雖然挨了杜月笙的訓斥，但是自己畢竟傷了那麼
多兄弟，他惱羞成怒地嚷起來：「我才不管他什麼來路！
既然在我的地盤惹事，為啥事前不打個招呼？」

看到鐵胳膊如此激動，杜月笙知道他已經喪失了理智，
於是他一把攬住鐵胳膊的肩膀，親熱地對他說：「你總是
這麼直來直去的，你也用心想一想，這是軍事機密，怎麼
能隨便透露呢？」

杜月笙說完，不等鐵胳膊有所反應，便立即代替他發號
施令：「兄弟們，請立即解散隊伍，各自回家。受傷的弟
兄們先送往醫院，我會給大家發放補償。」

鐵胳膊這時也平靜了下來，老老實實服從杜月笙的指揮
把隊伍解散了。他想了想，低聲對杜月笙說：「對了，我
剛才還指揮一幫人去攻打湖州會館裡的總工會了。」

杜月笙大驚失色，他急忙說：「萬萬不可！」由於情況
緊急，杜月笙急忙拖了鐵胳膊一起上車，一路疾駛，向湖
州會館趕去。

果然不出杜月笙所料，這裡的情形比虹口警署還要嚴
重，雙方正在激烈槍戰中。杜月笙拉著鐵胳膊跑到最前面
高喊停火，然後解釋原因，勸說雙方人馬各自散去，對傷
亡人員進行撫慰。不一會兒，湖州會館便風平浪靜了。

號稱精銳之師的直魯軍第八軍，竟被一群沒受過訓練的
工人在一天之內打得落花流水。而第八軍的軍長畢庶澄還
在富老六的床上尋歡作樂，渾不知情，一心等候北伐軍的
委令狀。

待得副官跌跌撞撞來報告大事不好，畢庶澄呆愣半晌，喟然一聲長歎，依依不捨地看了一眼富老六的銷魂窟，然後黯然神傷地離開了這裡，奔赴車站逃離上海。

畢庶澄離開上海後，一直不敢回山東去，張宗昌因為他擅自違抗軍令貽誤戰機，數日後，將他誘到濟南，執行了槍決。

杜月笙在這兩場混戰中力挽狂瀾，可謂功勞卓著。不過，杜月笙後來在上海縱橫無敵的主要原因，還在於他和蔣介石國民黨搭上了關係。

拉政客做朋友

　　1927年3月22日，國民革命軍正式進駐上海市區。北伐軍總司令蔣介石於26日深夜抵達上海，隨從中就有機要處長陳群以及特務處長楊虎。

　　消息像長了腿，第二天，蔣總司令到達上海的消息已經路人皆知。整個市區飄揚著青天白日滿地紅的國旗，懸掛著蔣總司令及北伐軍的橫幅，人人喜氣洋洋走上街頭，大街上人來人往車水馬龍，又回到了太平盛世的繁華熱鬧。

　　黃金榮、杜月笙和張嘯林早就準備妥當，率領徒子徒孫去參加歡迎盛會。哪知道，他們剛要分頭出發，忽然接到捕房通知，說工人武裝糾察隊今天要趁機攻打租界，英租界和法租界已經如臨大敵，全面戒嚴，不准任何人出入租界。三個人失望之極，不得不取消行程。

　　反正也無法出門，到了晚上，杜月笙便約張嘯林到家裡賭博。這時管家跑來附耳向杜月笙報告，說黃老闆請兩位馬上過去，有要事商談。

　　杜月笙向其他賭友道了聲歉，隨即起身拉起張嘯林就往外走。兩人出門上了車，一路向黃公館駛去。此時夜涼如水，寒意逼人，因為打擾了張嘯林的賭博興致，他發了一路的牢騷。

　　車到了黃公館，這時大門早已打開，顧掌生和馬祥生早

已等在門口，幾個人一起往客廳走去。杜月笙從天井裡看到客廳裡人影走動，金廷蓀和徐複生也在那裡。

杜月笙和張嘯林互看一眼，心想，看來今夜的事情非常重要，不然黃老闆不會半夜三更把他們召集在一起。

這時，黃金榮也看到了他們，兩個人連忙上前向黃金榮問好，又和屋子裡的人寒暄一陣。然後大家分別落座。

黃金榮精神煥發，彷彿有天大的喜事，他樂呵呵地對杜月笙說：「月笙，今晚我要讓你會一位老朋友。」

就在這時，一陣爽朗的笑聲在身後想起，杜月笙一愣，回過頭來，就見一位濃眉大眼、虎背熊腰的大漢從屏風後面走了出來。他臉上滿是笑容，一雙眼睛上下打量了杜月笙一番，由衷地誇道：「月笙，你現在發達了！」

杜月笙這才看清了大漢的臉，他驚喜地喊了一聲：「哎呀，原來是你啊，嘯天哥！」

楊嘯天大笑後拍了拍杜月笙的肩膀：「我替你介紹一位朋友。」

說完楊嘯天一側身子，杜月笙這才發現他身後還站著一位中等身材、一臉精明的中年人，楊嘯天指著他對杜月笙說：「月笙，這位便是鼎鼎大名的陳群陳先生，是我在廣東時結交的好朋友。」

杜月笙立刻上前一步，熱情地握著陳群的手，連聲說道：「原來是陳先生，久仰，久仰。」杜月笙知道，這兩個人確實是重量級的人物。民國初年時曾為他奔走策劃的老朋友楊嘯天，後來追隨孫中山先生率領海軍艦隊南下，官拜大元帥府參軍。陳群則是孫中山帳下的祕書。現在北伐軍一路揮軍東南，還有東路軍光復黃浦，兩位貴客在這

關鍵時刻親臨這裡，定然帶來了重要的任務。

黃金榮這時張羅著請各位入座，楊嘯天和陳群與黃金榮並肩坐下，杜月笙、張嘯林、金廷蓀等黃門大將分坐兩旁。傭人重新沏了茶，黃金榮便將客廳裡的閒雜人等摒退了。

楊嘯天對杜月笙說：「你還記得王柏齡嗎？我們在南邊時，經常一起提起黃老闆和你。」

杜月笙一聽，感到非常榮幸，他興奮地說：「他真的還記得我？」

楊嘯天開玩笑說：「你就不要謙虛了，像你這樣的人物，要想忘記，哪有那麼容易啊！」

楊嘯天這句話既恭維了杜月笙，又非常得體，大家紛紛附和起來。杜月笙笑著說：「嘯天兄成了氣候，出語不凡，我等望塵莫及。」

二人口中的王柏齡畢業於日本士官學校，自從黃埔軍校成立，他便開始擔任少將教授部主任，兼任教導團第二團團長。北伐進軍後，王柏齡又擔任第一軍副軍長，兼第一師師長，他的事業可謂如日中天。不幸的是，他率領總預備隊參加南昌之戰，受挫失蹤，一直到現在音信皆無。

不過，杜月笙最想知道的，還是楊嘯天和陳群在北伐軍擔任什麼職務。但是這兩人避而不談，他也就不便深究。不過這兩個重要人物冒著極大的風險進入層層戒嚴的法租界，身負多大的任務可想而知。但這一夜，楊嘯天和陳群只和他們敘舊，公事卻半點都沒提及。二人臨走時，叮囑務必不能洩漏他們的行蹤。

第二天晚上，大家又聚在了一起。陳群這才談及正事，他嚴肅地說：「這次蔣總司令親臨上海是有目的的。」然

後陳群說起共產黨如何利用國民黨作掩護，眼看革命軍勝利在望，妄圖奪取勝利果實。他們到處發動工農暴動，所

到之處，雞犬不寧，一片混亂等等。

黃金榮、杜月笙這幫人聽陳群說完，這才恍然大悟，他們七嘴八舌地說：「原來如此！怪不得最近頻繁罷工，一開始我們也以為是國民黨領導的，原來這裡還隱藏著天大的內幕！」

◆年近五十時的杜月笙。此時的杜月笙已經戒除了大煙癮，在上海灘的地位也如日中天

杜月笙由衷地說：「確實是這樣，前幾天這裡發生暴亂，把上海攪得天昏地暗，有些無辜的群眾因此喪命。這樣下去可不行。」

「不止是上海這樣，全國到處都一樣。」陳群趁機把廣州、南昌等地的工人罷工的情形給大家說了說。他說：「3月19日蔣總司令到了安慶，安慶的共產黨領導人、總政治部副主任郭沫若，和臨時省黨部執行委員光升，故意定於21日召開全省代表大會。」

杜月笙聽陳群說了一大段國民黨清黨的經過，他立即就想到了，這兩位朋友此次來找他們，定是需要他們幫忙，

於是他誠懇地說：「如陳先生和嘯天哥不嫌棄，今後凡是用得著我們兄弟的，我們赴湯蹈火，在所不辭！」

楊嘯天聽了杜月笙的話，非常激動，他緊緊握住杜月笙的手，高興地說：「俗話說，士別三日，當刮目相看。你真了不得，現在都能出口成章啦！」

他話音一落，大家又是一陣大笑。

陳群微笑著補充了一句，說：「目前我們任務繁重，除了兩位拔刀相助還不夠，我們還要聯合上海其他方面的朋友。」

楊嘯天怕杜月笙聽了陳群的話不樂意，正要向他施眼色，沒想到杜月笙卻絲毫沒放在心上，他豪氣萬丈地說：「那是自然，我認識不少其他方面的朋友，如果需要，我會儘量幫你們聯絡。」

於是，四個人就下一步就如何配合國民黨全面清共，整整商量了一下午，初步確定了幾項步驟。

首先，杜月笙他們既已知道了工人罷工的內幕，以後就不能再給予上海工會首領汪壽華任何支援，而且還要對他們施以手段，策反汪壽華所領導的工會和工人，爭取讓他們反戈一擊。

其次，杜月笙要儘快成立一支民間武裝組織，一方面可以協助北伐軍維持上海秩序，一方面還要負責監視共產黨領導的工人組織。

至於如何開展行動，他們決定先從爭取上海灘各方面的社會名流入手。

鎮壓工人糾察隊

　　中國共產黨領導的工農革命力量在上海灘發展迅速，成了蔣介石的一塊心病，他既想篡奪工農革命力量拋頭顱灑熱換取的勝利果實，又擔心背上破壞國共合作的罪名。蔣介石老謀深算，他決定借助黃金榮、杜月笙等上海灘黑幫的勢力與工人們對抗，擾亂上海灘的政治形勢，然後他趁亂下手，坐收漁翁之利，即可以調節的名義拔掉工人糾察隊這顆眼中釘，又能順勢端掉共產黨領導的上海總工會組織。

　　為了順利實施自己的計劃，蔣介石特意派出自己的兩個心腹——在北伐軍擔任要職的楊嘯天和陳群，前去上海灘拜見黃金榮。憑借兩人的三寸不爛之舌，透過一番煽動，使他們心甘情願地去鎮壓共產黨與工農革命力量，達到蔣介石的目的。

　　楊嘯天和陳群順利完成了任務，回去向蔣介石匯報，陳、楊二人還特意誇獎了杜月笙，蔣介石滿意地點了點頭。

　　黃金榮、杜月笙及張嘯林哪裡懂得蔣介石的心思，他們經過一番策劃，決定以黃門的徒子徒孫為主，再加上其他幫會的弟子，說穿了就是一些流氓打手，經過一番緊鑼密鼓的準備，迅速組建了一支武裝隊伍，發放槍枝，日夜訓練，隨時聽候命令。

　　為了掩蓋這支武裝力量的本來目的，蔣介石頗動了一番

心思，將這支隊伍取名為「中華共進會」，為自己塗脂抹

粉。實際上，這個名字是由十幾年前成立的進步組織「中華國民共進會」改頭換面而來。

◆在蔣介石的授意下，由上海灘的黑幫流氓、地皮組成了人數眾多的中華共進會。圖為中華共進會的徽章

4月3日，為了吸引更多的人加入了「中華共進會」，也為了替這個武裝組織造勢，淞滬員警廳長吳忠信宣布：奉蔣總司令手諭，「中華共進會」准予成立。緊接著，由杜月笙控制的上海各大報紙紛紛在頭版頭條刊發「中華共進會」成立的消息，並瘋狂地進行連篇累牘報導，大肆宣傳和美化。

在這樣的形式下，沒多久時間，「中華共進會」就吸納了16000多人。杜月笙斥鉅資購買了大量的槍枝彈藥，把這些人全部武裝起來，然後分成幾支隊伍，分別交給「小八股黨」等心腹帶領，在隱蔽的地方加緊了訓練。

蔣介石早已做好了發動「四·一二」反革命政變的最後準備。4月9日，蔣介石突然宣布全上海戒嚴。為了徹底瓦解上海總工會領導的工人武裝力量，讓他們陷入群龍無首的局面，再進行一一擊破，蔣介石下密令指示杜月笙，讓他暗殺上海總工會委員長汪壽華。

杜月笙接到密令，與手下的心腹祕密商量暗殺的計策，

為了避免打草驚蛇，杜月笙決定就在自己的杜公館擺下鴻門宴，只要汪壽華敢踏入杜公館一步，必將有去無回。

杜月笙以前喜歡四處結交三教九流的朋友，因此與汪壽華也有過交往。甚至在汪壽華生活陷入困境時，杜月笙還接濟過他。因此杜月笙相信，汪壽華只要接到自己的請柬必會赴約。

一切安排周全後，杜月笙喊來管家萬墨林，叮囑他務必親自將請帖送到汪壽華的手裡。

此時整個上海灘烏雲密布，到處瀰漫著煙火的味道，形勢十分緊張。汪壽華本來十分注意自己的安全，但他做夢也沒想到，一向最講究義氣的杜月笙，會想出這麼下三濫的手段來對付他，因此他毫無戒備，立即就告訴萬墨林：「請轉告杜先生，我汪壽華一定按時赴約。」

4月11日，夜幕降臨後，汪壽華坐著汽車向杜公館趕去，絲毫不知道死期將至。這時的杜公館，空氣中已經瀰漫著一股殺氣，杜月笙早就布置好了人手，埋伏在杜公館的裡裡外外，只要汪壽華一露面，就立即殺死他。

說實話，杜月笙十分賞識汪壽華這個人的膽魄和義氣，尤其賞識他能夠受到全上海80萬工人的愛戴和擁護，如果沒有出色的能力，是根本不可能做到的。因此，杜月笙打從心裡不想殺了汪壽華。但此時他既然已經跟了蔣介石，就不得不服從蔣介石的命令。

這時杜月笙驀地想起了自己初進黃公館時，黃金榮命令他去取歪脖子手指的事情。他不由對天長歎一聲：「唉，汪兄，對不住了，我杜月笙也是人在江湖，身不由己啊。」

杜月笙不忍心看到汪壽華被殺死的樣子，於是特意囑咐

負責具體捕殺任務的顧嘉棠說：「還是不要在公館裡殺他吧，你把他弄進汽車，找個隱蔽的地方處置了。」顧嘉棠連連點頭。

這時，天色已經完全暗了下來，杜月笙聽到大門外傳來汽車的煞車聲，他知道，一定是汪壽華如期而至。杜月笙不由一陣緊張，他突然感到喘不過氣來，急忙坐在了客廳裡的籐椅上，緩緩合上了雙眼。

果真是汪壽華到了。這位著名的工人領袖，也許嗅到了空氣裡的危險訊息，他欲走進杜公館的大門時，腳步不由自主地遲疑了一下，然後大踏步地走了進去。

汪壽華沒有注意，當他一走進院子，身後的大門便關上了。

汪壽華走到了天井裡，忽然，幾個打手彷彿從天而降，忽地從四周躥了出來。汪壽華還來不及反應，就已經被人壓倒在地，隨後便被繩子捆的動彈不得，嘴巴也被緊緊塞住了，汪壽華絲毫不能動彈，更無法發出半點聲音。

乾淨俐落地辦完這些事情，顧嘉棠疾步走進客廳，向等候消息的杜月笙匯報結果。杜月笙緊閉著雙眼，也沒出聲，只是輕輕地朝他擺了擺手。

顧嘉棠心裡明白，趕緊招呼其他人一起把汪壽華套進了麻袋，塞到汽車的後車箱裡。然後汽車啟動，往著名叫楓林橋的地方急速駛去。

汽車在一片茂密的樹林旁邊停下，麻袋被抬了下來，隨後，被殘忍的活埋了。汪壽華——這位一代工人領袖，就這樣被幾個流氓暗殺了。

◆汪壽華，浙江諸暨人。1923年加入中國共產黨，任中共江浙區委常委、區委職工運動委員會書記。先後參與指揮了上海工人三次武裝起義，當選為上海總工會委員長。1927年4月11日深夜被青幫流氓頭目杜月笙殘忍活埋於上海城西楓林橋，是四一二反革命政變中犧牲的第一位共產黨員

　　殺掉汪壽華以後，杜月笙已經算是逼上梁山了，在蔣介石的授意下，他進一步加快行動的步伐。

　　4月12日，凌晨一點鐘，杜公館裡依然燈火通明。「中華共進會」各路人馬的頭目一起聚在這裡開會，聽候杜月笙他們命令。

　　杜月笙和張嘯林分別講話，作戰前動員令，然後詳細地給各路人馬布置作戰任務。

　　會議一直持續到三點半，各路人馬的頭目領命後分頭回到各自的地盤，迅速召集自己的隊伍，奔赴剛剛約定的集合地。

　　按照杜月笙事先的部署，他們這次作戰是從南面和背面兩面夾擊上海總工會和工人糾察隊。杜月笙一共布置了四路人馬，其中三路人馬負責從北面進攻，第一路人馬負責攻擊設在商務圖書館的工人糾察隊總指揮處，第二路人馬負責攻擊商務圖書館對面的商務印刷廠，那裡駐紮著一百多名工人糾察隊隊員，第三路人馬負責攻擊設在湖州會館的上海總工會會所。第四路人馬則負責從南面進攻南市華商電車公司，因為這裡駐紮著一部分工人糾察隊隊員。

　　各路人馬清點集合完畢，便紛紛向著既定的目標出發。

　　從南面進攻的第四路人馬首先開始了進攻，他們把人馬分成三組，從三面圍攻華商電車公司。正在睡夢中的糾察隊隊員被槍聲驚醒後，馬上穿衣下床，抄起武器投入戰鬥。這些糾察隊隊員訓練有素，他們隱蔽在電車公司的四個方向，架起了四挺機關槍，對著這些「中華共進會」的流氓打手一陣掃射。

　　雙方激戰了很長時間，各有人員傷亡，但一直沒有分出勝負，後來杜月笙調來幾門大炮，在火力懸殊的情況下，工人糾察隊傷亡慘重。

　　就這樣，杜月笙為虎作倀，設計騙殺了上海工人運動領袖汪壽華，隨後又指使流氓鎮壓工人糾察隊，為蔣介石鎮壓革命運動充當打手，他因此獲得蔣介石的支持。

涉足金融界

　　杜月笙志得意滿，決定將自己的事業版圖擴大，不僅僅是在那些見不得光的煙賭生意上，還要進軍商界，洗白自己身上的黑幫印記，做一個真正的上流人士。

　　不久，機會就來了，法租界華董出現空缺，眾人一致推舉杜月笙，在萬眾期待中，杜月笙順利登上了五人華董首席寶座。坐上華董首席的位置給了杜月笙更多的信心，他認為，憑他現在的實力和人脈，只要他想，沒有事是他做不成的。

　　而錢新之的來訪，無疑是幫助杜月笙邁出了跨進商界的第一步。錢新之，是上海金融界的巨頭。他曾留學法國，眼界開闊，能力卓越，當時張謇出任交通銀行總裁的時候，他就坐上了銀行總經理的位置，而如今他又是國民政府的財政部次長，是上海灘當時數一數二的金融巨頭。

　　錢新之和杜月笙之間並無交情，二者的交往始於一隻箱子。錢新之在上海遺失兩只大箱子，箱子中裝著他很珍重的東西，箱子的遺失讓錢新之心急如焚。他向巡捕房報案，可是幾天過去了，一點消息都沒有，錢新之越來越著急，無意中託人找到了杜月笙。杜月笙原本就有意與錢新之結交，錢新之來找他幫忙，他自然是樂意之至，再加上找箱子這件事對杜月笙來說是小菜一碟，交代下去，半天的功

夫，箱子就完璧歸趙了。

　　找到箱子後，錢新之十分高興，取出一部分錢要作為酬金，準備交給杜月笙，作為答謝。誰知，來送還箱子的人沒有收錢，而是轉達了杜月笙的意思：希望能與錢先生交個朋友。錢新之自知欠了杜月笙一個人情，便決定登門拜訪，親自向杜月笙表達自己的謝意。

　　見到杜月笙，錢新之一拱手，「箱子失竊的事情，多謝杜先生出手相助。」

　　杜月笙擺擺手，笑道：「區區小事，何足錢先生掛齒，先生快請坐。」

　　先後落座後，兩人侃侃而談，談話間，發現彼此十分投機，大有相見恨晚之意。

　　錢新之也不客氣，「如今，杜兄在上海灘可謂財大勢大，又深得蔣總司令的器重，可是聽說目前杜兄仍然只做煙賭的生意。煙賭到底不是長久之計，杜兄可有想過進軍商界？趁現在風頭正勁，給自己來一個大轉身，不但身分更加顯赫，地位也更加穩固，何樂不為？」

　　杜月笙聽了錢新之的話，大呼知音難覓，握住錢新之的手說道：「不瞞錢兄，我早有此意。奈何對這一行實在是不瞭解，貿然進軍商界，就怕兩眼摸黑，無處下手啊！今有幸和錢兄結識，你可要幫我啊！」

　　聽聞此話，錢新之思考了一會，開口說道：「要我說呢，杜兄不如先開一家銀行。開銀行是一本萬利的生意，穩賺不賠的。你可以吸納客戶的錢，作為本錢，再另做實業，做生意；也可以把錢用來放貸。一句話，開銀行，就像借雞下蛋，是初入金融業最好的選擇了。」

　　杜月笙聽了果然心動了，立即詢問錢新之，開一家銀行最少需要多少本錢。錢新之略一琢磨，給杜月笙報了50萬的數字，說足夠開一家一般規模的銀行了。

　　「50萬啊，哎呀，開銀行好處是多，可這本錢也太多了，一時間，讓我去哪籌這麼多錢啊？」說杜月笙拿不出50萬，顯然是不可能的，只是他已經習慣了做無本的買賣，一下子讓他把錢丟進一個陌生的領域，怎麼也要留一手。

　　錢新之也看出了杜月笙的心思，「杜兄開著富生、榮生、利生、義生和源利五家賭場，又有日進斗金的煙土生意，區區50萬，應該還不至於難倒杜兄吧。」接著他又說道：「不過，開銀行的本錢雖說不多，可大都不是自己全出的。」

　　這話正說到杜月笙的心頭上。錢新之吸了一口煙，緩緩道明：「開銀行，別管要開多大的，本錢需要多少，事先你都要張羅一番。50萬的本金，杜兄只需湊齊25萬即可，剩下的25萬，等銀行一開業，自然有人主動來『湊堆』。而至於杜兄湊的那25萬嘛，以杜兄在上海灘的勢力和門路，何愁沒人呢？」

　　聽了錢新之的話，杜月笙還是半醒半悟的，便又問：「有人主動來『湊堆』，是誰？」

　　「上海灘的銀行界有一個慣例，只要有新銀行開張，那麼其他的銀行就會在該銀行開業的第一天各存一筆錢進去，表示祝賀，各銀行存進去的錢就叫『堆花』。杜兄的銀行一旦在上海灘開起來，就衝著您的威望，其他的銀行還不存滿您的銀行啊，杜兄又何愁『堆』不出25萬呢？」

　　杜月笙稍一琢磨，確實是這麼說沒錯，當即拍板，要在

上海開一家銀行。

　　看到杜月笙下定了注意，錢新之也拱手道：「杜兄決定進軍金融界，今後咱們通力合作，將它搞個風生水起！今後但凡有用的到錢某的地方，我一定義不容辭。」

杜月笙和錢新之又聊了半晌，送走錢新之後，杜月笙就開始思考怎麼招人湊出那25萬；將銀行交給誰打理最放心等等問題。他自己本身事務繁多，又不瞭解銀行，親自經營顯然不可能，只能找個信得過的有才之人來幫自己。思來想去，他選中自己得力的兩個助手——蘇嘉善和田鴻年。

◆錢新之，名永銘，字新之，晚號北監老人。原籍浙江吳興，生於上海。民國時期江浙財閥的代表人物之一。解放後定居台灣，新中國經整頓後的交通銀行董事會中，仍然保留了他的董事席位，但他終生未回大陸，1958年在台灣去世

　　蘇嘉善一直就是杜月笙的經濟顧問，極富經商頭腦；而田鴻年又一直幫杜月笙打理著他與銀行之間的事務，本身就精通銀行業務，在銀行界人脈也豐富，因此二人是幫助杜月笙管理銀行的不二人選。

想好之後，杜月笙立即將兩人叫來，告知他們自己的打算，吩咐他們去籌備銀行開業的事宜，自己則去找人湊那25萬。

杜月笙平日裡就是和人打交道的高手，上海灘的很多富商都和他有交情，有的甚至還因為各式各樣的事求杜月笙幫過忙，而杜月笙幫他們擺平麻煩，也就拿著他們一份人情，如今自己開銀行，也是他們還人情的時候了。

杜月笙找到徐懋棠，將自己的想法告知徐懋棠，徐懋棠也爽快，二話不說就答應幫杜月笙湊出一部分的本金。第一筆本金有了著落，杜月笙彷彿找到了門路，用同樣的方法找到其他欠自己人情的富豪，沒幾天，25萬就順利地湊齊了。

1929年2月，經過一番的精心籌備，杜月笙的銀行終於開張了，這也是他邁進金融界的第一步。

杜月笙的這家銀行名叫「國民銀行」，位於愛多亞路97號。名義上，杜月笙是銀行的董事長，但銀行的實際操作杜月笙交由兩位心腹蘇嘉善和田鴻年處理。

銀行開業之日，也正如錢新之所說，上海灘各大銀行都送來了存款，共有幾十家之多，一時車水馬龍，場面甚是宏大。除了來送存款的銀行數量多，各個銀行送來的存款數目也比個其他開業銀行的多，另外，因為杜月笙原本就經營著煙賭生意，所以開業當天，一些從事煙賭生意和其他的普通商戶也送來了些錢財捧場。

後來結算的時候，國民銀行僅開業當天收到的「堆花」和其他各項存款就超過了其他銀行開業當天所得的數倍之多。尤其令杜月笙意外的是，法國駐上海的總領事範爾迪

也派人向國民銀行中存了一大筆錢。

　　杜月笙的國民銀行熱熱鬧鬧地開張了，杜月笙也開始往著自己人生另一軌跡順利地前行著。

　　自從邁進了金融界的大門，杜月笙就開始在金融界擴張自己的事業版圖，他首先做的就是和銀行界的各位大佬結交，擴大自己的人脈，鞏固自己的地位。

　　和大佬結交的方法跟之前的一樣，幫助各位富豪大佬解決難題，存一份人情，不要說杜月笙的方法毫無新意，在杜月笙看來，管用的方法就是好方法。

　　憑借著這個極其奏效的手段，杜月笙先後和上海商業儲蓄銀行的老闆陳光甫，金融鉅子徐新六結識，並且透過這兩位銀行界巨擎的搭橋，杜月笙又和交通銀行的總經理唐壽民、四明銀行的總經理孫衡甫等銀行界的權勢人物建立了深厚的交情。透過廣泛的人脈，杜月笙逐步在金融界站穩了腳跟，也逐步有了和這些金融巨頭平起平坐的資格。

　　1934年，杜月笙在愛多亞路143號建起了一座大樓，並將其命名為中匯大樓，9月，將自己的第一家銀行「國民銀行」正式改名為「中匯銀行」，遷入中匯大樓中。

　　中匯銀行的昌盛彷彿也代表了杜月笙在金融界的地位和影響，在中匯銀行遷址後沒多久，杜月笙被推舉為上海銀行分會的理事。以此為標誌，杜月笙在金融界打下了自己的一片天地，直至抗日戰爭開始前，由杜月笙出任董事和監事的銀行、錢莊和信託公司共多達20多家。

5

國難當頭，奮起抗日

禁止購買日貨

　　1931年，杜月笙終於實現自己曾經對著去世的外婆許下的「若以後不能風風光光回家，我發誓永遠不再踏進高橋鎮半步！」的誓言，衣錦還鄉。

　　志得意滿的杜月笙斥資50萬元，在家鄉高橋鎮的祖屋邊建立起一座富麗堂皇的杜氏宗祠，並舉行了隆重的開祠盛典。然後盛大的開祠典禮僅過了三個月的時間，中國風雲突變，爆發了「九一八事變」。杜月笙也展現出他作為一個中國人的愛國情懷。

　　「九一八事變」發生後，以蔣介石為首的國民政府採取不抵抗政策，導致了東北三省的淪陷。但是，日本帝國主義的侵略行徑卻激起了國人的抗日怒潮。

　　「九一八事變」發生後不久，杜月笙就迅速找到虞洽卿、王曉籟等上海各界的巨頭，商量準備成立一個抗日救國組織，大家紛紛表示贊成，之後杜月笙的提議又得到了國民黨上海市黨部首肯，於是「上海市反日救國會」正式成立。

　　杜月笙、虞洽卿、王曉籟、王延松和陳霆光等人擔任了「上海市反日救國會」的常務委員，後來，「上海市反日救國會」又被國民黨上海市黨部委員陶百川改名為「上海市抗日救國會」，並擔任祕書長。自此，上海各界巨頭開

始了他們的抗日行動。

救國會成立後，杜月笙同眾人商議，決定「抵制日貨」，並以此為武器，用他們的手段制裁日本人。

憑著他們的身分和地位，振臂一呼，上海市民都開始拒絕購買日本的商品，接著救國會又在上海的各處要塞成立了檢查所和保管所，搜查日貨，一旦發現有日貨，立刻帶回保管所。

說這次抵制日貨大部分的功勞都在杜月笙，絕不是信口開河。檢查所和保管所的工作人員除了少部分的愛國人士和學生，剩下的絕大部分都是杜月笙的門生，在這次轟轟烈烈抵制日貨的運動中，他們功不可沒，也為杜月笙賺足了面子。

杜月笙很器重的門生陸京士，在上海勞工運動期間，專門負責聯繫杜月笙和廣大勞工，他是杜月笙處理勞工問題的私人代表，也是最高顧問。同樣的，在這次抵制日貨的運動中，他也起到至關重要的穿針引線作用。另外還有余松喬，他也是杜月笙的得意門生，在這場浩浩蕩蕩的運動中，余松喬跟陸京士有所不同，他靠著自己超人的氣魄和膽識，成了人們心中的鐵血英雄，也使得這場運動更加深入人心。

余松喬曾經是郵務工會的成員，在抵制日貨運動的時期，他主要負責天后宮檢查所。有一天，他和愛國青年劉心權一起到「合昌祥」綢布莊檢查，查出了兩大箱的日本棉布，余松喬立刻下令將這兩箱日本棉布帶走充公。「合昌祥」的老闆陳松源，是上海市紗布同業公會的理事長，在上海頗有些勢力，就這樣被別人查抄了貨，自然吞不下

這口氣。而余松喬顯然也想到了這一點，於是他就在保管所裡等著，等著陳松源來找他。

余松喬不忌憚陳松源嗎？顯然不可能，但他依然等著陳松源來找他算帳，要「殺一儆百」，讓整個上海灘的商戶都看看，再繼續出售日貨，下場會如何。

果然，沒過幾天，陳松源就帶著手下來保管所了。他絲毫不覺得自己有什麼不對，趾高氣揚地走進保管所，一進門就大喊：「負責人呢？叫他出來見我。」

誰知余松喬依然沒給陳松源留半分面子，「跟一個賣國賊，沒什麼好見的。」

陳松源被左一句、右一句的「賣國賊」徹底惹怒了，當下就吩咐自己的手下進保管所去搜，一定要找到自己的布匹。

就在陳松源的手下向各個房間裡衝的時候，余松喬一把抓住陳松源的領口，把陳松源拖進一間小屋裡。

陳松源被關在小房間裡，可是也清楚外面的狀況，一看到自己的手下也全跑了，一下就慌了，對著余松喬大喊：「姓余的，我陳松源絕對不會放過你！我說到做到！」

余松喬聽到這話一點懼色也沒有，還輕鬆地調侃起了陳松源：「你隨便喊，反正今天你就得老老實實待這裡面。」

陳松源的手下跑回去把陳松源被關的消息帶回了陳家，陳家四處託人救陳松源。

陳松源再怎麼說也是上海灘上有頭有臉的人物，出了這樣的事情，自然惹來眾議。陳松源被關的消息像長了翅膀一樣，很快就傳遍了上海的大街小巷，人們一方面很吃驚，一方面也很佩服敢關陳松源的人。

不過上海的各界巨頭和老百姓想的顯然不一樣。陳松源

是紗布業公會的理事長，紗布業又是上海的十大行業之一，陳松源在上海的地位也是舉足輕重的，這樣一位大亨被關了，怎能不震撼上海？又聽到關押陳松源的是余松喬，眾人自然就奔到天后宮橋抗日救國會保管所去了，一時間，保管所門前門庭若市。

杜月笙早就知道余松喬把陳松源關起來的事情，他認為余松喬做的很對，所以儘管外面早就亂成一團，杜月笙就坐在自己家裡不露面。

陳松源的家人無論想什麼辦法都無法把陳松源救出來，就請上海市商會的各位巨頭營救。為此，上海市商會還召開了緊急會議，並向余松喬發來了商會的抗議書：「若不放人，各行各業將掀起無限期罷市。」如此一來，事情就鬧大了。

然而余松喬依然不動如山，就坐在那間小房子的門前。眾人看各種方法都不行，只好趁余松喬不注意的時候把他拖開，準備強行衝進去救人。

余松喬一看到這情況，直接一頭撞上了對面的水泥牆上，不顧頭破血流，向眾人喊道「你們非要放出這個賣國賊，那就讓我死在這裡，為抗日而死，我死的光榮！」

杜月笙聽說余松喬撞牆了，這下可坐不住了，趕緊叫來陸京士，要他去看看余松喬傷勢嚴重不嚴重，嚴重就趕緊送去醫院救治。

陸京士趕到現場，一看余松喬傷勢嚴重，趕忙勸他去醫院，余松喬依然不為所動。陸京士急了，問他，要誰發話，他才肯聽。余松喬說自己只聽杜先生的話。

陸京士一聽，趕緊打電話給杜月笙，匯報這裡的情況。

杜月笙一聽余松喬傷得很重，交代陸京士：「你務必跟余松喬說，保命要緊，其他的由我來處理。我這就派車，立刻送他去醫院。」

余松喬一出門，眾人就趕緊衝進去把陳松源放了。余松喬也坐著杜月笙派來的車去最近的醫院醫治頭上的傷口。陳松源被放出來之後，也沒有「不放過余松喬」，而余松喬也一夜之間成了大英雄。事件至此圓滿解決。

縱觀此事，不僅揚了余松喬的名，也大大地促進了抵制日貨運動的進展。上海灘的大小商販一看連陳松源都因賣日貨被關了起來，再也沒有人敢朝著槍口撞，有日貨的，都把貨品放在倉庫藏了起來，沒有的更不敢去進日貨了。

余松喬錚錚鐵骨在整個事件中有著關鍵的作用，不過他除了自己過人的膽識之外，也是因為知道有杜先生站在他的身後。杜月笙最早倡議上海灘巨頭組成救國會，並組織大家開展抵制日貨的行動，上海灘抵制日貨的運動實際上還是由杜月笙掌握著，再加上他手下「不怕死，敢為抗日而亡」的門生，上海灘的抵制日貨運動才能確實執行。

余松喬僅是杜月笙眾多門生抵制日貨的一個代表，像他一樣的人和事還有很多。為了更加徹底地抵制日貨，杜月笙做了一連串的部署。

整個上海灘的米店和煤炭店都像是商量好了一樣，全都拒絕和日本人做生意，沒有米和煤，日本人的日常生活難以維持，很快就出現了大恐慌，這下他們就更生氣了，可是又不敢發生正面衝突，只好來文的。他們試圖和米店、煤炭店的老闆協商，可是一走進店鋪，就發現門口站的全是兇神惡煞的大漢，他們要麼是勞工群裡的英雄，要麼是

白相界的打手，這些人的主要任務，就是監視這些店家老闆不可將貨品賣給日本人，同時也為了防止日本人無謂的糾纏。

◆上海各界人士自發和有組織的參加了抗日救國的遊行

　　而這些人無一例外，全部都是杜月笙的手下。

　　從這年10月開始，上海灘經常出現小型的鬥毆事件，日本的外交當局抗議了很多次，卻一點也不見效，閘北江灣一帶居住的日本僑民是整個上海灘最多的，可是現在這裡住著的日本人幾乎不敢出門，非出門不可也必須是結伴而行。整個上海灘到處的迴響著「打東洋人」的口號，連三歲的小孩子也知道「同仇敵愾」。

　　日本人想盡各種辦法也賣不出一件貨物，倉庫裡貨物堆積成山，而「抗日救會」的封鎖卻一點也沒有鬆懈，只要

發現有東洋商品，立刻沒收。上海灘沒有哪個中國商人敢頂著壓力販賣日本貨物，一旦被發現，不但是商品被沒收充公，本人還要穿上印著「賣國賊」字樣的囚服遊街示眾。在「抗日救會」嚴格執行經濟制裁的努力下，日本的工廠和商店基本上是全部關門大吉了。

不僅和日本人進行持久的經濟戰爭，杜月笙還運用自己在上海灘的影響力，讓上海的金融工商各界慷慨解囊，捐錢捐物，幫助馬占山的義勇軍以及逃難的東北難民。

馬占山的義勇軍在黑龍江英勇抗日，消息傳到上海後，杜月笙興奮地召集一群朋友，連聲呼喊：「東北義勇軍孤軍奮戰，勇氣可嘉。我們後方的民眾應該給予他們大力的支持和物質的支援。」

朋友們都十分贊成，很快的，他們就籌集到了十萬大洋，匯給了東北的義勇軍將士。杜月笙覺得這還不夠，他希望可以繼續募捐，就派人親自到黑龍江慰問這些英勇的將士，並仔細詢問將士們還需要什麼，自己還能幫什麼忙。

關於援助入關的東北難民，杜月笙準備舉行一次平劇義演募集善款。他跟有關方面組織了一個「東北難民救濟遊藝會」，租界新世界劇場的場地，邀請名伶名票，曲藝雜耍演員義務演出，同時還舉辦了轟動當時的「名伶選舉」，前後一個月，杜月笙每天都親自到場指揮一切。而他的辛苦也勞有所得，為期一個月的公演，共募集到了二十多萬元的善款，杜月笙將全部所得如數交給了賑災委員會，由他們將錢匯到北方，救濟難民。

戰地服務團

　　然而並不是抵制日貨就可以抵制日本的侵略。1932年1月28日午夜時分，日本海軍陸戰隊指揮官鮫島指揮，將海軍陸戰隊分成三路，向駐守上海的19路軍陣地發起攻擊。「一・二八」淞滬之戰爆發。

　　19路軍是從江西剿共前線調來的，分散在京滬鐵路沿線各處，總部設在上海，軍長蔡廷鍇。19路軍下轄三個師——第60師、61師和78師，它們的師長沈光漢、毛維壽和區壽年，都是杜月笙頗有交情的好朋友。

　　19路軍剛到上海的時候，士兵們裝備簡陋，精神不振，武器也十分落後，最有威力的重武器也不過是幾挺機關槍。也正因為19路軍的裝備，日本一點都沒把他們放在眼裡，日本海軍陸戰隊指揮官鮫島還高傲地說：「只要日本皇軍發動攻擊，四個小時之內，絕對拿下閘北。」

　　但鮫島顯然高估了日本軍的實力，也低估了中國人的能力。日軍的突然進攻，不但沒有嚇到19路軍，反而一掃軍隊的低迷士氣。駐守寶山路、寶興路一線19路軍軍人面對日軍的突襲，奮起反擊，誓死守護自己的陣地，不讓日軍前進一步。

　　而當19路軍的軍長蔡廷鍇接到日軍突襲的電話時，已是後半夜了。電話中，士兵焦急地向蔡廷鍇報告著：「報告

軍長,我部遭到日軍突襲,目前正在全力抗擊,下一步請軍長指示。」

蔡廷鍇聽到日軍突襲的消息,心中的憤怒早已按捺不住,直接命令部下「狠狠打」,一定要「寸土必爭」。前方將士接到軍長的指示,更是激動萬分,殺敵也更有了勁頭。

自從蔣介石的「攘外必先安內」政策推行下,官兵將士畏首畏尾。現今,有了蔡廷鍇的命令,面對著敵人的侵略,他們就像打開了閘門,殺敵的動力止都止不住。所以,儘管日軍裝備精良,但從交戰開始,他們就沒占到什麼便宜,更別提「四個小時拿下閘北了」。這場戰役持續了一個多月,日軍仍未能突破我軍防線,但我軍也是傷亡慘重。

早在淞滬大戰爆發的當晚,杜月笙就打電話給蔡廷鍇:「但凡有用到我的地方,我萬死不辭!」杜月笙並不是和蔡廷鍇說空話,淞滬大戰爆發的第二天,他就四處拜訪上海的各界名流,希望可以組建一個支持19路軍的「後援會」,他的提議再次得到大家的支援,「上海市抗敵後援會」很快就宣布成立,杜月笙還在眾人的推舉之下擔任了副會長一職。

19路軍英勇殺敵的事蹟早已激起上海人民的愛國情懷,杜月笙又推波助瀾,再次大力宣傳他們的英雄事蹟,使其更加深入人心。

透過手中掌握的新聞力量,杜月笙向上海民眾發出號召:「大家有錢的出錢,有力的出力,盡自己所能幫助前線的將士們。」

他的號召得到了廣泛的回應,大家紛紛行動起來,捐錢捐物,為19路軍提供了很好的後勤保障。而另一方面,與

杜月笙關係密切的上海市總工會還聯合社會各界人士組成了「戰地服務團」，並以「團」為編制，先後組織成立了第一團和第二團。而兩個團的團長一個是杜月笙的門生，一個對杜月笙十分敬仰。

「戰地服務團」穿梭在前線和後方之間，他們向後方運送傷患，向前線運送彈藥和食物。雖然手無寸鐵，卻一樣英勇無畏。如果團中有成員不幸犧牲，很快就會有新血補充進去，可以說，他們在一定程度上支援了19路軍的抗戰行動。

在整個上海乃至全中國生死攸關的時刻，杜月笙作為「抗敵後援會」的發起者，在支持抗戰上，更是不落人後。

有一次前線的總指揮張治中將軍前來，杜月笙親自去慰問，兩人一見如故，聊了很久，在快要告別的時候，杜月笙問張治中：「軍中現在缺什麼嗎？」張治中如實回答，軍中現在很需要交通通信器材，也就是電話機、腳踏車等的交通工具。杜月笙聽後，表示一定會儘快將器材送來。

杜月笙一行人回到抗敵後援會，立刻吩咐手下人去買交通通信器材。大家都勸杜月笙早點回去休息，但他卻表示一定要親眼看到器材送出去再休息。

眾人都覺得杜月笙太過小心了，誰知道還真的出了問題：上海灘市面上電話總機缺貨，花多少錢也買不到。

杜月笙接到消息後，剛開始還不相信，他再次打電話詢問，結果仍然是買不到。杜月笙納悶之餘也很焦急，他怕前線急需，而自己又買不到，這不是耽誤軍情嗎？後來，看市面上實在買不到電話總機，杜月笙就決定把自己中匯銀行的電話總機拆下來，送往前線，他當時告訴吳開先：

「中匯銀行可以沒有電話總機照常工作，可是前線沒有是不行的。」

◆杜月笙（左一）與上海政商界名流齊聚一堂，當時的杜月笙在上海灘如日中天，一呼百應

　　戰爭一直持續著，為了鼓舞士氣，右翼軍的總司令張發奎來上海督戰，杜月笙因時間關係沒辦法親自來慰問，就派代表來，並詢問軍中需要什麼。張發奎大方地表示軍需齊備，真的要有所表示的話，就兄弟一起來鼓鼓氣就行了。

　　慰問張發奎的代表回來後，向杜月笙轉達了張發奎的

話。杜月笙覺得去給兄弟「鼓鼓氣」，空手去還是不好，總要送些什麼吧，於是就找到吳開先商量。吳開先覺得送一些毛巾、食品、香煙等物品就好，杜月笙卻覺得太過隨便，思考之後決定送一輛裝甲保險車。

吳開先一方面覺得用抗敵後援會的錢購買一輛裝甲車，可能會引來非議；另一方面，當時杜月笙已經四處舉債，讓他個人出資更是不妥，他還準備再勸一下杜月笙，杜月笙卻堅持用自己的錢買車，以後援會的名義送出。

幾天後，嶄新的裝甲保險車買到了，杜月笙邀上錢新之、吳開先、潘公展、陸京士、陳小蝶等人，帶著其他的慰問品一起到張發奎的部隊「鼓氣」。

這輛裝甲車，張發奎一直用到抗戰結束，而且他一直以為這輛車是抗敵後援會集體送的。後來張發奎受命去桂林駐防，正好吳開先去桂林辦公，張發奎開著這輛裝甲車去接吳開先，接待他。在車上，張發奎還特意說：「吳先生，你還記得這輛車嗎？是民國二十六年，你們上海抗敵後援會送的。」一直到這時，張發奎依然不知道是杜月笙自己掏腰包買的車，而吳開先也沒有再解釋，只是笑著點點頭。

後來吳開先回憶這件事的時候，曾這樣形容杜月笙：「當時，杜先生對於抗戰的捐款之多，真的是數不勝數。」

杜月笙為抗敵救援會的工作忙碌，但仍以驚人的速度組建成立了「上海各慈善團體戰區難民救濟委員會」並擔任了籌募組長。

自從救濟委員會成立後，主要解決的都是因戰爭流落街頭的難民的衣食問題。在「一‧二八」戰役前後的三十五天裡，戰區受到救濟委員會救濟的人多達四十萬之多。

　　杜月笙在組織救濟委員會的同時，還參加了史量才發起的「上海地方維持會」，並且擔任了副會長的職位。維持會成立後，也是募集大量的現金、食品和衣物等，送往前線。

　　另外，該會號召上海的廣大市民要堅決的抵制日貨。在這些行動中，身為副會長的杜月笙不但全程參與其中，組織各項運動，還在文藝界和學界組織發起了「戰地服務團」，到前線慰問抗戰殺敵的官兵戰士。

　　在杜月笙的主持和組織下，共為19路軍籌集了九百萬元銀元，不但保證了各項軍需物資的齊備，也保證了淞滬會戰中，中國將士能奮勇殺敵而無後顧之憂。

　　淞滬會戰中的杜月笙表現出了他堅定的愛國情懷，不管他在其他行業中做過什麼，但是這時杜月笙的所作所為，不能不讓人稱一聲好。

介入中日談判

淞滬會戰激戰正熱，日軍卻突然要停火了。

日軍想要停火，原因有二：第一，是他們的兵力有限，援軍未至；第二，日軍本想迅速拿下上海，誰知拖了這麼久，而日軍的大本營也沒有命令傳來，指揮官怕擔責任。兩方原因的影響下，日軍決定停火，但他們又害怕中國當局拒絕，就派日本海軍中將野村先與一位有影響力的「民間人士」去溝通，探知一下中方的意願如何。

而杜月笙就是他們選擇的那位「民間人士」，杜月笙在上海灘影響力極大，同時他又是組建「上海市抗敵救援會」的發起者，他跟19路軍的各層領袖也都關係匪淺，找他是再合適不過的了，而這也成為了杜月笙首次介入國際社交的活動。

杜月笙聽到日軍停火，心中自然也是高興，但事關重大，他可不能貿然答應。於是告訴李擇一自己需要好好斟酌一下。李擇一知道杜月笙向來行事如此，心思縝密，也就痛快地答應了，兩人約定：杜月笙有了決定後，就立即電話聯絡。

李擇一才一離開，杜月笙就叫來了他的高級智囊團。這是他的習慣，有任何重要的事情，杜月笙都會先和他們商量對策。

　　眾人聽了杜月笙的話後，各自說出了自己的意見，他們大致分為兩派，一派支持杜月笙作為中間人調停戰役，另一部分懷疑日本人另有圖謀，希望杜月笙小心行事。但不管是支持還是反對，他們心中都為杜月笙高興，無論日本人到底打什麼算盤，他們選擇杜月笙作為中間人。而如果杜月笙可以成功促成此事，不單造福了上海人民，也會穩固了自己在上海灘的威望和地位。所以，智囊團中支持派的人占大多數。

　　但還是有一部分人不贊同。他們認為日本人很狡詐，這次停火談判會不會是一次緩兵之計，如果真的是這樣，那麼杜月笙去調停，不但是給自己潑髒水，也壞了上海軍民共同抗日的大計。

　　對於這種問題，杜月笙也想到了，他說道：「是不是一次緩兵之計，我也想過這個問題。即使他們真的是緩兵，也不一定是壞事，我們又何嘗不需要緩兵呢？我們可以告知吳市長和蔡軍長，一旦有日軍兵力不支的消息，我們立刻發動總攻，而這期間，我們可以先休整一段時間，養精蓄銳。至於談判的細節，我想請法國駐上海的總領事甘格林先生也一同參與談判，我從中調停，不代表我通日。有什麼問題，甘格林先生也可以為我做個證。」

　　杜月笙的一番話，徹底打消了反對派的疑慮。最後大家一致商定：先將此事告知官方，待官方允許，再和日方接觸。

　　上海官方收到杜月笙的消息後，也慎重討論了一番，並向中央政府請示，最後告知杜月笙：需不需要和日本軍方人員接觸，全憑其自己決定。

　　這個答覆意圖很明顯，希望和日本和談，又害怕和談會

破壞軍民抗日的熱情，不如就讓「民間人士」杜月笙前去接觸。

杜月笙顯然也參透了其中的玄機，就開始積極部署和日方見面的事宜。他先找到了和自己頗有交情的甘格林，將要跟日方見面的事告知於他，並徵求同意，將雙方見面的地點設在了法國總領事館。

接下來，就請人找來李擇一，「我答應和日本人員見面的事情了，不過我有個條件，要法國駐上海總領事甘格林也一同參與，並且我們見面的地點要在法國總領事館中。」

很快就到了雙方見面的時間，杜月笙帶著自己的祕書、翻譯還有多名保鏢，而日本軍官則由李擇一陪同，大家先後走進了甘格林的辦公室。作為雙方聯繫的中間人，李擇一開始介紹在場的人，沒想到，人還沒介紹完，一名日本軍官就操著生硬的中國話，「質問」起了杜月笙，或者說，是「質問」了中國人。

「『一·二八』戰爭的爆發，完全是你們中國19路軍的錯，他們必須撤出上海！」

面對如此顛倒黑白的「質問」，杜月笙也冷靜不下來了，他一拍桌子，對著那名軍官大聲說道：「你們突然發動的襲擊，造成了『一·二八』大戰的爆發，怎麼這會兒責任全都在19路軍身上了！你們襲擊中國，19路軍是中國的軍隊，保衛自己的祖國有什麼錯！憑什麼19路軍撤出上海，要我說，該撤出上海的是你們！」

一番義正詞嚴的話，讓那名日本軍官無法反駁，可他不死心，還繼續喊道：「我們這次的行動是得到上海租界各國防軍的諒解的，是完全合法的！」

聽到這裡，杜月笙冷笑了幾聲，卻沒有正面反駁這名軍官，而是轉頭問起了身邊的甘格林：「甘格林先生，我想請問你一個問題，閘北可是中國的地界？」

甘格林自然答是。杜月笙接著問道：「那國防軍可有允許日本軍隊進駐中國的地界？」甘格林回答是也不對，不是也不對，只好尷尬地搖了搖頭。

杜月笙再看那名日本軍官，已滿臉尷尬。

這時李擇一出來圓場，「杜先生，咱們今天還有很多重要的事情要談，咱們先去談正事，怎麼樣？」

這時，另一位日本代表也說話了：「停火，我們也是有條件的。」

杜月笙看都沒看他，甘格林卻明白杜月笙仍有些不高興。未免雙方再次爭吵起來，甘格林做起了和事佬：「杜先生已經說了是來聽聽日方停火誠意的。既然貴方有條件，那不如說出來，讓杜先生也好衡量一下。」

沒想到，日方又舊話重提，堅持要19路軍撤出上海，而給出的理由竟然是：避免雙方衝突。

此時的杜月笙已被氣得哈哈大笑，他反問日方：「早在你們突襲上海的時候，衝突就已經造成了。那麼為了避免衝突，你們是不是應該回你們的公共租界去啊？」

日方看杜月笙態度如此堅決，於是準備迂迴前進，提出日軍返回公共租界，19路軍也同時撤出上海的要求。

杜月笙絲毫不理日方的「退讓」，再次義正詞言地反擊對方，談判陷入了僵局。眼看著談判就這麼僵持下去了，李擇一和甘格林再次出面調解，提議這樣的軍政大事，還是交由官方用外交手段解決。杜月笙點頭同意，雙方會晤

結束。

　　見面結束後，杜月笙就把結果告訴了上海市長吳鐵成的祕書，吳鐵成瞭解事情進展後，立即採取了兩項行動。

　　首先，他派人參加了在英國領事館召開的調停會議，經過一番激烈的爭討，日方基本上默認了侵略的事實。接下來，吳鐵成再次派杜月笙出面，代表政府和法國、英國以及美國的駐上海總領事召開第二次會議。

　　會議上，雙方達成共識，自2月2日起，停火三天，雙方不得互相攻擊。然而僅僅過了幾個小時，日軍就撕毀協議，對19路軍發起攻擊。一場更大規模的戰役一觸即發。

◆杜月笙（左一）在上海灘的勢力已經橫跨軍、政、商三界。圖為杜月笙（左一）與上海灘各國政要合影

當時日軍進攻，一直都是以公共租界為基地，因公共租界有日本人的一份，所以租界當局也無話可說。

2月的24至26日，杜月笙的手下探聽到一個重要的消息：日本派出千餘名士兵通過法租界的辣斐德路、祁齊路一帶，準備潛伏至江灣、廟行，包抄國軍的右翼部隊。

杜月笙得到消息後，立即告知吳鐵成和蔡廷鍇，要他們早做準備，因為日本人一旦成功，國軍必將損失慘重。

吳鐵成和蔡廷鍇收到消息後，分頭布置，杜月笙則跑到了甘格林的辦公室。他大聲質問甘格林，甘格林無言以對，只得佯裝無奈地解釋道：「杜先生，他們都是攜帶武器的，租界當局若是反抗，可能就會讓法租界毀於戰火之中。」

杜月笙聽了後，告知甘格林中國軍隊為了自衛，同樣有可能將法租界毀於戰火之中。

甘格林聽後十分害怕，便問杜月笙如何解決。杜月笙思考片刻，「只有把各國領事和中日雙方的高級代表都請過來共同商討了。」

杜月笙執意要公開日軍的行徑，甘格林卻不想，無奈杜月笙表示不公開，問題就沒辦法解決，法租界就會一直處在危險之中。為了法租界的安危，甘格林只好答應了杜月笙的請求。

會議在法國總領事館如期召開，杜月笙是法租界華界的首腦，也參加了會議。

會議上，雙方爭論不休，日本的總領事村井倉松更是不斷威脅恐嚇。聽到日本的威脅，各國代表心裡都直打鼓，擔心喪心病狂的日軍真會做出些什麼。

眼看著形勢急轉直下，杜月笙一拍桌子，對著全場大

吼：「好，你們儘管同意日本利用租界打中國人。只要這個議案一通過，兩個小時以內，我發誓毀掉整個租界，大家同歸於盡！」說完，就離開了會場。在場的領事一看杜月笙是說真的，誰也不敢支持通過任何議案了，他們知道杜月笙既然敢說出來，就有能力做到。

當天，沒有任何議案通過，潛伏在法租界的日軍也在當晚悄悄撤退了，並且再也沒有利用租界偷襲過。

杜月笙的一句狠話，喝退了千名日軍，他介入國際社交的首次行動也宣告完滿結束。

拒絕和日本人合作

　　杜月笙積極投身到抗日的行列中，參加各種支持抗日的活動，日本人一方面痛恨他支持抗日，一方面又想拉攏他。憑借杜月笙在上海的威望，如果可以把他拉過來，那麼將來占領上海後，就可以借助杜月笙控制上海各方力量。

　　為了達到自己的目的，駐上海的日本總領事館和陸軍部以及海軍部的特務機關，每個月都會耗費大量的人力、物力和財力，打探杜月笙的行蹤，以便將來的拉攏工作。而他們的拉攏手段可以概括為四個字：先禮後兵。

　　盧溝橋事變之前，日本人就派人接近過杜月笙。

　　當時的日本海軍軍令部長永野修身在翻譯的陪同下到杜公館拜訪過杜月笙。這時，他們主要使用利誘的方法，企圖拉攏杜月笙。

　　杜月笙對永野修身的到訪很吃驚，因為自己從來沒有和他打過交道，他現在來杜公館到底是什麼意思？

　　坐下來細談之後，杜月笙才知道，日本人是來和他做生意的。

　　兩人一見面，永野修身就不吝讚美：「久聞杜先生大名，今日一見，果然名不虛傳。」

　　這時的杜月笙還沒有摸透對方的意思，只好客氣地應付了兩句。

　　永野修身不想浪費時間，索性直接說出了自己的目的：「杜先生，我認為以你現在的實力，絕對要做一番更大的事業才行。」

　　杜月笙則淡淡地回敬了句：「永野先生過獎了，我自己什麼能耐，我自己清楚，實在做不了什麼大事業，而且我也沒有那麼多本錢。」

　　一聽到本錢，永野修身只當杜月笙是不願意出錢，「本錢好說。我們日本海軍準備出資三千萬日元，在上海開辦一家『中日建設銀行公司』，目前正在尋找合作夥伴，不知道杜先生有沒有興趣。當然，杜先生如果願意的話，一定是出任公司的董事長的，這樣才可以更好地領導公司前進。」

　　當時上海有一家「中國建設銀行公司」，由宋子文創辦，如果杜月笙此時答應了日本人，那麼無疑是在和宋子文的「中國建設銀行公司」作對。杜月笙也心知肚明，日本人要和他合作，一來是用利益拉攏他，因為單從商人的角度來看，這確實是筆好買賣；二來，恐怕就是為了扼住整個上海的經濟命脈，從經濟上侵略。

　　想通了這些，杜月笙就更不願意和他們合作了，他是死也不願意做漢奸的。於是便和日本人虛與委蛇了起來，說自己實在沒有能力勝任。

　　永野修身看杜月笙委婉拒絕，卻仍然不死心，繼續遊說道：「杜先生謙虛了，以我們的資金再加上杜先生的實力，咱們合作，在上海還有什麼對手？告訴杜先生實話，東北和華北主要集中的是我們陸軍的主力，而海軍則控制著華中和華南地區。現在，以我們的陸戰隊和艦船作為後盾，

集結上我們手中的僑商和浪人，如果杜先生肯出面，你的

聲望肯定會使『中日建設銀行公司』如日中天。」

單純考慮利益的話，這的確是個千載難逢的機會，但杜月笙已經打定主意不和日本人有任何往來。於是，任憑永野修身怎麼說，他都淡淡地拒絕了，而且這次他還直接說出自己不願意合作，不想幫著外國的公司打擊本國的公司。

◆五十歲上下時的杜月笙。這一時期也是杜月笙一生中最為奔波忙碌的時期

　　杜月笙希望永野修身可以知難而退，誰知永野修身又提出了第二套方案：杜月笙出面創辦銀行，資金仍然由日本提供，但不需對外宣稱有任何日本的元素。

　　話說到這裡，杜月笙實在是不好再直接拒絕了，只好推諉說自己需要好好再斟酌一下。永野修身也不好再強求，只好悻悻而歸。

　　過了幾天，杜月笙派人找到永野修身，表明自己徹底拒絕的意思。事情到了這地步，永野修身承認自己計劃的失敗，日本人利誘杜月笙也宣告失敗。

　　但是，日本人並未打算就此放棄，幾天之後，杜公館又

來了一個人。此人名叫阪西利八郎，他曾做過奉系軍閥張作霖的顧問，在日本關東軍中充當著重要的角色。

他接連幾天連續拜訪杜月笙，彬彬有禮，很有耐心地一次次向杜月笙承諾：只要杜月笙願意和日本合作，他日日本人占領上海之後，他一定可以獲得比今天更加豐厚的利益和崇高的地位。

杜月笙經過上次和永野修身打交道的過程中也學會了新的一招，他既不答應也不拒絕，只是和阪西利八郎打太極。但透過「八‧一三」淞滬大戰，阪西利八郎終於明白了杜月笙的立場。

幾次的利誘和勸說都無法見效，阪西利八郎終於沒了耐心，從杜公館拂袖而去，只剩下杜月笙在家裡哈哈大笑。

既然軟的不行，那就來硬的吧。日本人改變策略，派出了土肥原賢二。

土肥原賢二可不是個謙謙君子，他為人心狠手辣，是日本特務機構的開山鼻祖，手段極其殘忍，被稱作亞洲的勞倫斯。凡是有土肥原賢二出現的地方，就必會有血光之災。在中國華北地區一帶，曾有這樣關於土肥原的戲言——如果夜裡有小孩啼哭不止，只要大人說出土肥原這三個字，哭聲就會立刻停止。雖然有些誇張和諷刺的成分，但我們可以想像，土肥原的「威力」有多大。

一天，土肥原殺氣騰騰地來到杜公館，見到杜月笙，首先就對他說了一句「你不會離開上海」。

土肥原的話有兩層意思：第一層是說杜月笙在上海發跡，他的事業，他的財產，他的一切都在上海。如果他離開上海，他就像魚兒離開了水，不能像在上海一樣翻雲覆

雨；而另一層意思，就是在威脅杜月笙了。日本人在警告杜月笙，即便他願意拋下自己的一切，日本人也不會允許他離開上海，所以，最好的選擇就是和他們合作。

杜月笙對日本人這句話的意思心知肚明，但他並不害怕。

土肥原見杜月笙依然毫無懼意，就繼續威脅他，「你沒有退路的！你只能待在上海，和皇軍合作！」

土肥原的囂張和無禮讓杜月笙十分生氣，可是他也知道，雖然自己在上海勢力很大，但面對窮凶極惡的日本人，他還是需要暫時地忍氣吞聲，但自己的立場依然沒有也不會動搖。

他平靜地告訴土肥原：「土肥原先生，告訴你實話。即使我被困在上海一輩子，我杜月笙也不會和你們日本人合作。」

土肥原倒是沒有想到杜月笙這麼有氣節，他停頓了一下，繼續向杜月笙吼道：「你之前到處煽動百姓和皇軍作對，對士兵出錢出力，支持他們跟皇軍對敵，讓皇軍造成了極大的傷亡。我一旦把你的種種罪行列出來，你勢必會受到嚴厲的懲罰，到時候你可不要後悔。」

聽到土肥原這樣說，杜月笙真的是啼笑皆非。一個人保衛自己的國家不受侵略，竟然變成了一種罪行，而這個侵略者居然還口口聲聲地要懲罰別人，這真是豈有此理。

可是任憑土肥原威脅也好，懲罰也好，杜月笙就是堅持自己的立場。土肥原見杜月笙完全不為所動，只能離開杜公館，但在離開之前他還是威脅杜月笙，和皇軍作對的下場絕對會讓他後悔的。

土肥原離開的第二天，這天下午，杜月笙正在四夫人姚

玉蘭的家裡和自己的學生徐懋棠商量事情，突然聽到外邊一陣陣的轟隆聲。二人的談話因為這雜聲大受干擾，心煩意亂之下，杜月笙叫自己的夫人姚玉蘭去看看外面發生了什麼事，為什麼會有這麼大的轟隆聲。

姚玉蘭打開窗戶看了一眼，告訴杜月笙是架飛機，而且一直在自己的屋頂上轉，很奇怪。

杜月笙馬上想起土肥原威脅自己的話，連忙起身去看，果然看到自己房頂上空一直盤旋著一架日本軍用飛機。機身上的國旗醒目可見，一直在杜公館上方盤旋，難道是土肥原真的要動手了？

◆姚玉蘭（左，杜月笙四姨太），京劇老生筱蘭英與梆子青衣姚長海的長女。9歲在漢口坐科學藝，12歲就正式上台演出。工青衣、花衫及老生。1922年8月，在漢口演出期間結識孟小冬（右，杜月笙五姨太），二人義結金蘭。1949年4月27日，與孟小冬一同隨杜月笙乘船赴香港

想到這裡，杜月笙臉色大變坐在沙發上，眾人一時也不知道他在想什麼。

　　只有徐懋棠明白，自己的老師是在擔心。那天土肥原來杜公館撒野的時候，徐懋棠就在場，所以他清楚地知道杜月笙此刻在擔心什麼。現在，眼見日本的飛機在頭頂盤旋，杜月笙又這樣心神不寧，徐懋棠就有了一個主意，他安慰杜月笙道：「先生，土肥原也許只是想嚇唬嚇唬您，也不用過於害怕。」

　　杜月笙像剛睡醒一樣，茫然不知道徐懋棠說了什麼。徐懋棠就又重複了一遍：「我的意思是，土肥原最多也就是嚇唬嚇唬我們，他們不敢來真的，畢竟咱們在法租界。」

　　姚玉蘭也搭腔：「徐懋棠說的有道理，也許他們只是來偵查一下。你想，自從上海開戰以後，咱們這門前哪天不是人來人往的，小日本也許是想看看都有那些人來找你吧。」

　　聽到徐懋棠和姚玉蘭的安慰，杜月笙稍微安了安心，但還是有點擔心。他不怕日本人找他麻煩，怕的是牽連到自己的家人。想他杜月笙英雄一世，到頭來連自己的老婆孩子都保護不了，那他還算什麼英雄？

　　看到杜月笙還是沒有放下心，徐懋棠說出了自己的主意：「雖然咱們不怕日本人，可不怕一萬，就怕萬一，還是要防一防。我在蒲石路新買了一幢公寓，是座十八層樓的洋房，先生和師娘如果不嫌棄，不如先去我那裡避一避，暫住一段時間。」

　　杜月笙聽後，覺得這個主意很好，姚玉蘭也同意。於是，幾天後，他們便收拾東西從斐德路的杜公館搬到了蒲石路的公寓，杜月笙暫避了風頭，躲過了日本人的報復。而他的四夫人，姚玉蘭，因後來一段時間都是住在公寓的十八層，時間長了，大家都稱呼她為「十八層樓太太」。

刺殺張嘯林

　　上海被日本占領後，整個上海的勢力更為複雜。僅國民黨在上海的地下力量就有軍統、中統、「三青團」以及其他派系在上海的「地下工作人員」。各個力量僵持不下，各有各的打算，各有各的行動，極不團結。他們不但沒有相互配合一致對外，反而互相掣肘。

　　杜月笙在上海的杜氏門人也摻雜其中，各種力量十分混亂。基於這種情況，杜月笙和吳開先建議為了領導和均衡上海的各方力量，成立一個相應的組織。1938年底，重慶國民政府在上海成立「上海統一委員會」。

　　「上海統一委員會」共設了五名常務委員，分別是杜月笙、吳開先、戴笠、吳紹澍、蔣伯誠；另還有七名委員，包括陸京士、錢新之、俞鴻鈞等。而蔣介石為了牽制和利用杜月笙在上海的門人，便將杜月笙任命為委員會的主任委員，並讓吳開先擔任書記長一職。

　　之後，為了更加方便的聯絡，上海又設立了無線電台，負責和香港、重慶聯繫，而杜月笙的管家萬墨林則擔任總交通員，負責聯絡各方。杜月笙的得意門生徐采丞也被任命為「直屬通訊員」，專門負責和重慶方面的聯絡，為了方便彼此聯繫，在徐采丞的住處還設置了祕密電台。

　　「上海統一委員會」一成立，各個委員就立刻投入到工

作中，期間有很多的汪偽政權「看上」的商界名流都是在委員會的努力下，才沒有墮入漢奸的深淵中。這些商界名流有的被杜月笙的門人護送到香港，其他一些不願意離開上海的，也被保護起來。

但仍然還是會有一些漏網之魚，只看到眼前的利益，落水當了漢奸，對於這類人，只有一個辦法：殺。

為此，戴笠專門在上海成立了一個刺殺漢奸的「行動小組」。小組的成員都是精明幹練，身手不凡，足以令上海的漢奸聞之色變。

組建這個行動小組的時候，戴笠第一個就想到了杜月笙。首先，杜月笙是「上海統一委員會」的主任委員，鋤奸義不容辭；其次，杜月笙與戴笠情同手足，自然會幫忙；最後，杜月笙的手下很符合戴笠對小組成員的要求。

而杜月笙也不負戴笠所望，一聽到戴笠的想法，立刻表示支持，並推薦自己的得意門生陳默擔任行動小組的組長。

陳默曾經接受過正規的軍事訓練，並且有勇有謀，是行動小組最需要的人才。另外，抗戰之前，陳默還擔任過上海警備司令部稽查處的經濟組組長，抗戰時期還在戴笠的「別働隊」第二支隊中擔任過大隊長的職務，是最合適行動小組組長的人選了。

除了向戴笠推薦陳默之外，杜月笙還告訴戴笠，如有需要，行動小組可以隨時調用上海的杜門力量。而這也正是戴笠最需要的，他找杜月笙商量有關行動小組的事，最重要的就是可以借用杜月笙在上海的力量。杜月笙在上海的力量十分強大，有錢、有人、有槍，有了這樣的力量配合，那麼行動小組在上海絕對可以做到「踩一踩腳，上海震一震」。

很快的，行動小組就成立了，並且立刻展開偵查，鎖定目標，開始鋤奸。

1937年12月30日，正計劃加入汪偽「上海市民協會」的儒商陸伯鴻被發現死在自己的寓所門口。1938年1月14日，上海灘的著名律師範罣，被一顆迎面飛來的子彈擊中斃命。

這兩件事件都是行動小組策劃和實施的，其中範罣的事件最為轟動。

◆戴笠長期從事特工與間諜工作，其所領導的軍統局行動，殺死、迫害許多異議分子、中共及民主黨派人士、日本人及與日本人合作的漢奸，甚至是中國國民黨內蔣介石的政敵。他的耳目不僅遍及西南後方，而且遠至淪陷區乃至太平洋戰場。在美國國防情報局「中國第373號」檔案中寫著：「他是唯一一個能在任何地點，任何時間都能見到蔣介石的人。」1946年戴笠因飛機失事身亡，死後被國民政府追任為陸軍中將

范罡是上海灘有名的「強盜律師」，專門為強盜開脫。他被殺的時候，正在為上海兩特區法院院長的職務活動著。

範罡在上海灘的知名度很高，他被殺的消息，第二天就登上了各大報紙的頭條，轟動了整個上海灘。而這次刺殺範罡的行動也是讓行動小組揚名最完美的一次暗殺。

接下來，行動小組又成功除掉了「上海市民協會」負責人尤菊蓀、「市民協會委員」楊福源、「上海市政督辦公署祕書長」任保安、「市民協會主黨」顧馨一、「上海市政督辦公署檢查處處長」範耆生，還有日本人偽綏靖第三區特派員中本達雄，以及杜月笙的老朋友陸連奎、曹炳生、俞葉封、傅筱庵等人。

儘管殺害同胞，手段有些激烈，但亂世必須重典，而且，行動小組不僅僅只懲處漢奸，日本人也是他們的主要暗殺目標。

憲兵補充隊長高萊三郎在生病住院期間，被下毒身亡。汪偽「上海市政府」的兩名日本間諜顧問——喜多昭次和池田正治，也在散步的時候被槍殺……

眾多的鋤奸行動讓上海市民大呼痛快，卻也讓上海的偽敵膽戰心驚。行動小組不僅殺人，還炸倉庫，燒機房，就算是戒備十分森嚴的日本軍艦，行動小組的成員們也敢上去搞破壞。

在行動小組的行動的引導下，上海的鋤奸行動火熱地進行著。但讓杜月笙十分痛心的是，自己的好兄弟張嘯林也落水當了漢奸。

其實，張嘯林落水這件事，杜月笙早就預料到了，但事情真的發生了，他還是無法接受，同時也擔心張嘯林的安危。

在香港的杜月笙知道此事後，急忙派弟子帶著自己的親筆信去上海，希望可以勸張嘯林迷途知返，不要一錯再錯。可是張嘯林不領情，當下就把信撕了，還當著弟子的面，大罵杜月笙。

杜月笙的弟子回到香港後，將此事據實相告，杜月笙聽後只是長歎一聲。這之後，張嘯林迎來一筆大買賣。

這時，是中國共產黨領導的遊擊隊在控制農村地區，他們四處襲擊敵偽的物資，上海物資供應一下陷入了僵局中。日本人迅速想到了張嘯林，要他想辦法為敵偽提供物資。

張嘯林本來還未沒能當上「上海市長」或者「浙江省主席」在鬧情緒，而日本人的這個命令，卻讓他有了新點子。張嘯林想，當不上官，能賺大錢也不錯啊，有錢還有什麼事辦不成？於是，很快的他就組織建立了一個「新亞和平促進會」，專門為日本人採購物資，不但如此，他還拉來了自己的老朋友俞葉封。

隨著日本人的需求與日增多，張嘯林的生意也做越大。上海到華中一帶的全部「貿易」幾乎都被張嘯林壟斷了。

1939年，汪偽「上海市財政局長」周文瑞在四馬路望平街遇刺，兩週之後，汪偽「和平運動促進會委員長」李金標也遇刺，僥倖的是，這二人雖然重傷卻沒有身亡。但這也夠讓他們膽戰心驚了。

接到消息的張嘯林一開始也很害怕，這兩人都是他的好朋友。可是轉念一想，人不都沒死嗎，這樣一來，張嘯林依然繼續為日本人搜刮軍需物資，還越來越囂張。

這可氣死戴笠了，他也開始考慮是時候要殺掉張嘯林。

　　而這時的張嘯林也似乎「轉運」了，土肥原賢二告訴張嘯林，偽「浙江省主席」的位置已經確定讓張嘯林去坐了。這可樂壞了張嘯林，這樣一來，自己可是名利雙收了啊！

　　他不知道的是，也正是這個新得來的官帽，讓戴笠徹底下了決心，要除掉張嘯林。張嘯林自然也知道行動小組現在在外面四處鋤奸，風聲正緊，自己是能不出門就不出門，如果必須要出門，那就一定是保鏢成群，做到滴水不漏才行。

　　1940年8月，張嘯林接到了偽「浙江省主席」的委任狀，便趕緊叫來當時正在擔任「杭州錫箔局局長」的吳靜觀一同商議赴任的事宜。

　　二人正在商量的時候，樓下院子裡卻吵開了。張嘯林打開窗子一看，是自己的保鏢吵起來了。

　　張嘯林前後請過兩批保鏢，可是這兩批保鏢私底下並不和，常常為了一點小事爭吵。

　　這天，一方的保鏢賭錢輸了不認帳，兩邊又吵了起來，還驚動了張嘯林。張嘯林早就對他們總是這麼吵鬧有意見，今天又看到一群人在樓下鬧，火氣一下就上來了，「都吵什麼吵！看看你們現在什麼樣子！一群酒囊飯袋，就會拿著老子的錢不幹事。再吵都別幹了，老子多弄點日本憲兵過來，你們都給我滾蛋！」

　　張嘯林平時脾氣就大，通常罵罵也就過去了，不過，今天卻有人豁出去了。

　　一個叫林懷部的保鏢，掏出槍對著張嘯林腦袋就是一槍，邊開槍還邊喊：「我讓你罵，我讓你去西天罵！」

林懷部是有名的神槍手，這一槍，就了結了張嘯林。接著他又跑上樓，對著還沒反應過來的吳靜觀也是一槍，吳靜觀應聲倒地。

接連殺完兩人，林懷部對眾人說：「一人做事一人當，人是我殺的，不會連累你們。」

張嘯林被殺的消息傳到香港，杜月笙掩面哭泣，喃喃自語：「不是我不想救你，實在是你陷得太深了啊。」

一生入戲

　　1945年8月5日，日本無條件投降，中國的八年抗戰終於勝利結束了。

　　杜月笙收到這個好消息的時候，正奉著蔣介石的命令，跟戴笠一起在浙江的淳安，在東南沿海一帶運送著面紗，另一方面，也在準備著接應盟軍登陸的相關事宜。

　　這天晚上，平日裡很少喝酒的杜月笙和顧嘉棠等人喝得酩酊大醉，慶祝中國的抗日勝利，也慶祝他們終於可以重返上海灘。

　　8月20日，杜月笙和戴笠在房間裡密談了幾個小時，最後推開房門，杜月笙就趕忙興沖沖地向大家宣布：「上海的安全方面已經沒有問題，從現在開始，大家可以開始收拾行囊，準備回上海了。」

　　聽到杜月笙這樣說，大家都喜出望外，終於可以回到家鄉了。

　　接下來，杜月笙生活的大部分重心都放在了謀劃如何返回上海的問題上。

　　在杜月笙看來，這幾年他跟著蔣介石鞍前馬後，四處出力，就算沒有功勞也有苦勞。現在抗日勝利了，上海光復後，上海市長這個職位怎麼也該輪到他杜月笙坐一坐了。

　　不光杜月笙這麼認為，他的弟子們也是這樣想的，這幾

年大家跟著杜月笙東奔西跑，現在戰爭勝利了，怎麼也該輪到勞苦功高的杜月笙了。

在杜月笙準備返回上海的時候，留在上海的杜氏門人開始積極準備，他們要準備最盛大的歡迎儀式，迎接他們的「準上海市長」，包括上海市商會等的百餘家單位也準備了盛大的歡迎儀式。

收到消息的杜月笙更加精神煥發了，他認為現在幾乎全上海都對他當市長的呼聲很高，那這個職位就必定是十拿九穩的了。

可是變數也就在這時候發生了，在杜月笙返滬的途中，蔣介石已經任命了錢大鈞為上海市長，吳紹澍為副市長兼社會局長，宣鐵吾為警察局長。這個消息讓杜月笙十分驚訝，他不但沒當上上海的市長，還連個副的也沒有撈著！

杜月笙此時的心情很是低落，從北伐戰爭開始，杜月笙就押寶蔣介石，之後還在蔣介石跟前鞍前馬後，只要是蔣介石命令的，杜月笙就竭盡全力去完成。四一二反革命政變時，杜月笙身先士卒；八年抗戰期間，杜月笙鞠躬盡瘁，他自問對蔣介石做到了忠心耿耿，也自問自己是蔣介石最得力的幹將之一。可是這卸磨殺驢的做法實在讓杜月笙想不通，收到消息後的杜月笙再也沒了前幾日的威風，連盼望回到上海的心情也消失不見了。

杜月笙乘坐的專車照舊一路前行，可是到達梅隴鎮的時候，卻停了下來。杜月笙正納悶怎麼回事，自己的手下就帶來了一個更令杜月笙吃驚和惱火的消息：上海之前準備的所有迎接杜月笙的儀式全部取消了，而且在杜月笙計劃下車的上海北站還貼出了大量反對杜月笙的標語，似乎一

時間，風向全變了。

「標語上都寫了什麼？」杜月笙問手下。

手下支支吾吾地告訴杜月笙是「打倒黑惡勢力」、「杜月笙是黑惡勢力代表」，還有「打倒杜月笙」等語句。

聽完手下的話，杜月笙氣得全身發抖！這麼多年來，杜月笙一直在致力於洗白自己的黑幫身分，而且之前他也成功的躋身名流之列，雖然仍有些人對他的身分有所注意，可是大部分人記得的杜月笙都是上海各界的大佬，大實業家。現在居然會有人貼出這樣的標語，這不是有人暗算是什麼？

杜月笙咬牙繼續問他的手下：「一定是有人搞鬼！知道是誰嗎？」

手下看杜月笙已經看出了些苗頭，知道無法隱瞞了，只好實話實說，「是吳紹澍。」

聽到這個名字，杜月笙都愣住了，他簡直不敢相信，整個人陷在了座椅中。居然會是吳紹澍，一個自己萬萬沒有想到的人。

吳紹澍，自己的弟子，遞過門生帖，磕過拜師響頭的弟子啊，如今呢？事已至此，杜月笙為了避免尷尬，在弟子的建議下，改在上海西站下車了。

杜月笙乘坐的專車抵達上海西站之後，沒有盛大的歡迎儀式，只有幾個親友來接站，冷冷清清的，和杜月笙之前的期望相差甚遠。

◆抗戰勝利後的上海，百廢待興。圖為1945年11月時的上海
南京路，遠處是慶祝抗戰勝利的拱門

　　下車後，杜月笙想了一下，為了避免吳紹澍再進一步暗
算他，他既沒有回華格臬路的杜公館，也沒有去自己的四
太太姚玉蘭的蒲石路十八層樓，而是去顧嘉棠在愛文義路

的住所暫住。

　　暫住在顧嘉棠家裡的這段時間，杜月笙足不出戶，他要好好想想吳紹澍為什麼這樣對他。想他杜月笙自問沒有什麼對不起吳紹澍的，是什麼讓他這樣打擊自己？

　　這一想，杜月笙漸漸理出了些思路。

　　抗日戰爭爆發前夕，國民黨在上海的黨務大權一直都是由吳開先掌控的，但抗戰時期，吳紹澍開始有了奪權的意頭。吳紹澍一直緊跟國民黨中亞昂組織部長朱家驊鞍前馬後，抗戰期間，吳紹澍開始不斷培植自己的親信，欲取代吳開先的位置。杜月笙知道這件事後，託人捎話給吳紹澍，要他收斂點，不要做得太過分，雖說吳開先不是杜氏門人，可是卻與杜月笙有著不淺的交情，是杜門密友，杜月笙幫他也合情合理。

　　杜月笙的這一舉動，無疑讓吳紹澍覺得他是胳膊往外伸。自己是杜月笙的弟子，而吳開先只不過是一個朋友，杜月笙不但不支持自己，還站在了吳開先這邊，這讓他怎麼能吞的下去這口氣。

　　另外，吳紹澍既是上海的副市長，又是上海社會局的局長，在杜月笙不在的這段時間裡，可說是上海灘最炙手可熱的人物。現在，杜月笙回來了，吳紹澍自然擔心自己現在的名譽和地位會被杜月笙取代，加上前仇，吳紹澍自然得要先下手為強了，讓杜月笙知道自己的厲害。

　　想通了這些，杜月笙心中也好受了些，畢竟自己還是有薄待吳紹澍的。而且，同為杜氏門人，內鬥起來，難免會讓外人笑話。

　　有一次，顧嘉棠告訴杜月笙「對啊！徒弟！他是你的徒

弟，你把他的拜師貼找出來，我去找他。既然是你的徒弟，拜師貼上又寫著『永遵訓誨』，那現在又算是怎麼回事？」

杜月笙覺得這個方法可行，既不會把事情鬧大，也會讓吳紹澍有所反省，師傅教訓徒弟，總是無可厚非的。

於是，杜月笙立刻就命手下去華格臬路的杜公館，打開存放拜師貼的保險箱，找出吳紹澍的拜師貼。可是這一包包的大紅帖子拿來了，卻怎麼也找不到吳紹澍的那張拜師貼。

杜月笙不禁奇怪，怎麼不見了呢？怎麼就單單少了他的呢？

顧嘉棠在一旁早就猜出了原因，他氣得大罵：「肯定是那個狗東西買通人把帖子偷出去了！這杜公館裡肯定是出內奸了，你給我三天時間。三天之內，我一定把這個內奸揪出來！」

杜月笙這時也沒什麼好的方案，只能點了點頭。

顧嘉棠抓內奸行動十分迅速的開始了，第二天一早，杜月笙就看到杜公館內人人自危，神情緊張，便立刻叫來顧嘉棠，說不要再查了。

「算了，家醜不可外揚啊，嘉棠，這內奸就不查了。」

顧嘉棠還想再說什麼，但看看杜月笙堅定的表情，只好把話都吞了回去，點點頭答應了。

戴笠的到來成了整件事情的轉捩點。戴笠來到上海後，聽說吳紹澍背叛師門，且氣焰囂張，明裡暗裡地打擊杜月笙。戴笠為此大動肝火，很替杜月笙不平，他準備替杜月笙出了這口惡氣。

吳紹澍四處打壓杜月笙，而杜月笙又不做任何回應，表面看來確實是吳紹澍贏了，可是他忘了上海灘魚龍混雜，

派系林立，從上海開埠以來，還從來沒有人把上海這麼多紛雜的勢力統一起來過。杜月笙在上海打拼了這麼多年，四處結交人緣，早已和上海灘血脈相連，別說今天的吳紹澍還不成氣候，即使吳紹澍現在真的地位無人可及，想要一下子解決杜月笙的全部勢力也是不可能的。杜月笙本人不反擊，他的至交好友戴笠可一直沒閒著，終於，戴笠掌握了吳紹澍貪汙的確鑿證據，吳紹澍也到了作繭自縛的這一天。

不久，重慶的中央電令就下來了，吳紹澍的上海副市長職務被罷免，上海市社會局局長的職務被罷免，由杜月笙的好友吳開先接任。至此，吳紹澍和杜月笙的明爭暗鬥以杜月笙的全面勝出告終。

杜月笙放下了心中的一塊大石頭，他十分感謝戴笠，如果不是戴笠為自己鳴不平，也許今天吳紹澍還在囂張。可是1946年3月17日，報了仇的杜月笙卻接到一個比吳紹澍背叛還嚴重的打擊，戴笠墜機身亡，這極大地影響了他的關係網。

1949年之後，杜月笙似乎有很清醒的預判，在新中國不會有他這種人存活的空間，所以必須遠遠地逃離。黃金榮寫悔過書，去大世界門前掃馬路，然後拍成照片，登到報紙上的時候，杜月笙在香港看到照片，為之流淚。

黃金榮活到86歲，杜卻只活了63歲。有人說杜月笙是「中國第一品大百姓」，杜月笙很愛護羽毛，維護生前身後之聲名，於是一生如戲，而觀戲者就是他自己。他臨死最後一句話是：「好，好，大家有希望。」

◆1949年4月，杜月笙遠赴香港。在香港擔任過新界青山酒店董事、中國航聯保險公司香港分公司董事長，1951年8月16日在香港去世，遺體由家屬於1952年10月葬於台北汐止大尖山下，墓地有蔣介石題字「義節聿昭」，而墓地旁邊則為台北縣秀峰國小

第三部

張嘯林

生性蠻勇的張嘯林則在黃家班中出現得較晚，直到黃金榮被關進何豐林的地牢後，張嘯林才從中斡旋，與杜月笙聯手消解了黃金榮的一場大厄。事後，黃金榮與杜張二人正式結拜為兄弟，三巨頭的結盟，從此誕生。

1

杭州城的霸王

莫欺少年窮

　　張嘯林原名張小林，「張嘯林」這個名字，還是他在後來發跡之後，專門找到當年教自己寫字的先生，杭州人許菩僧，請他為自己改的名字。因為張嘯林生肖屬虎，於是，取名為寅，字嘯林。把小字改為嘯字，有「虎嘯於林」之意，名字也立刻氣派了很多。

　　張嘯林自小家境貧寒，全家都靠父親張全海做木匠掙錢維持生活。對於張嘯林來說，除了偶爾吃不飽飯，日子過得還算逍遙自在。他仗著自己比同年齡孩子高大，力氣也大，和別人打架，從來沒有輸過。這也在他小小的心靈裡產生了一個念頭：你想過得好，就得比別人強大。從那之後，他越來越熱衷用拳頭解決問題。村子裡的小孩都知道，村東有個打架不要命的張嘯林。而他周圍的小孩子，則把張嘯林當成了自己的頭目。

　　十三歲的張嘯林從私塾出來，進入一家機房學習織紡綢。但是沒過多久，他又厭煩了這種給人當學徒，被人呼來喝去的生活，並且經常懷念自己以前逍遙自在的土霸王日子。經過幾天輾轉之後，張嘯林又開始重新走回老路子。他開始偷機房的東西換錢，給自己買酒喝，或者拿去賭。

　　剛開始幾次，沒人察覺。久而久之，機房老闆發現了問題，但礙於他的體格，不敢直接當面對峙，只能告訴他哥

哥張大林。張大林也無法管教這個弟弟，只能賠老闆錢，並再三苦勸張嘯林，才算了結了這件事情。

張嘯林不偷東西，錢不夠花，就又想到了另一個來錢的道──賭博。這麼多年苦練賭技，還是能派上用場的。他賭博贏來的錢，竟然比上工還多。於是，他開始天天賭，上工的時候也經常不在。到最後，索性直接和老闆提出辭職。機房老闆還真是巴不得他立刻從自己眼前消失呢。

於是，張嘯林就這樣瞞著家人離開機房，開始專職的流氓生涯。他整日遊手好閒，結識了一群附近的地痞和混混。每天要吃喝嫖賭，開銷特別大。他便把這身力氣都用在了敲竹槓、勒索、拉皮條以及放高利貸等等的事情上。

拱宸橋附近經常有外地商人往來，張嘯林經常帶著朋友游走於各個酒樓茶館，看到哪個穿著得體且單獨出行的人，就跟著進去酒樓點菜。然後再假裝有急事出去，沒走多遠，又回來了。然後對那人道：「剛才出去太急了，鑰匙落在桌子上忘了拿。」桌上自然沒有鑰匙，於是，他就開始指責正在吃飯的商人拿了自己的鑰匙，威脅要搜包。那些商人無奈，多半是會掏點東西給他們的。

當然，這樣只能撈點小錢，遠遠不夠張嘯林賭博揮霍。為了弄到更多的錢，他也會利用自己的武力幫債主討債，追要印子錢。所謂放印子錢，其實就是放高利貸，債主將錢放給借債人，提前算好利息，借債人按日攤還。放高利貸的人多是當地的惡霸流氓，這些傢伙都像狼一樣，吃人不吐骨頭。他們在老百姓遭遇天災人禍的時候出現假扮善人放債，然後借機敲詐。借貸人到期沒有能力還錢的時候，就要倒楣了。債主會說借貸人有意賴帳，然後派出打手四

處找人。找到之後，如果逼不出錢，就要搶東西搶房子，甚至搶人。而且這些流氓多與官府相勾結，沒人管，也沒人敢管。張嘯林便是充當借貸人的爪牙，混點錢花。

張嘯林就這麼混了幾年，一直到了二十六歲這年，他忽然間發現，周圍的朋友有的已經娶妻生子變安分了，有的已經開始去外地創事業去了。只有他自己空有一身抱負和膽識，卻還在孑然一生地胡混日子。其實，張嘯林也想娶妻生子，但是，他的名聲在拱宸橋已經爛透了，根本沒有哪個好人家會把自己閨女嫁給他。當他開始認真審視自己的時候，才發現，自己除了一個多病的母親，和一個爛名聲外，竟然什麼都沒有。

正在張嘯林意志消沉的時候，他看到了街上貼的報考武備學堂的告示，知道機會來了。所謂武備學堂，是光緒十年（1884年），李鴻章鑑於海防日亟，想要效法歐洲陸軍最強盛之德國，訓練新型的軍隊。於是奏請皇上，在天津開設了第一所武備學堂，挑選軍隊中士兵數十人入學，教以新的軍事學術，為訓練新軍儲備人才。張嘯林對武備學堂有所瞭解，他想：自己如果考進武備學堂，就是仕途的開始，將來定能功成名就。想到此，他立刻高興地跑回家，向母親說明瞭想法。

母親聽說兒子要走回正道，心裡非常激動。還專門做了一桌菜，難得一家人吃個團圓飯。

張嘯林在臨出門之前立誓，自己一定要混出個名堂回來見母親，見見拱宸橋的鄉人。

◆武備學堂是清末的陸軍學校。最早的天津武備學堂是李鴻
章在洋務運動中創立的。它首開了近代陸軍教育的先河,
引起了中國武舉制度的廢除。它所培養的學生,大多成了
清末時期新軍編練的骨幹和北洋軍閥集團的重要成員,對
民初軍人專政局面的出現產生了一定的影響。張嘯林考取
的武備學堂是光緒二十三年(1897年)四月,由浙江巡撫
廖壽豐創辦的浙江武備學堂

　　張嘯林獨自一人踏上報考之路,這次出去也是他改變一
生命運的開始。在路上,張嘯林遇到了同樣去報考武備學
堂的,也是未來日子成為其至交好友,並且在危機之時屢
次伸出援手的張載陽。第一次見面,張嘯林就救了張載陽
一命。

　　因為張載陽可算是改變張嘯林命運的關鍵，這裡仔細介紹一下：張載陽，字春曦，號暗初，原是新昌梅渚鎮人。相貌出眾，身材偉岸，幼年隨父業農，清光緒二十四年（1898年）春，考入浙江武備學堂，二十七年以正科第二名畢業，歷任浙江常備軍及新軍多項官職。

　　辛亥革命光復杭州時，張載陽駐守鎮海，後授陸軍少將銜，並兼杭州警備司令。1912年9月任浙軍第二十五師五十旅旅長兼杭州警備司令，授陸軍少將。後任浙江省省長，翌年授陸軍上將。任內十分關心和重視地方公益和慈善事業，興建公路及學校。

　　張載陽也是當年一個人帶著全家人的希望獨身來到杭州城。他還是第一次坐船，心裡充滿興奮，尤其是剛從小地方過來，看什麼都新鮮。船到杭州，張載陽一手拎一只藤條筐，一手提個鋪蓋捲兒，從南星橋碼頭上岸。沒想到這裡這麼熱鬧、嘈雜，而且人口稠密。他背著大包小包費盡九牛二虎之力，才從一堆車夫和旅店拉客的人群中突圍出來。他對這裡人生地不熟，也辦不出方向。張載陽打算先找個地方歇腳，喝口水順便打聽一下路。

　　於是他沿著碼頭往前走，看見一個簡陋的茶鋪，立刻趕過去，發現門外也擺著幾條長椅，於是坐下計劃下一步行程。他才算歇過來，準備繼續趕路。誰知，伸手摸箱子，卻恰好摸到一隻大腳。抬眼看去，一雙滿是灰塵和油漬的布鞋正蹬在自己的箱子上。

　　張載陽有點不高興地說道：「先生，麻煩您挪一挪腳吧，您踩到我的箱子了。」

　　誰知他這樣一說，對方的腳非但沒有離開，反倒更加放

肆地踏上箱子中間，還發狠地撐了一下。張載陽打量對方，發現對方也在打量自己。很顯然，那群面帶不屑的人來者不善，很可能是一群混混，而碼頭附近的混混多半靠訛詐外地遊人為生。

張載陽恰好是他們挑釁的對象，想躲都躲不開。他雖然沒怎麼出過門，但基本的人情世故還是知道的，於是面帶笑容地對那個人說道：「勞駕一下，先生。我現在要趕路了。」

那混混一看對方就知道是外地人，正好開張。於是，把腳躲開，在張載陽伸手之前，把箱子直接提在手中，道：「外地來的吧，給我們兩塊龍洋，我們幫你搬箱子。」那混混朝旁邊一努嘴，旁邊立刻有人衝上來把張載陽的行李搶過來扛在肩上。

「如果不給錢，就別想要箱子和行李！」

張載陽其實早已忍不住了，他在家鄉算是小有名氣，混得開的，哪裡受過這種氣。心想，這要是在家鄉他恐怕已經把對方打得滿地找牙了。不過現在是人生地不熟的杭州，擔心一時衝動，自己吃虧。

怎奈此刻卻是忍耐不住，抬腿就是一腳，直接將為首的混混踢倒在地。旁邊幾個人看見自己大哥吃了虧，立刻蜂擁而上，將張載陽圍在中間，有眼疾手快的，還從旁邊拿了根棍子過來。頃刻間，幾個人打成一團。剛開始的時候，幾個周邊的人根本無法近身，但很快的，張載陽便寡不敵眾，感覺體力不支。他知道不能久戰，但又不能扔下自己的東西逃走。

就在這時，一個壯漢忽然跳進來，三拳兩腳將兩個混混

放倒在地。另外幾個人還沒反應過來的時候，這人又將為首的混混舉起來直接扔出去了。其他混混知道遇到厲害的主了，立刻扔掉棍子，扶著受傷的夥伴落荒而逃。

那個壯漢就是張嘯林，他本來趕路口渴，坐在這家茶館喝茶，剛才的一幕都看在眼裡。如果張載陽繼續低頭，或者求饒，他是絕對不會搭理。但看到對方開始反抗，他也忽然熱血起來。大概兩個人的氣場太相近，張嘯林忽然就想結交這個朋友。事實證明，這次的出手搭救，真的讓兩人成為了摯友。

打走那幾個混混，張載陽也非常高興，一定要請張嘯林吃飯算是報答對方的救命之恩。兩人找了一家小酒店，點幾個菜，要了壺酒。幾杯酒下肚，兩人開始聊天時才發現，雙方來杭州的目的是一樣的，都是要報考武備學堂。經過這一層，兩人關係更近一步。酒足飯飽之後，二人結伴上路，一路上再也沒有遇到麻煩。等到了考場之後，才發現，這報考武備學堂的大多是官員子弟和士紳子弟。於是，兩人對考試更是謹慎對待。最終，不僅雙雙考進，還住進了同一個宿舍。

就這樣，張嘯林開始了他的武備學堂生涯。晚期的武備學堂也確實培養了一大批具備近代軍事和文化知識的軍事人才。在那裡，每天上午學武科，下午學文科，管理完全是軍事化的。不僅紀律嚴明，而且還有各種規矩束縛，尤其是「十不」：不准抽煙、不准酗酒、不准賭博、不准找女人……如果犯了規矩，輕者受罰，重者直接開除。

剛開始的一段時間，張嘯林很守規矩，和那些學員們一起出操，讀書。他憑著那股子聰明勁，成績還算不錯。而

且身邊還有個張載陽，辦事認真，對這個好友也有著約束作用。他尤其喜歡武術課和洋槍課，因他本身身強體壯，底子就好，每次和人比試都能把人打趴在地。但是一上文科課，自己就頭痛。總感覺老師雲山霧繞的不知道講些什

麼。張嘯林知道，開始給人留下好印象，以後做壞事也找不到自己身上。他不僅表現得好，還刻意觀察自己的同學，專門結交家世好的同學，其中便有後來對他幫助很大的張載陽、周鳳岐、夏超等人，這幾個人日後將成為浙江軍政界的風雲人物。

◆張載陽，字春曦，號暄初，新昌誠愛鄉張家店村人。出身農家，幼年隨父業農。清光緒二十四年（1898年）考入浙江武備學堂

　但漸漸地，他開始厭倦這種清苦生活，煙酒之類的他沒興趣，但是沒有女人，不能賭博的日子真是難熬。於是，他又開始動歪腦筋。學堂的學員多，每次出操的時候，他都會想躲在隊伍後面偷偷逃開，出去之後先找個地方賭幾把。

　一段時間之後，張嘯林又幹起了老本行，不過這次不是

再和小混混們混，而是跟著朝廷混。他開始與杭州的一些官府衙役勾搭，偷運煙土，設賭局騙錢等等。

因為他身體強壯武功高，而且為人仗義，深得衙門那些人的喜歡。張嘯林之所以願意為這群一毛不拔的人做事，主要也是為自己考慮。他還沒有忘記自己的野心，想要依託官府，抬高自己的身價。

俗話說，吃人嘴軟，自己先把好處給足，萬一將來有事相求，對方肯定不好意思拒絕。而且，這些都是有權有錢的人，將來一定用得上。

自從和官府牽上線之後，張嘯林忽然感覺這個學堂上不上都無所謂。於是，更加肆無忌憚地蹺課、逃寢。只要一得空，就出去賭博，玩女人。這也算是為他後來在上海開妓院和賭坊打下基礎了。

就這樣，張嘯林逍遙了一段時間，而且越來越過分，終於激怒了學堂教官。以前，張載陽等人經常要幫張嘯林圓謊，兜著事情。一次，張嘯林出去喝酒嫖妓，直接被教官堵在門口。

處罰不可避免，張嘯林在接受了一頓訓斥之後，忽然產生了一個想法：退學。他在宿舍裡把學堂的各項規矩輪番罵了一遍，無外乎是不合理，不人道，無法忍受。之後又開始發火，找東西發洩。

最後，張嘯林想想，與其在這當和尚浪費幾年時光，不如直接找官府的熟人，想辦法混個一官半職。這樣，既能當官耀祖，又可以過自由自在的生活。

他把這個想法和好朋友張載陽一說，對方連番苦勸，畢竟考上非常不容易。但是，張嘯林是鐵了心地想走，於是

又在宿舍裡問一問平常玩的較好的幾個人，有沒有人願意
和他一起出去。平常很爽快義氣的幾個人，一聽這話都紛
紛搖頭。張嘯林心裡明白，幾個人各有各的想法，也沒打
算強求。

於是對最好的朋友張載陽和周鳳岐說：「你們留下來
吧，這裡是當官的門檻，將來說不準哪天就發達了，當大
官了。到時候，別忘了還有我這麼一個兄弟就成。將來，
我或許還有仰仗諸位的地方。我是肯定要走，明天早晨就
離開這裡。我的這些生活用品，你們看用得到什麼就拿去
吧。」當天晚上，幾個好兄弟聊了一夜，甚至把以後的路
子都給定下了。

茶樓中的下九流

　　張嘯林只在浙江武備學堂混了兩年，就出來了。離開學堂之後，想就這麼回家太丟人。當然，他也不敢回家。雖然他這人吃喝嫖賭、敲詐勒索、欺壓良善無所不作，但是再惡的人也有一善，張嘯林這一善就表現在孝順上，他也有點害怕看到母親失望的神情。於是，考慮了一下，決定先去跟著自己以前認識的杭州衙門的領班李休堂。先別管權利多大，跟著朝廷做事，將來或許能某個一官半職。

　　這李休堂也是慈溪人，和張嘯林這個學生有過幾次交往，兩人也相談甚歡。於是，離開學堂的第二天，張嘯林便提著水果點心來到李休堂的住處。李休堂看見來訪的人，立刻熱情地接待，張嘯林一看對方的態度熱情，表現得更加殷切。直接說明自己已經從武備學堂退學，希望能投靠李休堂，在手底下做事。

　　李休堂知道武備學堂出來的學生前途無量，許多官宦家的子弟，想進都不一定能擠進去，奇怪地問道：「你要是在那畢業了，一定能比我混得好，怎麼連官都不想幹了？」

　　張嘯林露出一個不好意思的笑容，表示：「官是肯定想當，但是吃不了這份苦啊。現在就是希望能為李爺效力，混口飯吃。」

　　李休堂身邊正好缺個得力的人，他也看出張嘯林是個好

苗子，有意培養，於是滿口答應下來。張嘯林一看李休堂點頭，直接跪在地上連磕三個響頭，連稱師傅。李休堂一想：得了，這下想反悔都不行了。

從這之後，張嘯林就在李休堂手下做事，多半是跑腿的活。不過畢竟是衙門，老百姓柴米油鹽醬醋茶的事情都要管，還真學到了不少。

直到1906年的除夕。一天，李休堂忽然把張嘯林單獨叫進房間，張嘯林以為有什麼重要的事情要吩咐。不曾想，竟然是李休堂要離開杭州城，調任合肥。李休堂看張嘯林跟了自己這麼久，對自己盡心盡力，平常說話辦事又俐落。所以不管門下一堆人，先問問張嘯林的打算。

張嘯林考慮了很久，想能在這混下去都是因為有李休堂的幫助，平常自己耀武揚威慣了，得罪了附近不少人。李休堂不在，此地肯定不是久留之地。於是，對李休堂表示，自己想回拱宸橋，去照顧老母親。當然，他一直沒忘了自己考武備學堂臨走時發的誓，雖然退學不是什麼光彩的事情，但是自己好歹能在李休堂這某個一官半職，也算可以揚威了。

第二天，張嘯林在拜別李休堂的時候，並沒有直接離開，而是求他給個前途。李休堂立刻明白，且這個弟子自己還是喜歡的，於是拿過紙筆寫了一封信交給他。

就這樣，張嘯林帶著一包銀子和一封推薦信重新回到老家。但就在他回去的同時，清政府頒布了《城鎮鄉地方自治章程》。這個章程一下，官員們都在為自己的前途堪憂，不敢怠慢，四處奔波，拉攏民心，張嘯林的推薦信立刻成為廢紙一張，雖然當官謀職的願望沒實現，但是自己還有

一包銀子。於是，他把一部分銀子留給母親家用，自己則考慮在拱宸橋一帶開個茶館。

茶館本身就是個小社會，光怪陸離，且光顧的顧客也是各行各業都有。這也正是張嘯林開茶館的目的，利用茶館拉攏三教九流。張嘯林本身根本不懂附庸風雅，對茶葉也一竅不通。他不過是借這個茶館拉攏勢力，繼續自己的流氓事業。

當然，張嘯林在茶樓開起來之前，也提前做了打算，如果等級開的太高，這的商賈巨富比較少，恐怕招攬不來生意。如果等級開得太低，來得大都是窮人，對自己沒有任何用途。

於是，張嘯林的茶館從外觀上看雖然是上等茶館的派頭，但是客人的定位卻是三教九流之中的下九流。早年在武備學堂兩年和他充當李修堂的跑腿時修練出來的為人處世方法，以及他在拱宸橋的原來名聲。他的茶館很快就成了供各個幫會聚集接頭的地點，自然也熱鬧起來。

張嘯林這個人喜歡熱鬧，有人吵鬧才證明有人氣。他每天穿著乾淨的褂子，拿壺茶水坐在角落裡飲茶，真真擺出一副茶館老闆的派頭來。當然，他主要的目的還是為了觀察，觀察客人，尋找機會。店裡的這種氣氛，正經客人自然是不敢去的，來的都是張嘯林需要的人。

張嘯林看時機差不多了，便開始在茶館裡設賭局，從中抽成。為了讓來的人玩得痛快，他還會替賭脫了底的人墊付銅鈿，免費為他們叫堂差，讓妓女來陪他們賭牌、喝酒。借助這些娛樂方式，很快他的茶館便成了遠近聞名的賭窩。著實吸引了杭州城不少的小混混，再加上張老闆為人慷慨

◆舊社會時聚集在茶館的黑幫人員

　　張嘯林的茶館也成了拱宸橋一帶混混們的根據地，他們聚集在這賭博、敲詐。張嘯林看著投靠自己的人越來越多，只當自己真的成了拱宸橋一帶的老大，卻忘了這個地界原來的老大。

　　這附近原來有個外號「西湖珍寶」的混混，此人比張嘯林出道要早，一直是拱宸橋附近公認的老大，在這裡開了一家大賭坊。

　　原來的賭坊生意非常好，是附近賭徒流氓的據點。可是，最近一段時間生意越來越差，每天進賭坊的人還不如原來的一半多。於是，他便派出人去打聽，就打聽到張嘯林的頭上。

　　張嘯林當時正因為生意蒸蒸日上而沾沾自喜，所以當他看到一群手持棍棒的人衝進來的時候，也有點糊塗。等反應過來的時候，那群人已經把茶館砸的亂七八糟。不相關的人已經跑的一乾二淨，只剩下平時幾個要好的兄弟。

　　張嘯林畢竟也做了一段時間的生意，覺得還是要先禮後兵。先問清楚情況：「不知道張某什麼時候得罪過諸位兄弟，還請指點？」

　　「少來那麼多廢話，你就是張嘯林？」為首的漢子揮起手中的棍子，直接砸在身邊已經掀翻了的茶桌上，「碰」一聲脆響，桌子徹底裂成幾塊。

　　「我是張嘯林，不知道幾位是……」張嘯林邊說話，邊斜著眼睛尋找可用的武器。他一看對方那身打扮就知道是職業打手，久經沙場，而且人多勢眾。自己這些弟兄平日裡跟著他耀武揚威說狠話沒什麼問題，但真要動起手來，根本不是對手。

　　「今天爺幾個打的就是你，兄弟們一起上。」說著，對面一群人紛紛舉著武器衝了過來，目標正是張嘯林。

　　張嘯林兩手空空，想逃跑，前門已經被人堵死，最後只能硬著頭皮往上衝。這場實力懸殊的戰鬥持續了只一盞茶的功夫，就已經決出勝負了。張嘯林身邊不少兄弟已經被打倒在地，渾身是血。

　　有骨頭軟的兄弟，已經趴在地上往外爬，茶館門口的人並沒有阻攔。張嘯林縱是人高馬大，身手敏捷，怎奈雙拳難第四手。正在這時，他身後忽然衝出兩個平日裡不錯的兄弟，一人舉著一張椅子，架住對面即將落下的棍棒，回頭喊道：「張大哥，快走，這裡兄弟們頂著。」

　　張嘯林哪肯做這種沒義氣的事情，回身就要找武器。一隻手已經抓住他的胳膊，正是最要好的兄弟李彌子。

　　「留得青山在，不愁沒柴燒。我們今天這虧是吃定了，先保住命以後再報仇。」說著，已經拉起張嘯林跟著前面兩個舉著椅子的兄弟，逃出戰場。他們暫時躲在李彌子的家中。張嘯林身上挨了幾棍子，只能老老實實地躺在床上休息。

立威杭州城

　　張嘯林在武備學堂結識的好友張載陽自浙江武備學堂畢業了，被安排到富陽縣當了一名小吏。臨行之前，過來見見好朋友。張嘯林對這個兄弟一直放在心上，特意為他準備了一桌酒菜餞行。

　　兩個人邊吃邊聊，聊起最近的營生。張載陽也想給朋友提供一條掙錢的道，順便自己也可以從中撈一筆，就把販土煙賺錢方法講給他聽。

　　張嘯林對這個行當不太瞭解，張載陽的話也為他打開了另一個世界的窗了。就算什麼都不懂，也能聽出其中的好處。張嘯林與張載陽準備試試，兩人說好，張嘯林負責搞土，張載陽負責銷。但是，上哪兒去弄土呢？

　　而且兩個人不是正經的煙商，不可能結成「煙幫」，也沒錢沒實力找些和官府有關係人幫忙。更不可能聯繫到洋人，幫自己弄土。最後，他們決定由張嘯林出面，想辦法搶劫一些過來。這搶土也不是一件容易事情，還需要考察地形，需要摸清煙土商的底細。張嘯林從那天吃完飯之後，就開始行動，先從當地的大煙館開始調查起，摸摸煙館「土」的路子。

　　張嘯林透過人打聽到城裡幾家比較大的煙館，自己還親自過去調查。他到了地方才發現，許多街上，每條街都有

幾家煙館。除了煙館專做出售熟膏（生煙土煮成）的生意外，其他很多行業都兼做這種生意。比較大的煙館裡，甚至還提供洗澡甚至嫖娼的場所，這次出來也算是開了眼界，自己錯過了多少掙錢的道。

小煙館他也進去過，環境不如大煙館，但是生意似乎更好，門內宛如菜場早市，而且烏煙瘴氣。一間大屋子裡陳列著幾張床榻，但見榻上之人皆是面帶喜色，神情逍遙，逼得張嘯林也想嘗嘗這聞起來特別嗆人的東西究竟有什麼好，當然他也真的嘗試了。但他享受了幾次，發現自己享受不來。比起煙土，旁邊伺候的妞對自己的吸引力更大一點。

◆清末上海大煙館中兩位正在吸食大煙的人

經過一個月的打探，搶劫煙土這事終於有點眉目了。在打探到有一批貨要到杭州城之後，張嘯林提前和張載陽打

了招呼，自己帶著人費了九牛二虎之力，終於劫到了兩箱。

　　他提心吊膽的把兩箱土藏在久沒人住的家裡，盼著張載陽快接走，好轉手銷售換錢。畢竟，能開煙館的人，都不是好惹的主，自己暫時還沒有能力與他們抗衡。這件事，越少人知道越好。那段時間，張嘯林幾乎夜夜睡不著覺，白天出門前都要先環顧四周探探動靜才敢出門。平生，還是第一次這麼窩囊。他緊張兮兮的樣子，也引來了他老婆的注意。尤其，平常每晚睡得跟死豬一樣的人，現在居然連黑眼圈都出來了。

　　誰知，越不想讓人知道，越是藏不住。張嘯林能在「西湖珍寶」身邊安插沿線，「西湖珍寶」自然也能以其人之道還治其人之身。所以，當「西湖珍寶」得到張嘯林手中有兩箱土的時候，也動心了。但是，他畢竟是老江湖，知道什麼是自己該得的，什麼是自己不能碰的。於是，他想了個一石二鳥的方法，既能報了當初挨打的仇，又能從中得到好處。

　　於是，「西湖珍寶」當天晚上就去湧金門請自己的靠山錢彪吃飯，酒桌上幾杯下肚。「西湖珍寶」就順勢說出張嘯林弄了兩箱土，估計能弄個好價錢。錢彪所有注意力都在「兩箱煙土」和「好價錢」上了，畢竟，販賣煙土，他已經是老手了，自然知道其中的好處。待「西湖珍寶」說完，立刻招呼手下打算連夜去搶。

　　張嘯林當時正在茶館料理生意，就見手下一個兄弟慌慌張張的跑進來，告訴他，湧金門的錢彪到他家搶走了那兩箱土。

　　張嘯林得知這一消息後，立刻調遣兄弟們跟著他去找錢

彪。結果在西湖岸邊，兩條惡虎發生了一場惡鬥，他們從碼頭打到街道，從一條街鬥到另一條街，刀槍棍棒能用上的都用上了。周圍臨街做生意的人紛紛閉戶躲在家裡不敢出來，有些好事的乾脆躲到房頂上看戲。張嘯林和錢彪都有不同程度的受傷，手下也傷亡慘重。

本來，錢彪以為張嘯林不過是小嘍嘍，多帶點人嚇唬一下就沒事了。誰知道碰到的竟是個不要命的人，縱使自己帶了比他多一倍的人。最後，張嘯林負傷逃走。

張嘯林在養傷期間一直在思考怎樣對付錢彪。其間，李彌子打聽到張嘯林老婆的下落，被錢彪劫走關在一個小院裡。張嘯林看自己以前的兄弟，傷的傷，散的散，也沒有什麼實力硬碰硬。所以，他一直沒有露面，還是由李彌子按照計劃出面行動。

原來婁麗琴被錢彪擄走之後，一直被關在碼頭的一棟房子裡，周圍有不少人看守。婁麗琴在經過最初的反抗和折磨之後，開始學聰明了。她變得溫柔體貼，每次都把錢彪伺候的舒舒服服的。

一次，婁麗琴趁錢彪睡熟了，從地上撿起錢彪脫下來的衣褲，把他捆了個結實，又用襪子塞住錢彪的嘴巴。才從枕頭下掏出剪刀，剪下了他的那玩意兒。錢彪痛得嗷嗷直叫，卻發不出什麼聲音。

婁麗琴總算報了仇，偷偷逃出關押自己的地方。她最終找到張嘯林，把這中間的經過講了一遍給張嘯林聽。張嘯林對婁麗琴沒有殺死錢彪有點不滿，卻又無法指責，只能先摟著她睡下了，然後明天再從長計議。

雖然老婆放了錢彪一命，但是自己絕對不能放過他。

第二天，張嘯林公開露面，到茶館聯繫所有能用的兄弟。張嘯林對兄弟一向義氣大方，經過一上午的號召，茶館裡擠滿了人。張嘯林把銀子發給兄弟們，就帶著他們襲擊了錢彪的湧金門老窩。

錢彪昨晚已經被兩個貼身的手下救走了，他們看自己老大血流不止、昏迷不醒知道大勢已去，當夜便坐船逃走了。所以，今天這一役，錢彪手下的人打了一會兒，不見老大出現，便相信了張嘯林說的錢彪已死的話，許多人逃走了，也有一些直接歸順。張嘯林本來打算以牙還牙，結果沒抓到錢彪老婆，只找到了錢彪的女兒，帶了回去。

在搗毀錢彪老窩之後，張嘯林立刻擺了一百桌酒席，慶賀自己的重生和勝利。他把之前幫過自己的黑道上兄弟都請了過來。就這樣，張嘯林不再只是拱宸橋的老大，而是成了整個杭州城的霸主。

2

上海，冒險者的天堂

拳打日本人

　　自從把錢彪和「西湖珍寶」的勢力剷除之後，現在張嘯林在整個杭州城是無人不知無人不曉。經過這件事之後，附近的混混也不敢上門找事。

　　張嘯林的安穩日子沒過多久，因為一件事情，又一次讓他名動杭州城。

　　那年，曾任清政府武英殿大學士、軍機大臣的王文韶病逝。王家在當時可說是有錢有權，所以這個葬禮辦的轟動一時。所有水陸道場全都做齊了，最後出殯的時候隊伍長達數里。中間專門有一支灘簧的隊伍，因為陳效岐在當時已經小有名氣，所以由他帶隊，跟著送葬的隊伍。張嘯林沒什麼事情，也去湊個熱鬧，還能賺一份錢。

　　隊伍走到熱鬧的清河坊的時候，周圍圍觀的群眾越來越多。這裡是商業區，還是日租界，許多日本人也混在其中圍觀。人多熱鬧，小孩子們自然不會放過湊熱鬧的機會，在送葬的隊伍裡跑來跑去。張嘯林也喜歡熱鬧，他把所有注意力都集中在周圍人群身上了，不小心，撞到了一個孩子。小孩子直接摔倒在地，哇哇大哭起來。

　　張嘯林也沒當回事，繼續往前走，誰知卻被幾個人攔住了退路。其中一個操著生硬的口音趾高氣揚地對張嘯林說：「喂，你撞到了我的小孩，就想這麼一走了之？」

現在，在杭州城裡還沒有幾個人敢用這種態度和張嘯林說話。所以這話一出，張嘯林也愣了一下，隨即從對方口音和穿戴判斷出，自己撞到的是個日本小孩。他滿不在乎地說：「你小孩是麵捏的，還是紙糊的？撞倒了爬起來不就結了，又沒磕著沒碰著。何況，明知道這人多，還不看好自己孩子，到處亂跑。」

那個日本人更生氣了，對旁邊一個年輕的日本人用日本話說了幾句，那個年輕人立刻點頭跑出人群。日本人轉頭對張嘯林說道：「這裡是日本租界，你撞倒了我們日本小孩，要賠禮道歉，還要賠償。」張嘯林顯然第一次聽說撞倒了小孩還要賠償的，心想：「媽的，本來以為我張嘯林就夠黑、夠無賴的，沒想到這小日本比我還黑，難怪現在能欺負到我們頭上來。」

就在張嘯林與那個日本人僵持不下的時候，一大群人熙熙攘攘地推開兩邊圍觀的路人，將送葬隊伍攔下。那個日本人見自己人已經到了，更肆無忌憚地走到隊伍的最前面，要求王府賠償銀子，否則就不放行。出殯受阻本來就是對死者的不敬，送葬的人為了死者安寧，一直忍著沒發作。張嘯林為了尊重死者，也不想在今天多惹事端。孰料，那些日本人把忍耐當成軟弱退讓，為了要讓王府的人賠償並且道歉，竟然去敲打棺木。

死者為大，這是中國人都懂的道理。見狀，不只送葬隊伍中的人表示不滿，連周圍圍觀的人也感覺過分。張嘯林本不是善荐，現在更是忍耐不住，拳頭捏的卡卡作響。

他的一聲令下，頓時激發了喪葬隊伍已經忍了很久的人

們。他們看有人帶頭，立刻扔下手中的輓幛、輓聯和冥幣，
那些吹吹打打的藝人也都義憤填膺地直接拿手中的樂器當
武器向日本人圍攏過來，張嘯林衝在最前面，先把剛才對

他耀武揚威的日本人一拳打倒在地。那個日本人捂著被打出血的眼睛，帶著滿臉不可思議，大聲用生硬的中國話喊道：「你們好大的膽子，敢打我。這裡是日本租界，我們是受保護的。」他這番話讓張嘯林更加憤怒，直接抓著衣領將那個日本人提起來。

◆王文韶（中），清末大臣。字夑石，號耕娛，浙江杭州
人。咸豐二年進士，權戶部主事，同治年間任湖南巡撫，
光緒年間權兵部侍郎，直軍機，後任雲貴總督，擢直隸總
督兼北洋大臣，奏設北洋大學堂、山海關北洋鐵路官學堂
等，旋以戶部尚書協辦大學士，官至政務大臣、武英殿大
學士

　　「媽的，老子打的就是你們這些王八蛋。」張嘯林那副兇狠的模樣，當下就把手上的日本人給嚇住了，氣焰也弱了幾分。身後一群人也和那群日本人對峙著，除了張嘯林的幾個手下，剩下很多人都是臨時雇來的普通百姓，根本沒有什麼戰鬥力，但是人多勢眾，很快的，那群日本人一邊嘰哩呱啦的說一堆他們聽不懂的話，一邊灰頭土臉地從兩邊圍觀群眾那裡找空擋逃走了。

　　四周先是幾個人大聲叫好，接著是一群人鼓掌，以前在他們眼中的流氓惡棍張嘯林，現在儼然變成了英雄。打跑日本人之後，送葬隊伍繼續吹吹打打地上路。等到出殯的事情處理完，張嘯林在一票兄弟和送葬隊伍中三教九流朋友們的簇擁之下，先找了個飯館大喝一頓。回來又路過清河坊的時候，他想起上午的事情了，一股惡火攻上心頭。回頭說道：「兄弟們，這些日本人太不是東西了，欺負人敢欺負到我們頭上。不給他們點教訓，還以為我們好欺負不成。」

　　「是啊，真不是個東西，就應該好好教訓他們一頓。」有不怕事的兄弟立刻附和。

　　「你們願不願意和我一起，把那些日本人的店給砸了，讓他們長長記性。」

　　這些人本來喝的就多，此刻酒勁伴著上午的怒氣一起湧上來，紛紛附和。一群人把附近能幫上忙的人都叫了過來，準備好棍棒等傢伙。在張嘯林的帶領之下，衝到清河坊見到門口招牌和幌子上有日本字的就進去亂砸一通。這些人本來都是杭州城的混混，打架、砸店都很在行，進店專門挑好東西破壞。不一會兒，就把這附近所有的日本商鋪砸

遍。之後，一群人回家睡覺去了。

第二天早晨，張嘯林在睡夢中被人搖醒。來人告訴張嘯林說「剛才官府來人報信，說日本人把你們給告了，一會兒官府就來拿人。」

張嘯林聽了根本不當一回事，倒頭繼續睡。反正官府裡的人平時沒少從他那得好處，何況還有李休堂罩著。沒想到，以前打架都是內部事情，官府也都睜一隻眼閉一隻眼，這次的事件已經上升為外交事件。日本人一直對杭州府施壓，要求嚴辦張嘯林，並要賠償全部損失。

等到官府的人進來張嘯林家裡，他才有點著急，慌忙把李彌子和陳效岐找過來商量對策。

幾個人商量一下，陳效岐勸他先離開杭州城一段時間，等避過這陣子再回來。張嘯林想到自己辛辛苦苦才在杭州城打下的江山，自己現在走了，說不定便宜了哪個。但是，也沒有其他的辦法，只好收拾一下行李逃出杭州城。

沒過多久武昌起義爆發，杭州光復了。張嘯林雖然對這些革命的事情不瞭解，但是他知道自己重返杭州城的機會來了。於是，立刻派人去杭州府打聽自己的案子。回來的人表示，現在杭州城鬧革命，一片混亂。別說你的小案子，就算是殺人放火也沒人願意管了。張嘯林一聽這話，又帶著他那包還沒怎麼動到的錢光明正大地回到杭州城。

初到上海灘

　　張嘯林第一次與青幫扯上關係是透過季雲卿，這個上海青幫的大流氓。季雲卿生於清同治七年，無錫縣石塘灣人。早年學做銀匠，後開設茶館、戲院。去上海之後，拜青幫「大」字輩頭目曹勸珊為「老頭子」，成為青幫「通」字輩大流氓，是黃金榮的拜把兄弟，季雲卿在上海和無錫兩地開「香堂」，廣收徒子徒孫，招攬了一大批政客、黨棍、劣紳、兵痞、流氓等。

　　當時，季雲卿來杭州，邀請戲曲界的名角去上海演出。陳效岐自然在這個名角名單之內，張嘯林便借著陳效岐的光認識了季雲卿。張嘯林說話為人都深得季雲卿喜歡，兩人交談甚歡。季雲卿在杭州的一段時間，張嘯林經常請他吃飯，看戲，照顧得非常周到。季雲卿有意提拔，希望張嘯林去上海施展拳腳。張嘯林當時只是一聽，沒當回事，誰知這話讓張嘯林在杭州殺人之後，真的引領他去了上海，並且闖出一番新天地。

　　那天，張嘯林朋友結婚，多喝了幾杯。一直到後半夜，才在幾個手下的攙扶下搖搖晃晃的回家了。半路上，張嘯林聽見打鬥的聲音，於是停下來準備看熱鬧。卻發現幾個人正把一個人按在地上，以多欺少一向是他最不喜歡的打架方法，於是大聲喝道：「都住手。」

　　對面幾個人真的被他喝住了，紛紛停下手，一看是幾個醉漢。回道：「哪來的醉漢，少在這兒多管閒事。」

　　張嘯林一聽這話，來了精神，掙開手下的攙扶，二話不說，直接動手。一拳把剛才說話的那人門牙打落在地，面帶譏諷地說道：「今天這閒事你張爺爺管定了，識相的就趕快混。」

　　對方也不是省油的燈，起身還手，兩方人馬在夜色中打起來。張嘯林本來喝的就多，趁著酒勁，越打越過癮。誰料，天黑混亂，他一腳踢過去，正中一人的要害，那人慘叫一聲摔倒在地後就再也沒有爬起來。他的同夥上前去扶，感覺不對勁兒，一探鼻息，發現人已經喪命了。當即大叫，周圍所有人都慌了神。

　　這是張嘯林第一次殺人，他聽見對方大叫，酒也醒了大半。知道自己已經釀下大禍，他慌忙帶著手下逃回家中。張嘯林自從回家之後就一直魂不守舍，老婆和他說話也心不在焉，一聽外面有動靜，就開始一陣陣地出冷汗。婁麗琴第一次看到丈夫這麼慌神，再三追問，終於問出原因。婁麗琴嚇得差點叫出來，這殺人償命，可是砍頭的大罪啊，夫妻兩個一夜都沒睡。

　　熬到第二天早晨，張嘯林還是決定出去避一下難，等到風頭過了再回來。張嘯林第一個便想到了季雲卿，於是，馬上透過相熟的人帶信給遠在上海的季雲卿。信上說自己有命案在身，想去上海避難。同時，也表達了自己想去上海為季雲卿效力，闖蕩一番的決心。1921年，張嘯林收拾好東西，離開杭州城奔赴上海。

　　話說張嘯林在去上海之前，滿心希望地以為能借季雲卿

的勢力在十里洋場闖出一番事業。誰知道,到了上海灘之後,季雲卿把張嘯林安排在一家賭場做頂腳。何謂頂腳呢?當時上海賭場分為四個階層:最高一級為先生,專門負責監督賭場和管理出入錢財;次一級的為上手,負責當賭場主體,握有抓攤大權;再下一級的為快手,專門負責指揮賭場的聽差,通風報信的人和傳遞現金入庫;最低級的為頂腳,專門負責跑腿,維護賭場秩序,說白一點就是打雜兼保鏢。張嘯林這份頂腳工作,幹著最累的活拿著最少的工資,還要隨時聽人召喚。不過因為是季雲卿親自帶過來的人,老闆多給他開了些工錢,地位也比一般的頂腳要高,但充其量也只能勉強維持個溫飽。

剛開始的時候,張嘯林還想著以這份工作為基礎往上爬,所以做事特別勤懇賣力。漸漸地,他發現做這種基礎工作的人想翻身太困難,而且自己過慣了逍遙日子,根本無法適應被人呼來喝去。尤其是,這附近有很多妓院,張嘯林天天看那些有錢人進進出出,羨慕得牙癢癢,但是自己的工錢根本不夠找女人。一週之後,他又一次找到季雲卿,談起自己對他安排的這份工的不滿之處。季雲卿一聽,也覺工錢太低,但同時也勸他少安毋躁,先在上海落腳再考慮其他問題。

於是,張嘯林拿著季雲卿的信又返回賭場,工錢漲到三十塊大洋,工作也比以前清閒了許多。有了錢有了閒,張嘯林的目光開始被附近的妓院吸引,這當中,他光顧最多的就是自己賭場附近的香蘭閣。就這樣,他前半夜在賭場看場子,後半夜到妓院找樂子,生活過得也挺愜意。一段時間之後,張嘯林把這附近的妓院都摸熟了,他開始想另

外一個掙錢的道。因為他經常光顧蘭香閣，每次都是派頭
十足，打賞從來不吝嗇，在加上打聽到他和季雲卿的關係。
這讓閣子裡上到老鴇，下到龜公都對他都起了巴結之意。

◆民國時期，上海的煙花巷子

這天,張嘯林天還沒黑就來到香蘭閣,老鴇像平時一樣熱情地迎出來,未見其人先聞其聲:「喲,張爺今天來的真夠早的,我們香棋姑娘這會兒估計還睡著呢。」

張嘯林邊喝著手中的茶,邊笑道:「我今天是專門來找妳的。」

周圍伺候的人一聽,都笑了,同時也識趣的紛紛退出大廳。那老鴇心裡一顫,想莫非他玩膩了姑娘,想尋個刺激要睡自己?但看到張嘯林魁梧的身材和英俊的臉龐,心想這次是老娘占便宜了。

張嘯林在女人堆裡混得時間長了,滿口的甜言蜜語自然用得非常順溜。幾句話就把老鴇哄得開開心心,張嘯林一看時機成熟了,立刻提出自己的要求:「我是巴不得天天來,但是妳也知道,我一個人獨身在上海打拼,日子不好混。要不這樣吧,妳給我在蘭香閣安排個活,既能拿份工錢,又能天天在妳身邊,這樣不就一舉兩得了。」

老鴇心想,這張嘯林身材魁梧,看來身手也不錯,可以留用。何況,他和季雲卿還有一層關係,自己也算有個後台靠山。蘭香閣在這附近只是一家小妓院,能被這位大神看上,也算是造化了。就這樣,張嘯林成了蘭香閣的「抱台腳」,每個月拿二十塊錢大洋。一般妓院有兩種差事,一種稱為抱台腳,說白了就是維護妓院安全及秩序的打手,常在發生糾紛鬥毆時出來調解,維持秩序,也就是上海人口中的「小抖亂」的流氓;另一種叫「坐檯子」,其實就是妓院的皮條客,專門替妓女介紹客人,替客人介紹妓女的人。

杜月笙的生死兄弟

　　有一次，杭州的錫箔商見張嘯林在碼頭上的流氓幫裡有些腳路，就和他商量，為保護每船來貨在碼頭上不受損失，願按來貨所值拿出若干，作為保護費。張嘯林見有大油水可撈，欣然同意。

　　但令張嘯林頭痛的是，杭州錫箔商的商船量大數多，不可能全依靠在他的勢力範圍之內。三思之後，他決定去十六鋪碼頭找人合夥，而當時十六鋪碼頭管事是杜月笙。

　　張嘯林找到杜月笙，如果杜月笙能保證杭州船商來往的安全，他願意讓出一部分保護費。只要有利益，杜月笙什麼都肯幹，何況這送上門來的錢，比起敲詐勒索要來得容易多了，於是欣然同意。

　　張嘯林就這樣結識了杜月笙。兩人商量好了之後，杜月笙就把杭州錫箔商的貨物引到「小浦東」卸貨，從中收取一定的保護費。張嘯林也恪守允諾從沒少給杜月笙一分錢，兩人的關係也漸漸地發展起來了。

　　這件事不久傳到當地大流氓范開泰的耳朵裡。范開泰在青幫幫會中勢力發展很快，當時已是城隍廟董事會成員之一，大部分的人對他都十分奉承，（人稱烏木開泰）。

　　黑道上有句俗話叫做「一碼頭不得有二人占，一山不容二虎。」再說杭州錫箔船商的生意有一部分原本也是在他

保護下的，現在全投到了杜月笙的門下，范開泰自然十分氣憤。

有一次，杜月笙一夥人搶了范開泰一夥的黑道生意，范開泰知道了十分生氣，他糾集手下及其他犯紅眼病的流氓幫派，氣勢洶洶地來到碼頭，明搶明奪杜月笙的貨物。那時的杜月笙是初生之犢不畏虎，帶領同夥衝上去便與他們在碼頭展開了群毆。

這場毆鬥吸引了好幾個幫派的小流氓參加。因為涉及各流氓的切身利益，早把那「有福同享，有難同當」的青幫幫規丟到了腦後。所以，打得十分兇狠，簡直到了有你無我、有我無你的地步。

當時的杜月笙的勢力不及范開泰的五分之一。杜月笙明知寡不敵眾，然而又以躲避為不齒，便硬著頭皮與范開泰較量。結果，范開泰手下爪牙們的鐵棍鐵尺如雨點般打下來，數分鐘後，杜月笙已是體無完膚。那些小嘍囉一看，大事不好，紛紛逃走了。

幸虧杜月笙平時人緣不錯，見他被打成這樣，許多碼頭上的幫內人物出面勸解，要范開泰給他留條性命。那范開泰本來也不敢明裡殺人，故藉此台階帶人揚長而去。留下杜月笙當街橫臥，不能行動如死人一般。

奄奄一息的杜月笙再次從昏迷中醒過來時，發現自己已經躺在床上了，床前坐著的是張嘯林。

杜月笙正是被張嘯林所救。那天，張嘯林閒來無事在碼頭邊閒晃，聽人議論十六鋪流氓為占碼頭廝殺的事，便去湊熱鬧，等到了那裡廝殺已經結束，只見昏死在地上的杜月笙。

◆張嘯林與杜月笙的感情一直很好，兩人都是票友，圖為兩人合做出演《連環套——天霸拜山》時的照片

　　他救杜月笙，不僅是因為此人為他的生意合作夥伴或他們同為青幫兄弟，最主要是出於一種同病相憐之情。這種闖上海灘的艱辛，他張嘯林不知經歷了多少回。故而他冒著生命危險救了杜月笙，一步步把他背回自己的家裡。

　　張嘯林為杜月笙請醫診治，精心調養，用完了自己所有的現錢。這一切張嘯林沒說，杜月笙卻看得清清楚楚。

　　正所謂「大難不死必有後福」，杜月笙從鬼門關走了一遭之後，人也變得謹慎許多。不僅如此，他還開始勸張嘯林收斂一些。而烏木開泰那邊也知道錯怪了杜月笙，開始轉而想辦法要去對付張嘯林。後來，杜月笙拜了黃金榮為師，平步青雲。其實，按照青幫輩分排的話，杜月笙應該喊張嘯林一聲「叔爺」。但因為兩個人是生死之交，自然以兄弟相稱。

　　自從杜月笙離開張嘯林投靠黃金榮之後，張嘯林在碼頭上的行為越來越肆無忌憚。當時上海新開河碼頭建成，十六鋪裡的各個頭目立刻把目光投了過來，紛紛盯著這塊還未經開墾的寶地。張嘯林也提前做好了準備，誰知，新開河碼頭建成之後，哪個勢力都還沒嘗到甜頭，就先被上海稽查部門捷足先登了。

　　當時的上海官匪一家，那些巡警和官吏都是見錢眼開的。甚至還不如流氓，流氓收了錢好歹還負責保護你的貨物安全，而官吏和巡警們只負責收錢不負責保護貨物。

　　稽查部門經常派官吏跑新開河碼頭，以官方保護的名義徵收極高的稽查稅，但實際和張嘯林等人是做著一樣的勾當。

　　道上混的人都明白一個道理，胳膊拗不過大腿，和誰鬥都不能和官家鬥。但當時的張嘯林已經被利益沖昏了頭腦，他更加肆無忌憚，先是利用自己的關係和號召力，教唆商船們不要停泊新開河碼頭，去其他港口卸貨。然後又將他勢力範圍內碼頭港口的保護費調整到稽查部門費用的一半。商家們一聽這個消息，紛紛選擇到舊港口卸貨，才熱鬧起來的新開河碼頭瞬間變成了死港。

　　這些稽查部門的官員也不是省油的燈，立刻開始著手調查是什麼人擋了他們的財路。最後知道是張嘯林從中搞鬼，決定對付張嘯林，殺一儆百，給這些流氓一個教訓。

　　幾天之後，張嘯林去自己剛搶到手的碼頭上巡查，順便聯絡事宜。忽然，看見幾個稽查吏帶著附近的巡警向自己走過來。他心道不妙，今天自己身邊沒跟人，放眼望去，整個碼頭也沒幾個熟悉的人。他慌忙低下頭，匆匆地向前走，打算避開那幾個稽查吏。就在雙方擦身而過的一瞬間，

為首的稽查吏認出了張嘯林，大喊一聲：「是張嘯林，抓住他。」

一聲令下，一群巡警將張嘯林圍在中間拳打腳踢，旁邊有幾個想看熱鬧的，被巡警以執行公務為由推走了。張嘯林倒在地上，雙手護住腦袋，蜷起身體，盡量保護自己的要害處。他知道此刻頑抗只會激起對方更大的暴力慾望，很不明智，索性倒在地上任他們打，心裡卻把招呼在他身上的每一拳每一腳都記下了。

幾個巡警打痛快了，又把張嘯林以妨礙公務的罪名拖進稽查局。之後開始第二輪教訓，這次什麼警棍、皮鞭都招呼上了，張嘯林只覺得再這麼打下去，只怕凶多吉少。這次是逃也無處可逃，求也無處可求。想想自己這號人，季雲卿、黃楚九或者是自己拜的老爺子樊瑾成肯定不會為了自己犯險。

他想到了自己來上海灘之後遇到的所有位高權重之人，唯獨忘了和自己一樣的小輩杜月笙。

張嘯林來上海之前，杜月笙已經在十六鋪混了一段時間，人緣混得很不錯，也結交了幾個知心人。上次張嘯林救下杜月笙，消息傳來後，也讓附近碼頭的人知道他倆的關係非同一般。這次看張嘯林被抓，立刻有人把消息傳給了遠在黃公館的杜月笙。

一直以來，世人對上海灘聞人杜月笙的評價就是會做人，這個本事不是他成名之後的作風，而是在他初闖上海灘就一直使用的手段。

杜月笙知道這是跟官府鬥，一不小心，可能連自己也搭進去了，但是張嘯林是自己的救命恩人，於情於理，這個

忙一定要幫。他先找人多在稽查局附近走動,打聽消息。
然後,和黃公館內的幾個好友商量對策。

最後,杜月笙決定帶幾個身手好的去救人,外面還有張
嘯林和自己的一些兄弟,人手沒問題。到了晚上,幾十個
人分成幾批,在稽查局附近走動。杜月笙偷偷走到窗下,
透過窗子,正好看見張嘯林被人捆的結實,閉著眼睛躺在
地上。

終於熬到將近半夜的時候,杜月笙看時機正好,立刻吹
口哨。幾十個流氓立刻衝進稽查局,在巡警還沒反應過來
的時候,已經被捆綁了扔在地上。

張嘯林睜開眼看到杜月笙的時候,激動的差點落下眼
淚。他本來以為自己此番必死無疑,已經不抱任何希望了,
誰知這個平常根本沒放在眼裡的小兄弟救了自己一命。他
剛要起身,立刻痛的又跌回地上,最後在杜月笙攙扶之下
離開了稽查局。

巧進黃公館

　　張嘯林做碼頭生意，他現在已經混得有頭有臉。做碼頭生意，不用擔驚受怕，日子過的也逍遙。

　　一天范開泰來找張嘯林，開門見山的說道：「張老弟，我也不和你賣關子了。我知道你前段時間也嘗到運土的甜頭了，現在有個合作的機會，一起販運煙土。」

　　張嘯林嘗過煙土的甜頭，也瞭解烏木開泰在碼頭上的勢力和地位，如果能合作，一定可以大賺一筆。當然，他有更深一層次的考慮，自從杜月笙進了黃公館之後，經常給自己帶消息，黃金榮也是做這個生意的，如果能想辦法往這條路上發展，將來或許有機會結識黃金榮。於是，立刻答應了。

　　上海碼頭一直都是各勢力爭奪的肥肉，而煙土販運則是這堆肥肉裡面最肥厚的。張嘯林加入的時候，碼頭煙土販運的競爭已經處於白熱化階段。不僅各黑道勢力紛紛加入，甚至很多官員也參與其中。搶土的勢力越來越大，自然保護費也越收越高，那些人手少的小流氓根本不敢接這個燙手山芋，而那些勢力大，為了不讓這錢流入別人口袋，拼了命地搶。烏木開泰的主要對手叫金廷蓀，張嘯林沒聽過這號人，派人打聽回來，才後悔莫及。但已經收了人家的禮，吃了人家的酒，想反悔也來不及了。

　　金廷蓀，浙江鄞縣人，小名阿三。因為家裡窮，很早就到上海鞋廠當學徒，後開始與流氓為伍，加入青幫。拜了青幫首領王德林為老頭子，後經人引薦，認識黃金榮。

　　他進黃公館之後深受黃金榮信任，被安排在十六鋪一帶販運煙土。這一帶也正是烏木開泰想要的地方，兩方勢力鬥爭，烏木開泰搶了對方不少生意，黃金榮自然不會放過他們。張嘯林知道自己與黃金榮對上了，心裡也開始另做打算。

　　這邊黃公館內，黃金榮正在客廳裡聽金廷蓀匯報，繼而大發雷霆。他從來沒把那兩個小赤佬放在眼裡，結果連續被搶了好幾個地方，損失慘重。

　　黃金榮從金廷蓀那得到了張嘯林所有的資訊，尤其是為了激怒他而添油加醋的講了他搶地盤的英勇表現。他生氣地罵道：「這個杭州佬，膽子還不小。」再抬頭看到金廷蓀那落水狗的樣子，恨恨說道：「你怎麼就這麼窩囊，沒有這樣的手下，還要我出面。」

　　當時，杜月笙已經混成黃金榮身邊的紅人，經常跟其左右。此刻一聽張嘯林的名字，心裡也是一驚，但很快就心生一計。他先安撫黃金榮，並一手攬下對付烏木開泰的事情。

　　之後，杜月笙立刻離開黃公館，跳上黃包車去見張嘯林。見面之後，立刻把具體情況和他說了一遍。

　　張嘯林這時也感覺事情不妙，在這碼頭上，本來就是弱肉強食的世界，你利用我、我利用你，誰有本事有腦筋誰上。金廷蓀的背後是黃金榮，烏木開泰的背後是英租界巡捕，現在沒事還好，真要有事情，第一個挨刀子的就是張嘯林。但是不合作，憑他自己的勢力，根本無法闖出來。

思來想去，張嘯林決定甩開烏木開泰，轉投黃金榮門下。於是，兩人商量一計。

幾天之後的傍晚，黃金榮正陪著朋友在大煙館裡消遣。一個手下氣喘吁吁地跑進來匯報。原來金廷蓀正安排一批人運送昨天回來的貨，結果烏木開泰帶著一群人過去搗亂，幾箱土都被搶走了。黃金榮一聽，立刻清醒了，氣的把煙槍重重摔在桌子上。他立刻吩咐人換衣服，開始調兵遣將，打算親自去會會那個烏木開泰。身邊的人人紛紛開勸，朋友也要他少安毋躁，派人把那個不要命的王八蛋抓回來就行了。

黃金榮在心裡盤算一下，出事的地點在火車站附近，那是自己弟子馬祥生管轄的地方，馬祥生是個辦事得力的人，在「商州會館」任職，可以臨時調用一下。於是，他吩咐手下立刻傳口信給馬祥生，多帶點人把烏木開泰弄回來，死活不論。

黃金榮已經沒有抽煙的慾望，提前收拾東西會到家中等消息，杜月笙一直跟在身邊伺候著，心裡盤算事情進展情況。才回到黃公館沒多久，就有屬下帶來消息。「督查，不好了，我們上當了。那個烏木開泰根本不是搶土，他是直接奔著商州會館去的。」

黃金榮一聽這調虎離山的計策，恍然大悟，帶著手上所有能用的人趕到商州會館，可惜還是晚了一步，那裡已經是一片狼藉，門口守衛奄奄一息地躺在地上，許多夥計被揍得鼻青臉腫。會館內幾乎沒有完整的東西，值錢的古董花瓶碎了一地。

黃金榮無暇顧及這些，急忙跑到三樓，發現保險櫃上被

砸得坑坑洞洞，但是門還沒被砸開。現金、珠寶和銀票都還在，黃金榮鬆了一口氣，再晚來一步，自己恐怕要重新奮鬥三十年了。他轉身問剛才通報的手下，是什麼人報的信。那手下含含糊糊的，也不知道是什麼人，只能聽出來是浙江口音。黃金榮本來就是做包打聽出身的，幾天就查出來那個報信人是張嘯林。他心裡不知道這個浙江佬到底玩什麼把戲，但看對方這幾天似乎也沒什麼動靜。原來，這是杜月笙和張嘯林商量出來的計策，既可以擺脫烏木開泰，又可以接近黃金榮。杜月笙聽黃金榮提起張嘯林，立刻趁機建議找人把張嘯林抓來審問一下。黃金榮也正有此意，於是派人把張嘯林請回黃公館。

　　黃金榮看著站在自己面前這個黑壯漢子，傲慢地問道：「你就是張嘯林？」

　　「小人正是張嘯林。」

　　「你是烏木開泰的手下？前段時間搶我們貨的人。」

　　「小人辦事的地方正好歸烏木開泰管，不聽他的沒有活路啊。我也是一時糊塗，竟然敢搶黃老闆的東西，實在罪該萬死，還請黃老闆原諒。」張嘯林裝出誠懇的樣子給黃金榮作了三個揖。

　　「那天商州會館，是不是你給我們報信？」

　　「是小人。小人之前做了錯事，後來才打聽到那些貨都是黃老闆的，決定將功補過。所以那天派人給黃老闆帶信，不知道派上用場沒？」其實，這些套話都是杜月笙提前替他編排的，他也早知道那天因為自己報信，讓黃金榮少損失一大筆錢。

　　果然，黃金榮點點頭，之後又問道：「聽說你到上海這

段時間，也收了不少徒弟，肯為你賣命？」「因為大家都是各地到上海討飯吃的，所以走得比較近。而且在一起患難過了，都是互相幫助。」黃金榮聽到張嘯林這麼回答，對他也產生了興趣。張嘯林藉此機會，上前跪在黃金榮面前。「黃老闆，小人知道以前得罪過您，希望您大人有大量，別和我兄弟們計較。」

「這事情我就不追究了，你們也是混口飯吃。」他這番義氣之言讓黃金榮很感動，要知道這年頭為名為利，自己身邊還真沒幾個可以兄弟相稱的人了。

「黃老闆，小人不才，想帶著兄弟們為您效力，混口飯吃。何況，小人現在回去的話，肯定被烏木開泰打死。如果我現在逃走，兄弟們肯定替我遭殃。」

黃金榮也正有此意，自己身邊多個得力的人，烏木開泰那邊就少個得力的人，何樂而不為呢。於是，點頭應允下來。就這樣，張嘯林正式進入黃公館。

3

我命由我不由天

機會不是等來的

張嘯林利用這一石二鳥的計策不僅從黃金榮手下逃過一劫，而且還擺脫了烏木開泰。他安穩之後，立刻安排了一桌酒菜招待杜月笙和馬祥生。幾杯酒下肚，幾個年輕人開始熟絡起來，話起家常來，張嘯林這幾日在黃公館，對黃金榮的生活羨慕不已。此刻，他開始感慨萬千地表示：「和這比起來，我以前過的都不叫日子，不知道什麼時候能混到像黃老闆這樣。」

張嘯林說的這番話也正是另外兩個人所想的，但凡到上海灘來的年輕人，無不想過上這種一呼百應的風光生活。但真能闖出來的寥寥無幾。那些有頭腦沒野心的外鄉人，到最後多半拿著一筆錢，回家娶老婆過安穩日子去了；而那些有野心沒頭腦的人，多半混不長久，到最後不是已經屍沉黃浦江，就是落難他鄉；而對於那些既無野心又無頭腦的人，最後就是淪落在賭場妓院那些小混混。此刻，圍坐在小圓桌周圍的三個人卻是有野心有頭腦，可以預想他們後來的成就。

三個人酒足飯飽，馬祥生看他們二人還有話說，就識趣的裝醉回家睡覺去了。剩下的兩個人繼續坐在桌前喝酒。

杜月笙先說道：「張大哥，雖然你已經進了黃公館，但是也要打算好以後的路。現在黃金榮把你留下不過是想身

邊少個敵人，不一定是真心想收你，保不準哪天想起你的事情來，還要算這筆舊帳。」

張嘯林早就考慮到這一點了，當時黃金榮之所以收下他，是因為看到自己的銀票沒少，心裡激動。答道：「是啊，黃金榮這人是個老狐狸，沒那麼容易信任一個人。他現在不過是一時激動我幫他保住了一大筆錢，現在可能就已經開始後悔沒宰了我。」

「張大哥，我們現在當務之急就是趁熱打鐵，讓你取得黃老闆的信任。」張嘯林一聽杜月笙的話，知道有戲，立刻拿出誠懇的求人態度。說道：「月笙，你再幫我一個忙，幫我找個機會替黃金榮辦件大事，取得他的信任。」

幾天之後，黃金榮就給了張嘯林一個證明忠誠的機會。那天酒桌上張嘯林和杜月笙猜測的那番話基本都說到黃金榮心裡去了。他確實在猶豫著要不要用張嘯林，自己本身就是一步步見風使舵、過河拆橋過來的。

張嘯林這人老江湖，能在短短的時間內從一個小癟三混到今天有模有樣，中間做過什麼大家心知肚明，不得不防。但是，老虎已經養在後院了，用，不放心；不用，又怪可惜的。

經過考慮，黃金榮想出個主意。當天早晨，張嘯林剛吃過飯，就被黃金榮叫到客廳。他依舊保持著那天初見面時候的謙遜，低著頭向黃金榮問好。

「師父今天把你叫來，就是有個任務派給你。」

張嘯林心道，這次果然是吉簽，終於找到表現的機會了。於是高興的說道：「師父交代的事情，一定完成。」

「我想要你去處理了烏木開泰，能做這件事的只有你。」

黃金榮想來個借刀殺人，順便考驗張嘯林投靠是真是假。

「那烏木開泰處處和師父作對，搶生意，本來就應該早處理了。師父放心，我這就去辦。」

黃金榮看張嘯林決心表的爽快，心裡也爽快了許多，於是交代道：「你投靠我的事情，一直保密。表面上，你還是烏木開泰的合夥人，你可以利用這個身分，找機會把他祕密解決掉。」

張嘯林又返回碼頭，繼續跟著烏木開泰。從黃金榮那裡占到便宜之後，烏木開泰日子越來越舒坦，早就忘了打砸會館那天有人通風報信的事情。張嘯林繼續每天跟著烏木開泰吃喝玩樂，背地裡一直在找機會。

民國時期的上海，看電影是一件非常時髦的事情，尤其是看外國電影。從1896年8月11日，上海保園的「又一村」放映了第一部外國影戲之後，非常轟動，一夜之間所有上海人都知道了這種新鮮的娛樂方式。到1908年，一個叫雷瑪斯的洋人在乍浦路海寧路口興建了一座鐵皮房子，名字叫「虹口大戲院」，電影院才正式在上海立足，之後越建越多。當時的電影院大多放一些外國的愛情片。

西方復活節那天，英國租界派人給租界內的名流富商發帖子，邀請他們去電影院看一部新上映的影片。烏木開泰、范回春和張嘯林這些流氓頭子，也都收到請帖。

張嘯林知道，機會來了。他先找到杜月笙，兩個人商量一個非常完整的計劃之後，張嘯林去找黃金榮，把自己的計劃說給他聽。黃金榮聽後頻頻點頭，他發現張嘯林真的非常有頭腦，將來或許會成為自己的得力助手。

◆虹口戲院，1908年由西班牙商人安·雷瑪斯創建。最初就是在溜冰場上用鐵皮搭建的一座僅能容250人的簡易房子，俗稱「鐵房子」。1918年雷瑪斯把鐵皮房改建成鋼筋磚木拱型結構，內場放映為一層，門面則有二層，座位也相應增加到710個

「只要你把烏木開泰除掉了，他那片地盤歸你負責。」黃金榮對張嘯林說。

從黃公館出來之後，張嘯林身邊跟著幾個身強體壯的大漢。果然，烏木開泰帶著范回春早早到了電影院。張嘯林立刻派人送信給黃金榮，告訴他烏木開泰坐的是什麼車，電影幾點鐘結束。

散場之後，烏木開泰和范回春坐在馬車上回家，兩人還沉浸在電影裡那纏綿悱惻的愛情故事裡。車子上了橋，車夫減慢速度，只見對面一輛馬車直直地朝他們撞過來。那車夫還來不及叫喊，對面車子已經衝過來，一把飛刀直接

抹了他的脖子。

車廂裡，烏木開泰聽見動靜，習慣性地把頭伸出去想看看什麼情況。這頭剛伸出來，一把匕首直接插進他的腦袋，他連聲音都沒發出來，就一命嗚呼了。車內的范回春見事情不妙，急忙把老公的頭扶回到車裡。拔出自己防身的匕首，直接插上馬屁股。那匹馬吃痛受驚，向前狂奔，很快就消失得無影無蹤。

烏木開泰隨身的幾個兄弟在後面的車上，見事情不妙想掉頭的時候，已經讓黃金榮的人團團圍住，被乾淨俐落地被解決掉了。整個事情發生不過幾分鐘，當時已經晚上十點多鐘，街上沒有幾個行人，自然也無人知道這件事情。黃金榮這次大獲全勝，出了一口惡氣，對張嘯林徹底放下心來，按照之前的承諾，將英租界的碼頭交給張嘯林。

張嘯林至此徹底進入黃公館，成為黃金榮的門生。所有人都對他刮目相看，全然忘了當初那個小癟三的杭州佬。

張嘯林自從接受了烏木開泰的地盤之後，地位穩步上升。黃公館已經無法再住了，自己當初在東昌渡那個狗窩也不想回去了。於是，他在重慶路馬樂里找了一塊地方，建起一棟別墅。張公館落成那天，他大擺筵席，宴請附近的賓客。黃金榮當天有事情沒去參加，派人送來一份大禮。

在宴請的這些人當中，有一個名叫吳鴻的老鄉，原是浙江省警務廳廳長夏超的部下，當過杭州蒙古橋第二警署署長。這人和張嘯林還有一重關係，就是杭州李休堂的門生，與張嘯林屬同門弟兄，比張嘯林高出一級。他看到張嘯林喬遷，立刻前來道喜，專門帶來一個紫檀關公。

張嘯林見是老鄉大駕光臨，立刻熱情地打招呼。那吳鴻

也不客氣，直接和張嘯林坐在一起喝茶。兩人聊了一圈杭州的往事，又談起現在的師傅黃金榮。吳鴻問道：「你知道我今天為什麼送你關公嗎？」張嘯林有些茫然，不知道他的用意。

吳鴻也不拐彎抹角，直接說：「因為黃老闆喜歡關公，他的客廳裡就供著一尊。關雲長能文能武，忠義無雙。你也一樣能文能武，只要多學著點為人處世，肯定能被你師父看上。」

張嘯林連連稱是，遇到同鄉話自然也多起來，尤其這位同鄉看著有點提拔自己的意思。於是，張嘯林把黃金榮和自己的事情一股腦說出來。那吳鴻想了想，建議張嘯林還是做長遠打算，不能總跟在師父身邊，最好能把浙江關係網提早建立起來。當然，吳鴻也是在為自己打算，他給張嘯林提意見，將來真的成事了，自己就是第一功臣，好處自然不少。

「聽說你當年上過武備學堂，和周鳳歧、張載陽還有夏超都是同學。你大可以利用這層關係，和他們聯繫起來。」

「夏超畢業後留校任學生隊隊長，後來參加光復會。被調至廣西，任兵備處科長和教練所訓練科長。辛亥革命爆發後，浙江光復，回杭州任都督湯壽潛的幕僚。從杭州警察局局長升到省會員警廳廳長，又兼任浙江全省警務處處長。至於張載陽，調回杭州後，任陸軍第五十旅旅長兼杭州鎮守使。之後又是嘉湖鎮守使，升為第二十五師師長，中將頭銜。現在任浙江省軍第二師師長，你想想他手上有多大的權利。這要是不利用，豈不是可惜了。」

張嘯林一聽自己的拜把兄弟混得這麼好，又是高興，又

是羨慕。想到自己如果當初好好讀書，之後就不用受這麼多苦了。

吳鴻看出他的意思，立刻安慰道：「當然，你老兄現在混得也不錯。如果和他們搭上線，絕對可以讓你錦上添花。何況，現在上海雖然是個大都市，但是軍備上還是歸浙江統治，這就是你的優勢啊。」

張嘯林想想也對，這些人都與張嘯林有很深的關係。他們現在正好在台上，無異於是給他指明了一條路。利用這些關係在上海插手鴉片，能好好賺一筆。自己在上海赤手空拳，很難另外開闢碼頭，永遠被黃金榮壓著。而黃金榮是打心眼裡看不上自己的，杜月笙這人又城府頗深，不知道想些什麼。想到這裡，張嘯林當即敬了吳鴻一杯酒，對他再三感謝。當天晚上，張嘯林沒敢多喝酒，等到宴會散了，立刻動筆寫信，寫明自己的現狀，交給吳鴻，麻煩他帶回杭州交給張載陽和夏超。

幾天之後，吳鴻又帶給他一個更好的消息。原來，浙江那邊傳來消息，浙江督軍楊善德突然病故，淞滬鎮守使盧永祥升任浙江督軍，與張載陽結為同僚。張嘯林覺得，這是老天給他的一個好機會。晚上，張嘯林根本無法入睡，在床上翻過來倒過去，折騰了一宿。想想自己雖然在黃金榮手下做事，掙得了面子，有了一座強大的靠山。但同時，這座靠山也壓得他喘不過氣來。自己只要在黃金榮的手下做事，就永遠沒有出頭的那一天。自己要想闖出去，就必須擺脫黃金榮，想於此，他決定回杭州。

結交軍閥

　　張嘯林此次回來匆忙，他下車之後沒有回家，而是直接來到張載陽的府邸。張嘯林到地方才大聲感慨，省長的官邸果然夠氣派，門前整齊停著一排車子。十幾個守衛拿著真槍實彈在四周巡邏。張嘯林在車上再三查看自己這身臨回杭州之前專門訂做的洋服，三件套，襯衫、馬甲外加西裝，而且特別戴了個金邊眼鏡，儼然一副商人的派頭。他是非常穿不慣洋人衣服的，就像上了一層枷鎖，怎麼動都不是，還是大褂舒服自在。所以，他在上海的時候，非重要場合，都穿得很隨便。

　　張嘯林跳下車之後，從隨身攜帶的皮包裡拿出一張燙金拜帖，上前一步，交給守衛。那守衛見對方西裝革履的來拜見省長，立刻敬了個軍禮，雙手接過帖子，去裡面稟報了。一會，守衛跑出來，又對張嘯林立正行禮：「張先生，省長有請。」

　　張嘯林剛進門，發現張載陽已經迎了出來。兩個人見面互相看著，都能看出彼此眼中的激動之情。這不是刻意裝出來給外人看的，更不是敷衍對方，而是真情流露。

　　張載陽大叫一聲：「老同學，你終於來了。從收到你的信之後，我就天天等著盼著，今天總算把你盼到了。快進來，快進來。」

　　張嘯林心裡一熱，自己打出來混開始，真的沒遇到幾個真心相待的朋友，更別說有真正歡迎自己的人了。「真是想你啊，當初要不是事情所迫，也不會一個人跑去上海這麼多年。」

　　進屋之後，張嘯林環顧四周，發現這個老朋友日子過得不錯，也挺替他開心。張載陽將張嘯林拉到座位上，吩咐下人沏茶。之後又特別招呼警衛，今天不再接待任何人，有事情明天再說。

　　兩個人對坐喝茶，開始彼此互相打量。當年那個替自己打抱不平的小混混，如今已經成了西裝革履的商人。而當年那個偷販煙土的富陽小吏，如今已經飛黃騰達了，甚至開始微微發福。兩個人話家常，張嘯林已經很久沒和相知的人聊過天，太多的話憋在心裡，現在恨不得一口氣全都吐露出來。一直到午飯時間，張載陽聽說張嘯林剛回杭州，特別準備了一桌好酒好菜為他洗塵。酒足飯飽之後，張嘯林開始談論正事。

　　「張大哥，我此番回杭州是專程來找你的，有件事希望你扶持一把。當然，這件事也絕不是讓你吃虧的事情。」

　　張載陽一聽這話，立刻使眼色，將周圍服侍的下人打發出去，並關緊門窗，才開腔：「兄弟有話不妨直說，只要我能辦到，絕不會有半點含糊。就算辦不到，也會想方設法幫你辦到。當年要不是你救我一命，恐怕我連這學都上不成。」

　　張嘯林看張載陽態度這麼誠懇，心裡也有了底，於是說道：「你也知道，我如今在上海黃金榮手下做事，外人看著風光，其實黃金榮根本不信任我。我在上海還是等於無

依無靠，得為自己的將來做打算。」

「這要是杭州城的事，兄弟義不容辭，這上海雖說在我管轄內，但是鞭長莫及。」張載陽有些為難。

「你應該和盧永祥很熟悉吧，我想在杭州讓你幫我和盧永祥拉上關係。」

「你說那個新來的督軍盧永祥，這個還真不太好辦。」

張嘯林沒有說話，只是有些焦急的盯著還在思考的張載陽，只要他一點頭或者給出一句話，這件事情就算大功告成了。

等了大概一盞茶的功夫，張載陽終於抬起頭：「那個盧永祥身為督軍，官職比我要大。而且他初來杭州城，還真不一定能請得動。不過，你也不用太過擔心，他到杭州城之後，和我的關係比較親密。只是，不知你找盧永祥有什麼事情，我先幫你參謀參謀。」

張嘯林立刻把情況說了一下：「張大哥，還記得當年咱兩在杭州城策劃搶土嗎？」

「當然記得，據說後來你因為這事吃了不少苦，只怪兄弟當時不在身邊。」張載陽提到這件事情有些懊惱。

「那你應該知道這煙土的利潤有多高，我在上海也做這個行當。但是，現在整個上海灘的這個生意都落在黃金榮手上。我必須想辦法把這塊肥肉搶過來，才能真正的坐鎮上海灘。我知道淞滬鎮守使何豐林是盧永祥的嫡系，所以需要從中穿針引線。當然，杭州城這塊的煙土販運生意也可以做起來。」

張載陽一聽這個生財之道，興致非常濃厚。但轉念一想，前方的障礙還是很多。

「現在杭州的煙土生意已經起來，但是都一直掌握在鮑一齋手中。那個鮑一齋非常不好對付，最主要的是，他和盧督軍關係甚密，恐怕不是你我這麼好介入的。」

◆盧永祥，字子嘉，濟陽人，皖系軍閥。1895年入北洋武備學堂，在天津小站練兵）時與段琪瑞、王士珍等成為密友。1919年8月，盧永祥改署浙江省督軍。1924年與江蘇督軍齊燮元因爭奪上海發動「江浙戰爭」

「我也聽說過，所以才找大哥商量，怎麼把盧督軍拉到我們這邊。而且一旦我們合作，就是上海、杭州兩塊肥肉了，一道發財。不用你來說服盧督軍，只要能讓我們見個面，話我來說。」

張載陽想了想，回道：「這個好辦，我就以老同學回來接風為由，讓你們見上一面。」

這件事算是定下來了，張嘯林才想起回家看老婆孩子，張載陽也沒強留，特別派了輛車送他回家。

張嘯林出來之後，春光滿面，這次過來果然收穫頗豐。一是能得到老同學的鼎力相助，現在已經有了軍方的靠山；二是從張載陽那得來的消息看來，盧督軍原來早就做了煙

土生意。

幾天後,張載陽派侍衛去請張嘯林,地點正是靈隱寺附近的天外天飯店。靈隱寺位於浙江省杭州市西湖西北面,在飛來峰與北高峰之間靈隱山麓中,兩峰挾峙,林木聳秀,深山古寺,雲煙萬狀,相傳1600多年前印度僧人慧理來杭州,看到這裡山峰奇秀,以為是「仙靈所隱」,就在這裡建寺,取名靈隱。這天外天飯店,正好坐落在飛來峰與靈隱寺之間。

直到傍晚,一個寬耳大肚的黑面漢子才坐著轎子,搧著紙扇搖搖晃晃地過來。張載陽一看外面的轎子,立刻拉著張嘯林出門迎接。原來,那人便是盧永祥。沒想到這位軍閥,今天不騎馬坐起了轎子,不帶刀槍拿起了紙扇。

飯店裡都非常安靜,三人進包間就座,張載陽作中間人,替兩人做了介紹。上菜之前,三人不免寒暄一番。那夥計上完菜之後,識趣的關上包間門,守在門口等候吩咐。

那盧永祥一直都是軍人脾性,說話做事都非常粗糙。看菜上來了,菜色不錯,立刻不客氣地吃起來。張載陽和張嘯林兩人對視一番,也開始跟著吃。

期間,三人輪番喝了幾杯酒,或者討論一下這菜色。酒足飯飽之後,盧永祥才想起來問張嘯林上海的情況。於是,張嘯林把自己在上海的見聞和經歷編成一個故事講起來。這次,正好迎合了盧永祥的愛好。

「原來這位張先生身手這麼好,不如來我部隊裡,起碼給你師長當一當。」那督軍一向喜歡豪傑,剛才進來看張嘯林一派商人打扮,才對他非常冷淡。如今聽說他身手這麼好,自然發出邀請。

「督軍說笑了，謝謝督軍賞識。不過，我在上海有一攤子生意，手下幾百人靠我養活，每日幾千兩銀子進出，實在是無法走開啊。」張嘯林故作苦悶。

「張老弟的生意做的夠大啊。」這一句話就讓督軍從先生改成老弟了，面上也熱情起來。

「實不相瞞，我在上海有個公司，專門搞進出口貿易。生意做得不錯，現在想要擴張，想到二位管轄的地盤上開個分公司，正愁沒人入股。不知道兩位有沒有這個意思，保證賺錢。」張嘯林發出邀請。

「張老弟的好意我們心領了，我們這些當兵吃俸祿的，怎麼可能有錢入股。」再大的官一提到錢，也開始哭窮。

「我既然邀請二位，怎麼可能要二位出錢呢。何況，您二位的職務和名字都是響噹噹的，價值千金啊。您二位入股之後，可得三分之一的股份，其他的事情不用管。每個月月底分紅，會把錢送到二位府上。」

盧永祥一聽這等好事，豈有推辭之理，立刻答應。這時正是夏天，即使在山裡，也擋不住滾滾熱浪。那督軍熱的已經把長衫脫下來，邊搧扇子邊喝酒。

「督軍，這杭州的夏天實在太熱，您剛從北方過來不好熬啊。」張嘯林繼續獻第二份禮。

「如果在山頂上建一間別墅，住幾個月，豈不爽哉。」

「跟老弟說句實話，我早就想在山上建房子避暑了。但是你也知道，我們這些軍人，勞師動眾的，傳出去影響不好。」

「在上海就有所耳聞，說盧督軍愛民如子，清廉自潔。今日一見，果然名不虛傳。」張嘯林此刻是摸到了馬屁股，

　　有馬屁立刻順著拍。「不過盧督軍不用擔心，這等小事，包在小弟身上。我去弄塊地，修建房子給您避暑。」

　　那盧永祥客氣地推脫一番，到最後高興地答應了。這就是放長線釣大魚，房子肯定不是一天兩天能建好的。說是房子，多半要建成現在比較流行的歐式別墅。設計圖紙、選材料、運材料，再加上建造，少說也要七、八個月。這期間，張嘯林可以隨時透過這間房子與盧督軍聯繫感情。

　　盧永祥也覺得這頓飯吃得受用，一個晚上，自己當上了分公司的股東，白領月錢，又得來一座避暑的別墅。自此，張嘯林成了盧永祥的知交。

三鑫公司的二把手

張嘯林回到上海之後，立刻叫車趕往位於重慶路的公館。

黃金榮召見了他，一番寒暄之後就進入正題：「你負責的那塊地面上有家旅館，最近那老闆死了，只剩下老闆娘苦撐。你自己想辦法把這個旅館弄到手吧。」

張嘯林不費什麼力氣就弄下了這家店，改名「小花園旅館」。有了店面，接下來就該考慮怎麼經營，張嘯林在上海幾家比較知名的旅店會所之類的地方考察一番後發現，單純做旅店生意根本不賺錢。於是，他取出所有積蓄把小花園旅館從裡到外裝修一番，室內設有餐廳、棋牌室、煙室、舞廳等等熱門的娛樂設施。這裡也不再只做單純的住宿之地，而是漸漸地演變成妓院和煙館，但是有旅館做幌子，掙得暴利，無需繳稅也沒人來查。在這家旅館之內，還有一間密室，除了張嘯林和極少數幾個黑道頭目，很少有人能進。這也是黃金榮要他弄到旅館的目的，因為這是租界三不管的地方，做黑道生意非常方便。

一天，他正在店裡的搖椅上打著蒲扇休息。正在半睡半醒中，忽然聽見一個叫聲。

「杭州來人了。」李彌子還沒進屋門，已經喊起來。張嘯林沒有在意，自從他上次衣錦還鄉之後，他在上海混出名堂的事情已經在拱宸橋一帶人盡皆知了。最近，經常有

老家人過來，有找他借錢的，有找他要份工作的，有推薦自己兒子過來幹活的，沒停過。張嘯林礙於同鄉的面子，有些還是當年一起混的兄弟，他只能一個個給他們打發了，安排個好去處。

李彌子說：這回兒是你老同學，那個在杭州府做官的。

張嘯林一聽這話，急忙從椅子上坐起來迎了出去。來人不是張載陽。而是張載陽派來送信的。張嘯林急忙吩咐李彌子沏茶倒水，自己將人引進內室。這是張嘯林的私人地方，室內布置的像個會客廳，一般不會讓傭人隨便進出。

那人不慌不忙的從懷裡掏出一封信遞給張嘯林，張嘯林沒有拆開信來看，而是把信裝進自己的貼身衣兜裡，又問：「你們師長還有沒有什麼口信帶來？」

「沒有，師長想說的話都在信裡，讓您看便明白。」

「你這一路也辛苦了，我這就安排人帶你下去休息，晚上再準備一桌酒菜。」張嘯林開門讓李彌子把來人排到上等的客房，又吩咐他好好招待。那人也沒客氣，跟著李彌子出去了。

張嘯林這邊關緊門，立刻拆開信，他仔仔細細的閱讀完每一個字，臉上的笑容也越來越大。原來，杭州那邊都被張載陽安排好了，關係疏通的非常順利，盧永祥也是個肯辦事的人。現在他已經打通了緝私營俞葉封和護軍使何豐林的關係，這些人都是浙江老鄉，就等著張嘯林去拜訪。同時，張載陽也告訴他，和盧永祥的關係已經逐漸建立起來，而且盧永祥也不時會提到張嘯林，這是一個好的開始。希望張嘯林能抽出時間回杭州，好帶著他去督軍府拜訪。

張嘯林第二天就提著精心準備的禮物按照地址找到何豐

林的家中，他報上姓名，很快就被衛兵引進客廳。何豐林早聽說過張嘯林的事情，而且也提前收到盧永祥的消息。所以，對他非常熱情。而那何夫人看見張嘯林手上一堆值錢的禮物，更是樂得合不攏嘴。

何張兩人聊了一會，趣味相投，相見恨晚。尤其是談到上海煙土生意，何豐林對張嘯林的意見非常贊同。直到午飯時間，何豐林夫婦堅決留張嘯林吃飯。直到傍晚時分，張嘯林才回小花園旅館的臥室。今天，是張嘯林有生以來最興奮的一天，他從何府出來那一瞬間，彷彿重生一般。因為自己已經和軍閥拉上關係，不用再活在黃金榮的陰影之下。

張嘯林想做杭州的煙土生意，必須先找個跳板。思考一番之後，他把目光鎖定三鑫公司。最近，黃金榮身體不適，已經把這個最賺錢的行當交給了杜月笙。他知道黃金榮不信任他，三鑫公司的事情不讓他插手，搶土的事情對他保密，最近甚至很少與他見面。張嘯林心裡很不平衡，卻也無奈。

這次，他打算從師父面前的紅人杜月笙那裡下手。當天下午，張嘯林找到杜月笙。對他說「現在上海說的最算的不是洋人，也不是那些政府派來的官員，而是割據一方的軍閥。尤其我們運煙土的，只有兩條路。水路有吳淞口至高昌廟都有軍警把守，陸路上的關卡也是軍警把守。師父的交情都在法租界，手下也都是一群不入流的巡警，對三鑫公司的生意根本沒有用途。」張嘯林的話正好說到杜月笙的痛處，他也正愁沒有關係打通軍界，而且最近和沈杏山鬧得厲害，每次輪船一到達公海，沈杏山肯定第一時間

派人在岸上戒嚴，土不好搶，這條最重要的財源基本上斷了。杜月笙愁容滿面道：「現在必須要打通官府和軍界，否則生意只會越來越難做。」

張嘯林說：「淞滬鎮守使何豐林和緝私營統領俞葉封都是我的老鄉，我們之前也都有聯繫。」

杜月笙一聽這話，驚得嘴裡的茶差點噴出來，這兩人是何等厲害人物，張嘯林竟然能和他們攀上關係。「大哥，你可真厲害。不知道你怎麼找到的關係。」

「我上次回鄉的時候，結識了浙江督軍盧永祥，透過他替我打通了上海這邊的關係。」張嘯林現在可說是春風滿面。

「那大哥這回這個忙是一定要忙了。」

「師父的事情就是我張嘯林的事情，何況還有兄弟你，這個忙我肯定要幫。」張嘯林有意扯到師父，就是想讓杜月笙在師父面前給自己做個保。

杜月笙是何等聰明人，豈能不知道他的意思，於是，立刻打算去見師父。

黃公館裡，黃金榮最近愁容滿面，而且身體也消瘦了不少。他見杜月笙進來，立刻問道：「月笙，最近的生意好些了沒？」

杜月笙沒有回答，只露出一個無奈的表情。

見黃金榮根本沒有想出其他挽救三鑫的方法。杜月笙覺得這個時機正合適，於是就提出自己的建議：「師父，張嘯林可以幫我們振興三鑫。」

「他能有那個本事？」黃金榮對張嘯林一直都持不信任甚至帶著點不屑的態度。他總覺得張嘯林這人太鋒芒外露，江湖道義單薄，不值得信任。當杜月笙把張嘯林和軍界的

關係告訴黃金榮時，黃金榮也開始轉變態度。

當得到師父的許可，杜月笙立刻離開黃公館去小花園送消息。坐在車裡，杜月笙還有一些疑慮，畢竟以後對付英租界的任務就落在自己的肩上了。

英租界除了沈杏山還有一批大佬，勢力都不比黃金榮差，這個差事不是這麼好辦的。但是轉念一想，英租界是

最繁華的金融區，那裡有上海設施最好的遊樂場和最大的商行。如果真能拿到那個地方，自己就可以直上雲霄了。

杜月笙現在把所有希望和機會都放在張嘯林身上，這也使兩個人的關係更加密切。

◆在黃公館漸漸嶄露頭角的張嘯林

此時，張嘯林正坐在家裡等消息。他相信杜月笙的口才，知道三鑫公司志在必得。所以，當杜月笙過來和他說這個消息的時候，臉上沒有太多喜悅的表情。在加入「三鑫」之後，張嘯林主要負責政府和軍界的聯絡工作。這件事正中張嘯林下懷，利用別人的名聲和金錢拓展自己的事業。於是，他拍胸脯保證：「放心，我絕對不會讓師父失望。」

第二天，杜月笙到公司之後，立刻開始籌備兩萬銀元，

拿給張嘯林。這筆錢是黃金榮專門交代的，用來做打通軍界的交際費。張嘯林第一次見到這麼多現金，捧著錢箱子激動的趕回家中，把自己已經當上三鑫公司副總經理的喜訊告訴家裡人。之後，順便從這筆錢中提出一部分，置備了幾身時下最流行的行頭。

張嘯林沒有直接從上海下手，而是先返回杭州老家，準備一份厚禮和張載陽一起去拜見盧永祥。隨後，開始著手幫盧永祥挑地方蓋避暑屋，這算是鞏固關係之旅。跳板已經踩上，張嘯林覺得開拓浙江市場的時機已經成熟。

之後，張嘯林返回上海，再次拜見何豐林，這次是以三鑫公司的名義見面。當時的軍閥，大多數以鴉片煙為主要的經濟來源。在租界裡經營鴉片，對他們來說，百利而無一害，淞滬鎮守使何豐林和緝私營統領俞葉封看著一箱箱煙土流進上海，豈有不眼饞之理。不過，因為他們剛到上海，不熟悉這邊的環境，加上地位懸殊無法搭上關係。因此，他們只能依靠水陸稽查的方法沒收和罰款，從中弄點小錢花花。現在，張嘯林代表三鑫公司來和他們談這筆生意，自然求之不得。第一次的談判非常成功。

此後的日子裡，張嘯林經常出入何豐林和俞葉封家中。他出手大方，為人又豪爽。很快的，軍閥、租界、幫會三方合為一體，共同販運煙土。張嘯林依靠何豐林的人馬，把鴉片從吳淞口運到十六鋪，然後杜月笙派小八股黨包運到法租界。到了法租界，就是他們自己的地盤，黃金榮發放通行證，由屬下巡捕房保護，將一車車的煙土押送進三鑫公司的倉庫。短短幾個月，三鑫公司扭轉頹勢，一舉成為上海最大的煙土販運公司。

4

三大亨重新洗牌

蔣介石的劊子手

在1927年的春天，上海的天氣異常寒冷，彷彿在告訴人們這個春天並不尋常。而上海人的心態，也隨著天氣在變化。報童們每天在街上奔走，告訴世人銷金窟外面的世界處在怎樣的水深火熱之中。2月份，北伐軍攻克了杭州，3月份，軍閥孫傳芳軍隊節節敗退。北伐軍何應欽部攻下宜興，白崇禧部隊接近上海。當時的上海工人為配合北伐軍，舉行了兩次起義，但都被軍閥的直魯聯軍與租界工部局武裝聯合鎮壓下去了。工人們沒有放棄，正在準備第三次起義。

張嘯林知道，在當時多變的形勢下，只有錢沒有權根本無法在上海待的長久。於是，他開始找時機找軍界和政界的靠山。聽著外面亂七八糟的消息，他開始未雨綢繆地把金銀財寶存入了洋人銀行。至於尋找哪個靠山最保險，也是他頭痛的問題，當然，在當時的上海，不只他一個人頭痛，黃金榮和杜月笙也在頭痛。

杜月笙叫上張嘯林趕往黃公館。三人湊在一起商議對策，黃金榮提出儘量保持中立，洋人、軍閥和北伐軍三方討好，誰也不得罪。當然，這個意見實施起來非常困難。

而張嘯林此刻竟然表現出了幾分義氣：「我認為我們應該保軍閥，好歹當年三鑫公司是他們照顧的，不然也不會賺這麼多。何況，我們和軍閥那邊有熟人，說話辦事都方

便。但是,北伐軍那邊沒有錢,萬一他們進了上海翻臉不認人,或者乾脆謀了我們的財產做軍餉,豈不是虧大了。

杜月笙聽完兩個人的意見,開始冷靜的為他們分析:「我們現在首先考慮保命問題,再考慮以後的發展問題。現在看形勢,軍閥已經沒戲了。兩位都是擅賭之人,應該知道到了這個時候該把寶壓到哪邊才能賺。」

我們有個內幕消息,前不久蔣的AB團殺了贛州總工會委員長陳贊賢。不僅如此,蔣介石還命令司令部特務處長還帶人查封了九江總工會,那裡的青幫兄弟已經開始轉而支持蔣介石了。所以,蔣介石到上海一定會對付共產黨。

經過密謀,他們配合蔣介石實施「四‧一二」大屠殺,並且在上海各大報刊登了三人聯名通電,表示他們反共的決心。

在這幾場事件中,張嘯林成了「黨國功臣」。到4月18日,蔣介石在帝國主義和買辦資產階級以及封建殘餘的支持下,在南京成立了代表大地主、大資產階級的國民政府。4月22日,蔣介石在南京的北伐軍總司令部裡召見了黃金榮、杜月笙、張嘯林等人。稱讚上海三大亨是功臣。透過這一場政變,讓世人看清了上海三大亨的陰狠和毒辣,上海工人們送給張嘯林一個綽號:張屠夫,並稱他們三人為「三色大亨」。

張嘯林自從「四‧一二」政變之後,已經成了黨國的功臣,可謂前途無量。在華格臬路(今寧海西路)上,張嘯林家門口貼著他自己寫的喜訊:上海張寅先生,向來樂善好施,行俠好義,為地方治安瀝盡心血。此次上海平亂清黨大功告成,亦與張先生全力以赴難以分開。為此,委先

生為總司令部少將參議。

幾天之後，一份份大紅請帖，發向四面八方。4月28日那天，一份份大小禮包返回來。

宴會當天的張公館內外張燈結綵，門口鼓樂齊鳴，鞭炮聲聲，賀客接踵而來。傍晚五時許，酒筵開始，張嘯林率先端杯，感謝在座賓客的到來。

◆黃金榮（右）、張嘯林（中）、杜月笙（左）上海灘三大亨合影

忽然，門口通報：「法租界特使到！」張嘯林一聽說，立刻放下酒杯，急忙帶著幾個重要人物去門口迎接。一會兒，張嘯林陪著法國公使館的二等祕書沙利進來，在座的賀客紛紛起身拱手致禮。沙利走到上位，從大皮包裡取出一張紙片，用不太流利的中文宣布：法蘭西共和國駐上海領事，特任命張寅先生為上海法國租界納稅華人會會長。」法租界的任命，讓張嘯林一下子成為中外關注的重要政治人物，霎時間身價升了百倍。

顯然，這件喜事不在張嘯林的準備範疇，當任命宣布完周圍掌聲響起的時候，他還有些呆住。之後，就是一場盛

大的狂歡，張嘯林自己也喝了不少。就在大家都沉浸在一片歡樂祥和的酒會當中的時候，外面一個僕人跑進來將一張紙條交給李彌子。李彌子不認識字，又不好打擾張嘯林，於是把紙條交給帳房先生。那帳房先生剛看了兩行字就大驚失色，紙條上用直白的話直接羅列出張嘯林的種種罪過。

李彌子不敢隱瞞，立刻把張嘯林從眾賓客的簇擁中拉出來，把事情經過一說。張嘯林立刻火冒三丈，差點直接拍桌子。還好杜月笙離得近，先反應過來，扶住張嘯林：「兄弟，你喝多了。」

張嘯林離開之後，杜月笙派人叫住楊度。楊度，字皙子，早年留學日本，1907年主編《中國新報》，宣傳君主立憲，1914年袁世凱解散國會後，他任參政會參政，次年同孫毓筠、嚴複、劉師培、胡瑛、李燮和共同發起成立「籌安會」，任會長，為袁策劃復辟帝制，時人稱他們為「籌安六君子」，近年來，他移居上海，成為杜公館的上賓，杜聘他為名譽祕書。這次張嘯林大宴賓客，他也在賓客之列。

杜月笙直接將剛才那張紙條塞給楊度，楊度看完之後，立刻明白剛才張嘯林為何如此失態。於是，對杜月笙說：「杜老闆，我們去看看張先生吧。」

兩個人來到後面的小偏廳裡，看張嘯林正坐在籐椅上生悶氣，於是也不去理會，直接坐到他對面。

張嘯林脾氣暴躁，隨手摔毀了桌上的香爐，還覺得不解氣。「張先生，您的氣性實在太大了。小不忍則亂大謀，您看您剛才一生氣，一件國寶就沒了，多不划算。」說著，楊度從地上撿起那個摔壞的香爐底座，上面寫著「大明宣德丙午年製」。他滿臉的惋惜之情，繼續說：「這可是當

年明朝第五個皇帝朱瞻基登基時候，要工匠鑄十座銅香爐，賞賜大臣，名為「宣德爐」。當時，要有誰能得到宣德爐的賞賜，那是榮耀遍及四海！這個朱瞻基只當了十年皇帝，那宣德爐最多不超過一百座。這百來座香爐，傳了四、五百年，剩下的不多，成了稀罕的寶貝。

張嘯林一聽，怒氣少了一半，開始轉而心疼起地上的香爐來了，都怪自己不識貨。「張先生以前做生意，對著的都是生意人，自然什麼態度都可以。但是現在不一樣，張先生可知政界人物都是笑面虎，各個圓滑得要命，您這種性格很容易得罪人，吃大虧啊。」杜月笙和楊度都勸導張嘯林，三個人相談甚歡，直到午夜時分，杜月笙才帶著楊度離開。

幾天之後，張嘯林還在回想楊度說過的話，覺得此人不是一般。於是，就派人把楊度請過來，擺上一桌酒席。兩個人吃飯帶聊天，整整一個下午。楊度上知天文，下知地理，中曉局勢，並一一進行分析給張嘯林聽。

直到杜月笙回家沒發現自己門客，到張府來要人。結果，張嘯林說什麼也不想把楊度還回去，並表示：「如果楊先生能屈就的話，我現聘楊先生為特別顧問，保證月薪過千。」

就這樣，楊度成了張嘯林身邊的軍師。張嘯林在政界、軍界和新聞界有什麼問題，都第一時間過去請教。

銷金窟「181」號

　　張嘯林從政之後，並沒有放棄自己的三色生意，小花園旅館已經明顯不能滿足他的慾望。於是，他又開了一所舊上海最負盛名的銷金窟「181」號。憑借著張嘯林的名聲，許多知名人士和大亨紛紛湧到「181」號來豪賭。

　　「181」號的保安措施做得非常到位，整個賭場由十幾個人攜帶手槍擔任保護。賭場的鐵門是經常關閉的，只有認識的汽車才能直開進去。而第一次到來的客人，都要在進去前搜一下身，防止帶手榴彈等物品進去肇事。

　　賭場內的設施也非常齊全，項目多種多樣，有輪盤、爬灘、四門灘、洲六門、單雙、搖寶、牌九、麻將、撲克等。賭窟的一樓、二樓，設有三十六門的輪盤賭台八張。環繞在中間大廳的四周，又有幾十間小賭室，牌九、麻將，還有單雙、大小四門攤，中西賭具，一應俱全。三樓為休息場所。

　　為了這個賭場，張嘯林還專門發明瞭「四白」，就是賭徒凡先付200元買了籌碼並已下注開賭後，便可以白吃、白喝、白吸、白坐。賭場內設有高級中餐館和西餐館，供應各種美食。餐廳旁邊設有酒吧和咖啡廳，另一間房還有煙榻和上好的煙土，這些東西賭客們都可以隨便享用，不收錢。而那些搭自備汽車來的，賭場還會付給司機4塊，身邊

帶保鏢的，每人發4塊。張嘯林靠這種大方的經營方式，引來了大批貪圖蠅頭小利的賭徒，尤其是那些闊太太，她們當然不會理解，羊毛出在羊身上這句話。

上海灘知名的闊太太們紛紛湧入「181」號，買了200元籌碼後，兩個人串通好賭搖寶，一個押大，一個押小，自以為輸贏都是自己人，豈知搖寶人連開幾次三粒骰子同點的「寶子」，不管押大、押小統統被賭場吃進，那些籌碼根本不夠玩幾把，癮頭沒過夠，又開始繼續買。身上的錢全都輸光了，她們就會跑到隔壁吃大餐，抽幾口，補點本回來，心裡也痛快不少，第二天拿了錢繼續賭。很多人開始只是小玩，並不當一回事。但是，漸漸地有些人開始深陷其中，甚至輸的傾家蕩產。

隨著賭場名聲擴大，「181」號的賭客隊伍也在壯大，層次更是擴大，最早的都是上海灘老賭客，或者杜公館的座上客，或者張府上的老朋友，或者是有錢人家的少爺小姐，如晚清郵傳部尚書盛宣懷的幾位少爺小姐，每日必到。一些闊佬、軍政要員、封疆大吏、各路將軍，也紛紛到上海盡情享受，而他們又無一不進入福熙路「181」號奢侈豪華的大賭場，使得張嘯林笑口常開，樂不可支。

有這批新賭徒的加入，張嘯林決心跟上海灘的賭國元勳分庭抗禮，一爭長短，就使原來的一次輸贏幾百元、幾千元，一下子激增到十萬元、二十萬元，其賭面之大，在上海灘無人能比。經過一段時間的宣傳，「181」號賭窟漸漸出了名，甚至轟動了全國。它用不著登廣告，不需要發布消息，就成了全國最負盛名的第一大賭場。

張嘯林在設計裝修賭場的時候，也不會忘了給自己弄個

舒服地方。他專門開闢了一個幽靜的雅間，供自己和朋友們豪賭消遣，有時還會邀請社會名流和政界大官過來小聚，拉攏感情。張嘯林賭技早就爐火純青，老千的技術自然也不差。一次，張嘯林、杜月笙與一個川幫大財閥打牌，幾場交鋒，張嘯林憑借自己的手法，狠狠地贏了那個財閥三萬塊大洋。等到對方把支票遞過來的時候。他又立刻裝好人，將錢還給對方，換來一個豪爽義氣的名號。

所謂「十賭九騙」，張嘯林自然也不會放過任何詐騙的機會，尤其是騙一些有錢的金主。當然，這個騙，自然離不開女人。新城銀行的金櫃主任劉金最近也喜歡上到「181」享受「四白」服務。劉金是浙江人，年齡已經過四十，身材魁梧，儀表堂堂，很有紳士派頭，被許多業內人士形容為未來的上海銀行界鉅子。

劉金工作非常謹慎認真，同時又工於心計，酷愛賭博，並對此道頗有研究。劉金進入賭場後，買了200元籌碼。他的目標不大，贏足100元就歇手。只幾十分鐘，他的目的就達到了。

他裝好贏來的錢，來到「181」號的三樓，去找那些脫得光光的女郎陪著洗澡。等他舒服夠了，打算下樓回家。經過一樓賭廳的時候，他習慣性地在賭台一側徘徊觀望。正當全場靜寂的一刹那，一隻雪藕般的纖纖玉手伸向賭台之上，向左右兩邊揚了幾揚。當然，相比起指甲上的蔻丹，指頭上那顆鑽戒更吸引人的目光。劉金也不例外，開始細細打量對面的女人。能看得出來，對方已經不是少女了，渾身散發著成熟女人的味道，眼神嫵媚，身材圓潤，尤其笑起來，帶著兩個甜甜的酒窩。劉金忽然沒來由的心裡一

顫，這是誰家的闊太太，她老公真是太幸福了。

劉金又看了幾眼，忽然覺得口渴，於是轉到酒吧要了杯咖啡喝。誰知，剛喝了兩口，剛才豪賭的貴婦人已經走了過來。劉金立刻又點一杯咖啡，請那位太太一起坐一會。

那位夫人才喝了一口，就開始咂舌頭：「這的咖啡可真難喝。」

「那我們不如換一家咖啡廳，怎麼樣？」劉金立刻趁機發出邀請。那位夫人竟然點頭同意了。

劉金和凃雙雙進入冠生園的白天鵝餐廳，兩個人吃了一頓豐盛的飯菜。飯後，劉金搶著去結帳，卻被侍應生告知凃的帳單，一貫是簽字的，由她丈夫一次性付給外匯，不需要劉先生付款。這時，劉金才想起來問侍應生：「她的丈夫是哪位老闆啊，現在人在什麼地方？」

侍應生告訴他：「我只知道在南洋，有不少的橡膠園，是個大莊園主。」

對劉金來說，凃充滿了神祕感。他在和對方談天的時候，還不忘打聽對方的家庭情況。從她的口中得知，她住在霞飛路上一個極為幽美的別墅裡，丈夫是印尼的大橡膠園主，每年只回上海一次，逗留一個月。丈夫每年給她的生活費是100萬元。

劉金表面上反應很平淡，但內心非常震驚。同時也萌生了一個齷齪的想法，一定要抓住這個富婆。

幾次見面之後，劉金不時找藉口到凃的別墅，向夫人討好獻媚，而凃也稍假以辭色，若即若離，弄得劉金捉摸不定，如醉如癡，只好投其所好，隨之出入賭場，在賭場上，劉金也發現凃出手非常闊氣，彷彿拿賭博當成一種發洩。

而他為了不讓涂小瞧，一改往日初衷。不時以所攜之五百元來攫取五十元之小勝了。有時涂贏了錢，還會給劉金一些酬勞，一般不會低於五千。

◆福煦路181號是前德國領事館的房屋，第一次世界大戰，中國對德宣戰後，德國領事館撤走了，後來被張嘯林變成了賭場，也是當時遠東最大的賭場之一

這天，涂的手氣非常不好，自己隨身帶的1萬元和家裡送來的2萬元，統統輸光了。她向身旁的劉金說：「請把您的錢，都給我好了。」劉金身上只帶了1千塊，掏出來之後，他看到涂臉上不屑，心裡非常難受。

幾天之後，劉金想利用涂的錢讓自己賺一筆。於是，他

開始鼓動涂拿出錢來辦銀行，並誘惑道：「妳只要以妳一年所耗，在上海開設一家銀行，利潤豐厚，輕而易得，利潤足供妳一年出入賭場的消耗了，同時，還不會損失一分錢母金，妳何樂而不為呢？」

涂聽完之後，似乎有些心動。「怪不得人們都說男子漢見識廣，看得遠，我確實相信了。」

劉金繼續趁熱打鐵：「那麼說夫人願意按照我的說法，在上海開一間銀行，我可以為妳主持行務，得到的利潤只需要分我兩成就可以。」

「這個，我大概一時半刻會不能回答你。你也知道，我只是個女人家，而且還花著丈夫的錢。要麼你先等等，我和丈夫商量一下再給你答覆。」

劉金看事情已經差不多了，也就不再過分地催促涂。涂則要求他寫一封信給自己的丈夫，說服他開銀行。劉金代涂詳詳細細地寫一封長信。說為了開設銀行，要其夫投資一百萬塊大洋，請早早答覆。

這封信發出一個月之後，涂收到了回信。信上，涂的丈夫表示建銀行一事，可以考慮。並且答應月底的時候向上海匯一百萬元。

從那天之後，劉金每天都處在幻想之中，幻想自己就要成為上海灘一家大型新銀行的經理了。從那一刻起，他開始注意自己的言行舉止。注意自己的派頭和每一句話。再想想自己未來的董事長，更覺得要投其所好，不能再小氣了。

這以後，他與涂在賭場中，曾經幾次大顯身手，但是涂幾次都輸得很慘，每次均在兩萬元以上，而劉金也只好跟著夫人亦步亦趨，短短幾天之內，他就輸掉八、九萬元。

這才有些慌了手腳,但是再想想自己即將成為銀行家了,還需要在乎這點錢嗎?

最近幾天,凃的手氣越發的背起來,今天短短三個小時,凃的八萬塊錢已經消失在賭桌上了。劉金再也不能沉默了,對凃說:「夫人稍為休息一會,讓我賭幾把。」他直接把籌碼往賭台上一放,「我下三十萬塊,開始吧!」

旁邊的賭客和看客都嚇呆了,連凃也驚呼:「劉主任,那可是三十萬塊,你要三思啊。」

劉金一聽凃說這話,虛榮心一下子上來了,無所謂的表示:「沒事,開吧。何況,我這幾天已經輸去十萬元,就是要在這個寶中拿了回來。」

當聽到自己是個實實在在的大輸家,他高喊道:「不對,不對,你這副骰子有鬼!」

其他輸了錢的人和想湊熱鬧的人立刻跟著起鬨,要求把骰子砸開檢查。正在吵鬧之中,劉金只覺被人一棍子砸在後腦上,暈了過去。

總計劉金這幾日大戰,所輸的款額已達到五十萬元,大家議論說:「他的財產最多不過二十萬,其餘的恐怕大多是從其所管金櫃中挪用來的。」

幾天之後,兩個巡捕,全副武裝地等著他。一個巡捕當場宣讀逮捕令:「劉金,三十九歲,浙江人,供職新城銀行。你利用工作之便,盜取了金庫儲備金五十萬元,經查明屬實,應予逮捕,聽候審訊法辦。」

劉金聽完這番話,變得面如土色,知道已經「東窗事發」,唯一的挽救辦法只有靠凃了。

劉金找到凃,告訴了她自己的遭遇。誰知凃聽完他的話

之後，像是聽了一個笑話般，哈哈哈大笑地說道：「劉主任，您真是天真啊。您真相信我是那個擁有百萬鉅資的華僑夫人，其實我是『181』號的人，張老闆的手下。我專門負責引誘你們這些貪財好色的男人上當，然後再騙光你們的錢。」

泠，應該是那個女騙子說什麼，劉金已經聽不見了。他只覺得自己大腦陣陣疼痛，耳邊彷彿幾架飛機飛過。許多人都栽在了張嘯林訓練的這些千術一流的女人身上。上海的賭場數眾多，為什麼「181」號生意這麼興隆。除了張嘯林和青幫的勢力，還有一點就是張嘯林擅長變通，懂得吸收外來的服務方式。這樣，黃賭毒又一次聚在了「181」號。

張嘯林與杜月笙之爭

　　張嘯林和杜月笙可以算患難之交，曾經同生共死的朋友，轉眼卻變成了仇敵。主要因為兩個人的性格和做事風格截然不同，因為一些利益之爭，因為一時的心理不平衡，最終導致他們走向了決裂的道路。

　　隨著時間的推移，張嘯林與杜月笙各自的勢力越來越大，矛盾亦愈演愈烈。張嘯林當時已經一妻三妾，但美中不足，張的幾個妻妾都未生育，四子二女均是自幼領養來的。到了1927年底，長子張法堯從法國留學回來，兒子回國，張嘯林自然心裡十分高興。他想到用法國人的勢力，讓兒子在法租界大顯身手。

　　儘管張法堯在法國取得博士文憑，又說得一口流利的法國話，可是法國人不重視他，張法堯無事可做，因此整日遊手好閒。

　　張嘯林為兒子張法堯頭痛不已，只能把這個苦惱向杜月笙訴說，杜月笙為了照顧張嘯林情緒，就主動說：「中匯銀行正好剛成立不久，人手也不多，讓法堯到銀行當襄理，他喜歡來就來，隨他的便。」

　　張嘯林覺得主意不錯，第二天就讓兒子到中匯上班。可是兩個月不到，張法堯覺得沒勁，便辭職了。

　　後來，張嘯林「榮歸故鄉」，在杭州結識了顧維鈞和褚

民誼，請他倆向蔣介石推薦兒子張法堯。

張嘯林從杭州回到上海不久，便得到南京方面送來的消息：經過顧維鈞與褚民誼兩人大力推薦，又從中打通楊虎、陳群和陳布雷的關節，蔣介石已默許，在上海替張法堯安排一個「薦任」級的官位。

民國時期，文官分為四等：第一等「特任」級，第二等「簡任」級，第三等「薦任」級，第四等「委任」級。當時的「薦任」相當於縣局級以上。

張嘯林很滿意，兒子剛畢業，一下子能越過「委任」跳到「薦任」，將來憑他的家勢和兒子的文憑，很快升至「簡任」是不成問題的。張法堯也很高興。

但是，南京方面的好消息還拖了一個不乾淨的尾巴，內容是說：對張法堯的正式任命，得在晉見蔣介石後下達。何時晉見，等候通知。張嘯林認為任命前先晉見，多此一舉，難道還不相信我張嘯林的兒子的才學？但轉念又一想，或許是好事。

這就像過去皇上御前召見，兒子可以來個「金殿對策」，要是說得「龍顏大悅」，當場便可封他為「簡任」級文官哩！

張法堯的想法與父親同樣，他覺得憑自己在法國學的東西，在「土包子」蔣介石面前露一手肯定會大受賞識。這邊蔣介石從盧山避暑回到南京，立刻派人通知張嘯林帶兒子張法堯到南京晉見。

當天下午，張嘯林陪著兒子，到南京雞鳴寺東關嶽廟邊上的考試院。一個工作人員到門口把張法堯接進室內，並把張嘯林安排在休息室。

一會兒，另有兩個青年走進來，一個是留美歸來的碩士

生，另一個為燕京大學講師。三個點頭寒暄，互換名片，隨後交談起來。蔣介石還沒有來，也沒有人告訴他們要等到什麼時候。

大概又過了二十分鐘，邊門開了，一個侍衛邁進一步，筆挺地站立一邊，輕輕地提醒廳內的人：「委員長到！」蔣介石一身長衫布鞋瀟灑地進來，向起身鞠躬的三個年輕人擺擺手。

蔣介石坐在一把木椅上，對著三個年輕人說道：「你們將來都是黨國的棟梁啊，前途無量。」

接著，蔣介石又問他們的姓名。當得知其中一個年輕人是留美的碩士之後，開始非常高興地和那個年輕人聊起美國的歷史，美國的人文和美國的法律，徹底忽視了另外兩個年輕人。

張法堯坐在那裡非常不自在，想想自己論學歷是博士，比那兩個都高；論身分，父親是上海灘知名的大亨，憑什麼要受這種待遇。但是轉而一想，人家是親美派，自然美國歸來的吃香。正在這時候，蔣介石已與燕京大學的講師交談。最後，才將臉轉向張法堯，說：「你的文章我看過了。」

張法堯只等來意義不明的上半句話，至於下半句「文章內容如何」就沒有了。

「我們先不談文章問題，我想聽聽你對當前時局的意見。」

蔣介石終於提出問題了，讓張法堯一陣高興，總算有表現機會了。他決定直陳己見，把法國的一套民主、自由思想，貢獻給蔣介石。

半個小時之後，接見結束，三個年輕人紛紛道別。

回到住處，張嘯林急忙問結果，結果張法堯表示：「一點都不怎麼樣，委員長喜歡美國，對法國那套根本不喜歡。」

就這樣，張家父子又返回上海等消息，結果一個月過去了，兩個月過去了，根本杳無音信。張嘯林覺得那邊的面試應該沒有戲唱了，於是只能再次去求杜月笙。因為，當時杜月笙與蔣介石的關係也非常親近。可是杜月笙口頭上答應，一定為張法堯打通關節。後來一打聽，張法堯在南京與蔣介石因為問題產生分歧，兩人不歡而散，也不敢再去說情。張嘯林知道杜月笙要口是心非的伎倆，非常憤怒，並且在家裡破口大罵杜月笙忘恩負義，不講義氣，典型的見利忘義。

從此，張、杜常是貌合神離。張和蔣的關係也因此漸有疏遠。但是，後來發生的一件事情，才成了杜月笙和張嘯林兩人結怨的導火線。那就是，張嘯林兩個得力的朋友和幫手投靠了杜月笙。

尤其是翁左青，還是張嘯林從杭州帶到上海灘，一手提拔起來的。後來，張嘯林把翁左青介紹給杜月笙，沒想到幾天之後，翁左青就跑到張嘯林那裡提出辭職，然後去給杜月笙當祕書去了。

正在張嘯林大發雷霆的時候，自己一個得力門生也提出離開，那個門生一直替張嘯林看管碼頭，廣收徒弟，張嘯林對他非常賞識。於是，把他也介紹給杜月笙。誰知道，這人後來跑去給杜月笙當保鏢去了。

張嘯林對於這兩件背叛的事情非常忌諱，有時想起來就會破口大罵那兩個人及杜月笙不講義氣。但他從來沒有想

過，是不是自己的問題。其實，張嘯林雖然有錢，但是為人非常吝嗇，而當時上海灘就有這樣的傳聞：「杜月笙有野心，肯花錢，手面闊，能籠絡別人，利用別人。」

張嘯林並不這麼認為，而是覺得杜月笙在暗中拉攏他的門徒。杜月笙雖然表面上向張道歉，但其實心裡很得意，而且仍然是對來投靠他的張嘯林的門徒從不拒絕，一概歡迎。張嘯林自知財勢敵不住杜月笙，也無可奈何。從此，張嘯林開始懷恨杜月笙。

1933年杜月笙剛剛組織起一個所謂以「進德修業，崇道尚義，互信互助，服務社會，效忠國家」為宗旨的「恆社」，「恆社」成員，既有黑社會的大大小小的流氓，也有知識界、文化藝術界、金融工商界、甚至國民黨政府中一些具有相當地位和影響的人物。

「恆社」的成立，使杜月笙的實力更大大膨脹。張嘯林便指示手下人搞了一個所謂「忍廬」集團，與之相對抗。但張嘯林在政界、金融界、文化界都不如杜月笙有影響。因此，「忍廬」集團無論從聲勢上還是規模上來說都無法與「恆社」相比。張嘯林在與杜月笙的鬥爭中又失敗了。

但是，使張嘯林和杜月笙矛盾最深化的，要屬1935年國民政府實施的法幣政策。

當時張嘯林為蔣介石的南京政府出力比杜月笙還多，但是他與國民黨政府及上層官員之間的關係卻遠不如杜月笙親近。

一直到1935年11月，蔣介石準備實行法幣政策，孔祥熙、宋子文得知後，不僅將此消息透露給杜月笙，孔祥熙還把杜月笙拉進了法幣發行準備管理委員會。杜月笙進入

法幣發行準備管理委員會後，及時獲悉祕密經濟情報，在
南京政府實施法幣政策前大量拋售舊幣，購進法幣，結果
發了一筆大財。而杜月笙並沒有把這個發財的機會告訴張
嘯林，導致他實施新幣政策後，一下子損失幾十萬元。

張嘯林對杜月笙瞞著自己去交易所買進賣出，大發橫財
極為不滿。事情發展到這個地步，兩個人的感情已經無法
再和好如初了。

三大亨的暗鬥

俗話說「親兄弟，明算帳」。但凡涉及到經濟問題，即使親兄弟也可能反目成仇。因為販賣煙土、搶貨、撈黑錢而結為兄弟的黃金榮、杜月笙和張嘯林，必然也會因為利益產生矛盾。當初的三鑫公司的主要負責人是杜月笙和張嘯林，實際上辦事的也是這兩個人，但是幕後的老大還是黃金榮，這一點沒人能否認。杜月笙和張嘯林都是利用三鑫公司發展自己的業務，兩個人最後的實力也都拼過了黃金榮。

到後期，杜月笙已經徹底控制了三鑫公司，黃金榮雖然大有不滿，但是也已經無可奈何。張嘯林同樣感到不滿，卻責怪黃金榮不給他和杜月笙一樣的權力，張對黃也不滿。而對於杜月笙來說，黃金榮仗著自己有公司的股份，不停的向他要錢，也是非常頭疼。這也造成了三個人之間不可調和的矛盾。除了三個人的內憂，還有法租界巡捕房裡的外患。那些大大小小的頭目，因為分贓不均，都非常眼紅三鑫公司的財源。

與此同時，黃金榮又因為一個女人遭人話柄，這回不是戲子，而是自己的兒媳婦。他與兒媳婦李玉清之間的苟且之事傳了出來，正好成為人們攻擊的口實。

張嘯林開始利用這次機會，聯合了杜月笙，到處散布小道消息，對黃進行詆毀，一時間，鬧得滿城風雨。黃金榮

知道之後大為惱火，無奈現在自己實力已經沒有張嘯林和杜月笙強。他自己不敢當面質問，只能派了人到張嘯林家問話。張嘯林的解釋就是為了維護公司利益，也為了維護幾人的名聲，希望師父私生活檢點一些。這話傳回去，免不了讓黃金榮又是一頓大罵。

隨著三大亨勢力不斷擴大和變化，三人手裡的錢財比重也開始發生變化。而三個人對錢財態度的各不相同，必然會導致三人的分道揚鑣。

這其中，杜月笙變化最大，他下決心改變作風和儀表，讓自己從陰暗的後台跳到前台，由躲在後操縱而成為上海灘的場面人物。他連連發起舉辦慈善事業，以「三鑫公司」名義一年總會弄出兩次救災，四次施藥的善事。只要兄弟有困難，他一定會挺身而出的幫忙。而且為人出手非常大方，他又用各種不同手法，拉攏一些銀行經理。那些經理擔心將遭到與被流氓、癟三詐騙的下場，也希望有個後台撐腰，就紛紛商請杜月笙掛名。以後幾年內，杜月笙先後成了浦東銀行、國信銀行、亞東銀行董事長。他又與黃金榮的幾個門生一起，霸占上海灘漁市場，成為漁業公司名譽董事。與此同時，他還拉攏新聞界的人，為自己的善事作種種宣傳。

同時，杜月笙還崇拜起了虞洽卿。虞洽卿是何許人也？他名和德，浙江鎮海人。早年到上海當學徒，1894年後任德商魯麟洋行買辦、華俄道勝銀行買辦。1903年獨資開設通惠銀號，發起組織四明銀行。1905年上海發生大鬧公審公堂案，經四處奔走，與組織當局交涉獲勝，遂名聞滬上。1908年創辦寧紹輪船公司。1911年上海光復後任都督府顧

問官、外交次長等職。1914年獨創三北公司。「五四」運動期間上街勸說開市。1920年合夥創辦上海證券物品交易所,任理事長。於1923年當選為上海總商會會長。

虞洽卿跟帝國主義有依附有矛盾,辛亥革命時期積極支持孫中山的革命活動,二次革命時反對袁世凱稱帝。「五卅」反帝運動時始則支持罷工罷市,後降低談判條件與帝國主義勢力妥協。大革命前後支持北伐,反對孫傳芳。抗戰時期,他堅持抗日愛國,不當漢奸,日軍占領租界後離滬赴渝,到大後方經營滇緬公路運輸,支持抗戰。

◆虞洽卿(中)與張嘯林(右數第四)、杜月笙(右數第三)和一眾工商政法名人合影

杜月笙跟著虞洽卿待過一陣子,對他學得頭頭是道。先是在手指上戴一只鑽戒。平時在家不穿短打換長衫,出門還套上一件馬褂,儘量讓衣袖遮蓋臂上的「刺花」。杜月笙看到虞洽卿與洋人交談,一口英語對答如流,和洋人表示親昵,在旁人眼裡也把他與外國人一樣看待,高人一等。

他就先後聘請邱方伯、王幼棠等五個祕書，請他們代寫書簡，為他在各種場合發言擬稿。而且，他為了和法國領事打交道，還專門聘用會法語，懂法國風土人情的人做法文祕書。

杜月笙做這些交際和應酬，基本上花的都是三鑫公司和即將自辦賭場的錢，這就引起了三鑫公司另外一個股東張嘯林的不滿。因為自從張嘯林出任公司的經理後，真是全力以赴，大顯身手。他與軍閥勾結，販運煙土，既為公司賺錢，自己也從中漁利。

三鑫的營業蒸蒸日上，他也忙不堪言。黃金榮仍以不便露面為由，不管也不插嘴，只顧每月伸手要一大筆「俸祿」，每當逢年過節還要分半數的「紅利」。而杜月笙也在忙自己的，無暇顧及三鑫公司的業務。張嘯林對此求之不得，恨不得獨霸公司所有財產。

沒想到，杜月笙為了發展自己的業務和人脈，不斷的抽用三鑫公司的錢財。張嘯林終於忍無可忍，把杜月笙約到黃公館，希望把事情做個說明。

黃金榮知道張嘯林對杜月笙不滿，但是現在屬他勢力最弱，只想著能保全自己，對於這兩兄弟之間的矛盾，不在他管轄範圍之內。

杜月笙從進門之後，就已經聰明的知道張嘯林的打算，當然也知道黃金榮打的如意算盤。他也不會退讓，不會吃虧，但是話要說的漂亮。我要另闢門路，也總要先花些本錢，何況也不是單單為我自己，將來有好處也大家有份，漁業公司我就打算請你嘯林哥掛個名，而且還有蔣委員和國民黨那邊，也要打點。

他這話讓張嘯林來了精神，也讓黃金榮十分高興。不過，

從那之後，張嘯林學聰明瞭。他開始利用三鑫公司的名義，到處聯絡關係走私煙土，所得之錢，都進了自己的腰包。而且他把生意越做越大，完全無視當時禁煙土走私的規定。

不久後，一些外文報紙公然揭露：「上海於近五、六年中，確有一個大的私土販運收費集團，其範圍甚廣大，有許多著名華吏，和租界內有名人物及西方人團體，會同經營此事。」報導中雖未提名，但誰都清楚是指黃金榮、杜月笙和張嘯林的三鑫和公司法公董局的合作和共謀。

法國領事館得到消息之後，立刻找到杜月笙，告訴他們英國人想拆法國人的台，正好在他們三兄弟身上開刀。並要求他們最好先讓三鑫的業務停一停。杜月笙表示，這件事情必須要和黃金榮及張嘯林商量才能做決定。

與此同時，這個法國領事館派來的人又向杜月笙透漏了另一個重要消息。自從「五卅」慘案之後，法國人吸取了教訓，想在公董局裡增加華董。讓中國人管中國人，比較不會引起中國百姓對外國人仇恨。黃金榮現在已經名譽掃地，不再適合用了；而張嘯林為人不夠豁達，且太過陰狠，也不適合坐這個職位；現在看來，在法租界最有希望的就是杜月笙。

這件事情很快就傳到黃金榮和張嘯林耳中，兩人對杜月笙非常嫉妒，又非常痛恨。三鑫公司迫於法租界的壓力，已經暫時停業整頓，三人同時斷了一條財路。黃金榮已經退休在家，就靠著這點紅利生活，此刻讓他生活一下子變得拮据起來。

而張嘯林斷了一條走私煙土的財路，心裡也很鬱悶。唯獨杜月笙經過這件事情，當上了法租界的華董，可謂名利雙收。至此，三人之間的矛盾已經不可調和。

爭風的六十大壽

　　1936年6月22日，張嘯林迎來了他的六十歲生日。張嘯林對於江湖上把上海灘三大亨按「黃、杜、張」排名不滿，黃金榮因為各種女人的桃色新聞，導致臉面盡失，退位之後很少過問江湖上的事，杜月笙地位進一步上升，又有人把他們的順序排為「杜、黃、張」。張嘯林多年來一直憋著一口氣，「論生意，自己現在的生意最大；論給黨國效力，自己比他杜月笙貢獻多。憑什麼每次排名都落後黃麻子和杜月笙！」

　　為了一雪前恥，張嘯林決定把自己六十歲大壽辦得風風光光。所以，生日的前一個月，張嘯林開始成立「張壽籌備處」。就這一個決定，先讓他搶到了新聞。因為，從來沒人聽說過，過個生日還要辦籌備處的，籌備處總負責為杜月笙，工作人員有顧嘉棠、葉焯山、萬墨林、陸士京、徐采丞等人。

　　到了5月上旬，「張嘯林先生六旬榮慶」紀念章設計出來了，並交付工藝廠鑄做。紀念章設計精緻，主體是個大壽桃，上有壽星、仙女、松鶴圖案，突出吉祥熱烈氣氛。接著，開始進行最重要的工作，向全國各地發送「張嘯林先生六旬榮慶」的請柬，一時之間驚動了整個朝野。首先是門徒、手下、青幫、紅幫的兄弟，以及上海灘的小流氓，

紛紛前來進貢、祝賀。

《申報》上刊出了一篇《張公嘯林六十大壽徵文啟》，寫得不倫不類，把張嘯林吹捧得天花亂墜。徵文啟事見報的當天，蔣介石讓陳布雷以南京國民政府的名義，為張嘯林發了六十大壽的賀電：十六年國軍方奠定東南，上海伏莽遍地，一時人心未定，秩序紛然。先生以安定地方為重，與黃金榮、杜鏞諸位仗義執言，昭告國人，複默運機宜，不旬日而反側以寧，此則存造於黨國之始也……

這條賀電真正造成了轟動效果，賀電在報上一公布，立即海內轟動，獻詩、獻詞、獻賦的，在一個多月裡，張嘯林受到中外當權者異乎尋常的捧場，在上海灘歷史上是少見的。

時間推到6月4日，蔣介石又為張嘯林六十壽慶撰寫的「慈溪張嘯林先生六旬大慶徵文啟」，在報上刊出，將對這位慈溪同鄉大加吹捧，可稱上是一篇吹捧的「妙文」。

張嘯林一直都知道自己在蔣介石眼中不過是個白相人，大老粗，不受重視。此刻看到蔣委員長親自寫的賀文。激動的捧著那張報紙，一直對身邊的人說「看看，我一點也不比黃金榮差，更不比杜月笙差！」他自己瀏覽一圈，不少字不認識。於是，立刻叫來兒子張法堯，叫他大聲朗讀給自己聽。

蔣介石撰文於前，各方人士紛紛跟著來電來函祝賀從6月4日，到6月20日《申報》整整刊登了100位名人的「徵文啟」，等到生日的前幾天，社會知名人士、法租界、軍界及政界官員開始道賀送禮，禮物從全國各地源源送來，有送錢的，有送古玩的，有送女人的。親家俞葉封就送給張

嘯林一個貼身丫頭，為賀壽之禮。

在杜氏家祠落成典禮活動中，張嘯林擔任事務總管，多日操勞辛苦不說，還被張學良的代表當眾給了一記耳光，可謂盡了全力，做出了犧牲。如今該是杜月笙回報的時候了，該送點什麼禮物呢？杜月笙傷透了腦筋。

當時，正好5月間上海華商紗布交易所成立，上海灘不少有影響的頭面人物都覬覦該交易所的總監事這把交椅，這絕對是一塊味美肉肥的好地方，惹得一群人爭鬥。但是，當時競爭這個位置的幾個人實力旗鼓相當，都無法打敗對方。最後都有意抬杜月笙出來坐這把交椅，各自服氣，誰也沒有話說。杜月笙靈機一動，把這位子轉讓給張嘯林，豈不是一份不同尋常的重禮。

隨著生日的臨近，賀禮一天比一天多，張嘯林的耳朵裡每天每時都聽到：某某院長賀禮若干份，某某部長禮金若干，某某主席、某某司令賀禮多少，禮金多少，樂得他合不攏嘴，每天到晚上就統計一次禮金、禮品。同時，為了方便各方賀客，張嘯林事先特闢幾處接受賀禮場所，上海在「張壽籌備處」，杭州在延齡路飲馬井巷34號張宅，南京、北平、天津分別由交通銀行代理。

在眾多的賀禮中，張嘯林發現了一份奇怪的禮物。那就是日本人送來的，提煉海洛因的祕方。張嘯林素以毒、賭、黃「三色大亨」聞名上海，但是以前他所經營的「毒」只是較低檔的煙土和鴉片，當時最高級的海洛因他卻始終求之未得。

其實，張嘯林早就打聽到，雲南軍閥唐繼堯於1923年就與日本浪人勾結，用「雲土」製造嗎啡、高根、海洛因

等高級毒品。等到1928年以後，上海灘的一些有錢的癮君子已經從吸鴉片提高到吸海洛因，世界上吸毒正在向高品質發展。張嘯林認為，他們的三鑫公司只有跟上潮流，才能保持生意旺盛。於是，他也開始想盡辦法弄到海洛因的製造方法，無奈一直沒有門路，沒想到自己六十大壽的時候，竟然有日本人給送上門來了。為張嘯林送來這份賀禮的，是日本駐滬總領事石射豬太郎，他派人把這份「祕方」寫在兩張十六開的道林紙上。張嘯林趁客人稍少的間隙，獨自進了密室，打開紙折，仔細地閱讀，上面把提煉步驟寫得清清楚楚。

張嘯林看完祕方就知道，日本人陰險狡詐，絕對不會這麼輕易把祕方給自己，這當中一定另有原因，於是他決定先收下「祕方」再說。祕方拿到手之後，他小心翼翼地放進保險櫃。

和其他人相比，張嘯林最關心的是蔣介石送他什麼，只有等到蔣介石的禮物，才好與黃金榮、杜月笙比一比身分、地位。因為，在兒子張法堯求職一事上與蔣介石產生一點隔閡，生怕蔣介石忘記了他。可是，眼看要到生日了，蔣介石的禮物一直沒有到，他剛開始還沉得住氣，到後來，不得不打電話給蔣介石的祕書陳布雷，希望陳代蔣寫幾個字給他裝裝面子。陳布雷答應得很爽快。可是兩天過去了，蔣介石的賀禮還沒有送到，他心裡很不安。

眼看只差一天了，忽然接到一個電話，蔣介石派了一架專機送來了禮物。

◆杜月笙（右）在張嘯林（中）壽誕上與其合影

　　張嘯林當天下午正裝等在門口，迎接蔣介石的禮物。個把鐘頭之後，終於迎來蔣介石的四位專使。張嘯林當眾打開禮物，原來是蔣介石以委員長的身分親送的「花甲重新」四個一尺多大的匾額，還送了兩只花籃。後來，陳布雷告

訴張嘯林，蔣介石聽到陳提出這件事的時候，沒有叫人代寫，陳也不好再催，沒想到是蔣介石自己動筆。

到了6月21日，張嘯林的暖壽之日，除了蔣介石的壽禮，其他黨政委員的賀禮也送到。國民政府主席林森送了「碩望耆齡」的匾額，各省政府主席都送了賀聯賀幛。李石曾、張公權、錢新之、楊虎以及張學良、張發奎的代表共2萬名來賓到華格臬路大滬花園張宅祝賀。

張嘯林為接待客人從上午一直忙到午夜。當然，最忙的要數從各地趕來祝壽的京劇界演員，張嘯林安排兩處劇場同時上演堂會名劇。凡是幾年前杜家祠堂落成典禮時杜月笙請到的演員，張嘯林都請來了，開演的戲目也還是在杜氏宗祠落成典禮上唱的老戲目。

到了晚上，顧嘉棠、馬祥生等人發起為他暖壽，張嘯林在華格臬路家中置辦了四十桌酒席，其餘則在飯店擺了。宋子文、孔祥熙、何應欽、吳鐵城、章士釗、于右任、孫科等一百人聯名簽字送給他一篇祝壽文，並由章士釗當場宣讀。

等到6月22日，是張嘯林的正壽，壽堂正中懸掛一人多高的壽字，由上海市參議員簽名於上。壽幛上是蔣介石的題字：「花甲重新」。

張嘯林的兩個兒子都穿著長袍馬褂，幾個老婆和兒媳、女兒都掛著精巧的壽字胸花。當天他自己不去壽堂，請顧嘉棠、葉焯山、馬祥生、萬墨林等人代他招待客人，發給每位親到的賀客每人一枚「張嘯林先生六旬榮慶」紀念章。

到了早晨8點鐘，蔣介石的代表祕書陳布雷第一個來賀壽，之後是上海市長吳鐵城帶著市政府的各局局長們來拜

壽。緊接著，有人通報：孔祥熙、宋子文夫婦駕到。

張嘯林趕忙從裡間迎出來，說：「歡迎孔院長，宋公子夫婦，大駕光臨，實在令張某感激，裡邊坐！」邊說，邊把三人迎了進去。接著到來的是覃振、潘公展、段祺瑞、熊希齡、朱慶瀾、榮宗敬及上海市政府祕書長俞鴻鈞等人。

從早晨5點到晚上10點，整個張公館都戒嚴，有公共租界包探10人、華捕6人、西捕3人，門外布有崗哨、憲兵、員警、特務荷槍實彈走來走去，一般人不許靠近。

而張嘯林為了追求影響力，在22日晚上的壽慶宴會上宣布了一個令人吃驚的消息，他說：「如今國內到處都有災荒，嘯林不忍心過於鋪張浪費，更不願讓人說借機斂財。我已決定，把350萬兩壽銀全部捐出，100萬兩銀子賑濟陝甘、兩廣和四川、蘇皖的災民，剩下的資助寰球中國學生會作建築基金。」張嘯林此番話一出，立刻贏來了雷鳴般的掌聲。

5

流氓大亨之死

莫干山裡韜光養晦

　　1937年7月7日，日本侵略者向北京附近的盧溝橋的中國駐軍發動進攻，當地守軍被迫還擊，抗戰開始了。不到一個月，戰火從華北蔓延到了上海。

　　張嘯林在聽說日本人要全面進攻上海的消息之後，就立刻說要去莫干山避暑，實際上，他是避難。臨走之前，他把家中所有金條、珠寶、英鎊、法郎、美元以及契約，包括那份提煉海洛因的處方在內，統統存入國際飯店地下金庫。金庫始建於1932年，面積一百多萬平方米，四面布滿了大大小小三千四百多個保險箱，全用幾公分厚的鋼板製成。庫房圓形鋼門直徑2米，厚達65公分，重達9噸，需要兩位大力士緩緩拉動機關，方能啟動開關。庫房保持恆溫，裝有煙霧報警與防盜設備。

　　張嘯林把家中能搬動的東西，紛紛藏入地下金庫，確保萬無一失了，才帶著小妾和隨從，悄悄來到莫干山。莫干山是天目山之餘脈，位於錦繡江南的滬寧杭金三角腹地，距杭州60公里，離上海240公里，有「江南第一山」的美稱，有「三勝」「四優」的特色。因春秋末年，吳王闔閭派干將、莫邪在此鑄成舉世無雙的雌雄雙劍而得名，這裡山巒連綿起伏，風景秀麗多姿。張嘯林的「林海幽居」坐落在深山裡。

前幾年，張嘯林曾經邀黃金榮和杜月笙等人來休閒過，也作過楊度為調停《申報》與《新聞報》兩家糾紛事的談判地點。當時，上海灘兩大報業鉅子史量才與汪伯奇也在此住宿過，凡是住過此「幽居」的人，都稱讚不已，令張嘯林更加得意，也更用心思整理得盡善盡美。作為他的「大三窟」之一。張嘯林這隻狡兔，真的是有「小三窟」——上海的張公館、三馬路上的花園旅館、真如鎮上的紫雲庵；「大三窟」——指的是上海、杭州、莫干山。如今「小三窟」戰火遍地，而且又是盛暑時節，當然要上莫干山，避暑又避戰，兩全其美。

外面戰火紛飛，張嘯林卻在莫干山享受難得的寧靜。正在張嘯林安享清淨的時候，忽然有傭人跑進來稟報，外面有客人來訪。張嘯林想這個地方一般人找不到，就是杜月笙也只知道個大概位置，會是什麼人呢？他走進會客廳，看到一個矮個子的男人，帶著一頂白色的禮帽，遮住了面孔。那個男人看見張嘯林走進來，立刻脫掉禮帽，非常標準的鞠了一個九十度的躬，之後用不太熟練的漢語說：「張先生，您好。在下永野修身，專程來拜訪張先生。」

張嘯林顯然沒有想到日本人會找到這裡來，因此開始擔心。但是，轉念他又高興起來。既然這個日本人主動來找自己，順便就可以探探日本人的口風，看看日本人到底是什麼樣態度，好提前做打算。

於是，張嘯林立刻吩咐下人沏茶。

「不忙，張先生，我先把禮物送給張先生。」說著，那個日本人向門口招手，喊道：「把東西帶進來。」

張嘯林向門口看去，發現一輛卡車，車上裝著兩對梅花

鹿。

　「這是從日本奈良運來的，」永野一邊指揮車上的工人將鹿卸下車來，一邊介紹著。

　張嘯林雙眼只盯著兩隻漂亮的梅花鹿了，根本沒有注意到男人說什麼。當然，即使他聽見了，也未必知道奈良在哪裡。奈良，是日本最古老的京城。奈良馴養梅花鹿歷史悠久，所以又名為鹿城。奈良公園裡養有五、六千頭梅花鹿。牠們生活在綠草成茵的自然環境中，與遊客常常友好相處，一點也不怕人。要是遊客買了特製的鹿餅給牠們吃，鹿群爭食以後，還會很有禮貌地送客一程呢。

　「張先生，您那處『林海幽居』，如果能養一群奈良鹿，就真是錦上添花，美不勝收了。這四隻奈良鹿兩雄兩雌，配好對的。我可以擔保，不出兩年，這裡便會有一群梅花鹿。如果我們日本的梅花鹿真的能在中國的土地上繁衍生長，也是象徵日中提攜，共存共榮啊！」永野修身坐在客廳裡，喝著龍井茶，談興正濃。

　幾句話之後，兩個人漸漸熟絡起來。張嘯林忽然覺得這永野非常會說話，還非常會拍馬屁。而他的到來正是時候，山居寂寞，需要有個氣味相投的伴兒，而來者正好吃喝嫖賭行行精通，是個好搭檔。現在時局緊張，說不定日本人在上海成了大氣候，做生意時，也有個牽線搭橋的人。張嘯林已經開始想著要怎麼與永野拉近關係了。

　晚餐時，永野好吃好喝，就是不談中日時局，也不談上海現在的狀況。當然，張嘯林的人幾天就會過來向他報告上海局勢，但那只是表面的情況，至於藏在內中的情況，還需要這個日本人來解答。

◆永野修身，日本元帥、海軍大將。日本海軍艦隊派的主要人物，對美開戰的急先鋒，太平洋戰爭時期的日本海軍第一號首腦，唯一一個歷任海軍三長官的人。1943年被授予元帥稱號，1944年因戰局不利轉任天皇首席顧問。日本投降後被捕，在戰後審判時病死

　　第二天午飯後，張嘯林備了兩頂轎子，讓人抬到劍池遊覽。劍池，傳說是春秋戰國時，吳王派干將、莫邪夫婦在此鑄劍而得名。三疊泉瀑布飛流直下三十丈。泉邊有干將、莫邪在造劍的塑像。深受武士道精神薰陶的永野，對刀劍挺感興趣的，他竟然撲通一下跪在干莫像前，不停地磕頭，弄得陪在一邊的張嘯林不知所措。拜完了，起身問：「張先生，你知道這莫邪和干將，哪個是男，哪個是女嗎？」

張嘯林這下可被問住了，他雖然聽說過一些相關的典故和傳說，但是記憶中都比較籠統，又不好意思說忘記了，只能硬著頭皮說：「莫邪是男的，干將是女的。」

「這您就猜錯了，這莫邪是此山老祖宗莫元的女兒。那干將才是莫元招的女婿哩！」

「永野先生博古通今，甚至對我們國家的文化也這麼瞭解，佩服啊！」張嘯林伸出大拇指搖晃。永野湊過身去，乾脆把他此次上莫干山的目的挑明瞭。於是兩人的談話，用不著繞彎子。

永野向張嘯林透露，說日本當局很器重張的才能與威望，戰後的上海灘，只有張出馬才能擺平。上海戰事一結束，馬上會成立日中親善市政府，張嘯林正是市長的合適人選。

張嘯林聽了這番肺腑之言，一顆懸著的心終於落下了。尤其聽見市長這個職務，心裡樂開了花。張嘯林素來喜歡當官，管他是日本人的官還是國民黨的官。同時，永野還希望張嘯林幫一個忙，就是拉周鳳岐下水。

周鳳岐原名清源，浙江長興人，是張嘯林在浙江武備學堂的同窗好友。後來，他投入軍閥孫傳芳名下，當了南京衛戍司令。「七‧七」事變後，白崇禧電邀周鳳岐到南京，逗留了一個多月，這會兒正好返回家鄉長興。長興，屬浙江湖州府，離莫干山不遠，汽車四、五個小時可以來回。

永野打算要張嘯林牽線，把永野介紹給周鳳岐。兩個人現在吃飽喝足，事情也談成了。張嘯林坐著轎子開始往自己的幽居別墅趕，談成今天的事情，張嘯林非常高興，心想，自己就可以安全地回上海了。

　　回到別墅之後，當天晚上，張嘯林患了熱傷風，鼻涕眼淚直流，但是，為了表示對日本帝國的友善，第二天，張嘯林還是帶病下山到長興，親自把周鳳岐請到林海幽居。永野與周鳳岐兩個，就在竹軒裡關起門來密談了一整夜，任何人都不許進屋。

　　永野的這麼神祕鬼祟，張嘯林心裡很不是滋味。可是周鳳岐倒十分坦率，將密談的內容告訴了老同學，說永野要他出任將成立的維新政府軍政部長，而周本人的意願，希望出任浙江省省長。雖然最後職務並沒有談妥，但是至少有這條線了，以後好說話也好辦事。

　　周鳳岐和張嘯林在幽居裡待了兩天，算是敘舊，也為了聯絡感情。兩天之後，周鳳岐便回到家鄉，開始大肆宣傳「抗日必敗，中國必亡」的謬論。他召集一些地主、豪紳和惡霸，組織了一個維持會，從此公開進行漢奸活動。

　　1938年3月以大漢奸梁鴻志為首，在南京成立了偽維新政府，周鳳岐任軍政部長。後來，軍統負責人戴笠向軍統特務上海潛伏區區長周偉發除奸電令，在上海將周鳳岐暗殺。

受到「日本老闆」的優待

　　張嘯林的親日運動步伐也越來越快。那位永野先生現在已經成了張嘯林家中的常客。不過，每次的談話都能讓張嘯林有點收穫，最近上海的情況，接下來日本打算在上海實施什麼政策。不過，張嘯林知道，從回上海到現在，他見到的日本人只有永野一個，其實這是日本人在考察自己。他內心還是渴望見到一些關鍵人物，好儘快確定自己的賺錢計劃。

　　一天，永野又再一次趕到張公館。張嘯林已經習慣了他總是一副急事的樣子，隨意地打招呼：「永野先生來了，我這剛從洋人那弄來一瓶好酒，要不要嘗試一下。

　　「酒，留著下次痛飲。我這次來是給你帶來一個喜訊：土肥原先生要見你。你快去換衣服，車子在外面正等著呢。」

　　這次是真的喜訊，張嘯林立刻上樓換衣服，穿戴整齊之後，跟著永野上了一輛黑色轎車。轎車像閃電一樣穿過外白渡橋，向西轉彎，繞過百老匯大廈，進入四川北路，經過日本海軍陸戰隊本部門口，掠過新公園邊門，減低了車速，向西北一片茂密的樹叢中滑行過去，在一幢孤零零的二層樓前戛然停下。

　　這是一座灰色的西式洋房，名叫「重光堂」。房子坐落在一片茂密的樹林之中，由於陽光照射不進來，灰色屋子

越發顯得陰森。「七‧七」事變後，日本大本營委任中將
土肥原在這裡設立「土肥原機關」，對中國展開特務活動，
這機關的公開名稱就是「重光堂」。此時，土肥原正站在
窗口，等待著張嘯林的到來。

　　一會，他聽見遠處的車子聲，知道人到了。探頭往樓下
一看，永野正陪著張嘯林走下車，往樓上走來。土肥原回

到寫字檯前端坐好，用手攏
攏頭髮，理理上唇粗而濃的
一撮小鬍子，開始看資料。
很快，侍衛進來報告，永野
已經帶著張嘯林走進辦公
室。

　　見面之後，土肥原非常
禮貌地站起來，向張嘯林問
好。張嘯林一時緊張，不過
轉念想起日本人的禮節來，
立刻深深鞠了躬，這個躬度
數有點大，險些讓他出醜。

◆土肥原賢二，日本陸軍大將，主持情報工作，繼青木宣純
　和阪西利八郎之後，在中國從事間諜活動的日本第三代特
　務頭子，建立「滿洲國」和策劃「華北自治」的幕後人
　物。以豪爽重義聞名於舊中國官僚間。有「東方勞倫斯」
　之稱。後任日本第十四師團長，參加蘭封會戰，升任第七
　方面軍司令，教育總監，第一總軍司令。1948年被遠東國
　際軍事法庭判定為甲級戰犯，經抽籤第一個被處以絞刑

土肥原操著一口流利的中國話說：「張先生賞光，請上座，」對站在門旁的助手說：「少佐，敬煙。」少佐馬上打開一包紙煙為張嘯林和永野遞煙，並且為幫客人彎腰點火。這使張嘯林受寵若驚。

對土肥原這個人，張嘯林早就聽說過，他是個兇惡的謀略家。30年代初，他策劃了偽滿洲國。如今，又在陰謀組織中央漢奸政府。他原本想像中的土肥原，肯定是個牛魔王之類的人物，以為今後要與魔鬼合作，可是眼前坐著的，卻是文質彬彬的謙謙君子，原先拘束的心態，一掃而光了。

接著，土肥原詳細的對張嘯林談出自己的想法。日本侵略軍侵占上海以後，遭到中國抗日武裝頑強抗擊。到1939年前後，中國共產黨領導的抗日武裝，在廣大農村和山區，對日軍展開了敵後遊擊戰爭，牽制了敵人的力量，並不斷襲擊日本軍車，斷絕日軍的補給線，使得日本軍在上海的補給供應日益困難。

特別是糧食、棉布與煤炭的供給，時時發生危機。為解決這個困難，永野修身對土肥原建議，啟用張嘯林。讓張嘯林出面組織一個所謂「新亞和平促進會」，專門為日軍採購軍需品。

張嘯林一聽是採購工作，知道中間肯定有油水可撈。這樁買賣正中下懷。不過，張嘯林心想自己好歹是個上海大亨，還是要拿出點矜持，不能太俯首貼耳，讓對方看輕，才好討價還價。於是他說：「土肥先生您也知道，組織新亞和平促進會，既是好事也是難事。這中間，肯定需要不少經費。不過，土原先生已經開口，張某願效犬馬之勞。至於籌措經費，安排聯絡人員的事情，我想在英大馬路大

新公司五樓開個『俱樂部』，做點煙、賭生意，土肥原先
生覺得如何？」

「生意當然可以做，你放心，不過新亞和平促進會的經
費問題，我們可以資助一些，會址也可以提供。」土肥原
回頭對身後的永野說，「永野君，這兩件事，你與張先生
商量著辦吧！至於辦俱樂部，是好事情，我下午就與英租
界打招呼。」

張嘯林從土原那裡出來之後，就找到親家翁俞葉封。又
聽俞葉封告訴他這段時間日本人在上海的其他活動。原來，
前幾日佐藤好幾次派人到漕河徑黃家花園，遊說黃金榮出
來當市長，當維持會長。黃金榮就以『年老體衰，久病在
身』為由，拒絕出任。日本人見黃老闆不上鉤，就去找傅
筱庵，讓他當上海市市長。

張嘯林一聽這話，非常生氣，心想，日本竟然去找黃金
榮而不找他。不把市長給黃金榮就算了，居然還把市長讓
給傅筱庵這個被蔣介石通緝過、蟄居在上海灘的「閒人」。
但轉念一想，日本人是看重自己的經商才能，另有重用。
只要能賺錢，管他什麼市長不市長的。

張嘯林和自己親家翁兩人商量了整整一下午帶一個晚
上，搭好班子。第二天，便召開了成立大會。在四川北路
天潼路口的轉角處，有一幢七層樓，廣東人在這裡開了粵
菜館，就是大名鼎鼎的新亞大酒家。

「八‧一三」戰事後，被日本人霸占了，作了軍事用房
與特務機關。其中的二樓，由上海土匪流氓頭子常玉清組
織的「皇道會」占據三樓與四樓，給了大漢奸梁鴻志作籌
備「維新政府」的辦公地點。五樓東頭的三間套房，就給

了張嘯林作為「新亞和平促進會」的會址。

　　成立大會正是在籠5201室舉行。會上，張嘯林自任會長，俞葉封為常任祕書，阿成、高鑫寶等人為理事。後來，會員發展到兩百多人，大多是投機商人。會上，張嘯林作了分工：為日本軍隊收購和運銷急需的煤炭、大米和棉花等重要物資。他自己包辦從上海運煤到華中的「貿易」，負責糧食收購；俞葉封專門收購棉花，負責蘇南、江浙一線；程度欣、高鑫寶負責協助張嘯林。

　　在日本軍需補給上，張嘯林為日本帝國主義立下了汗馬功勞。後來，張嘯林又組織了長城唱片公司，委派鄭子褒全權負責。這樣，他又可以拉攏文藝界、新聞界的一些人，為他公開吹噓捧場。

　　不過，做再多的宣傳也擋不住悠悠之口。幾天之後，關於諸如「張嘯林當了日本走狗」，「張嘯林叛國，遺臭萬年」之類的鄙視、唾罵聲四起。張嘯林為此事非常生氣，卻又無法堵住所有人的嘴巴。

「省主席」幻夢

　　張嘯林在替日本人辦事的同時，又想著如何既能利用日本人，又能拉上與汪偽政權的關係呢？

　　在三大亨中，杜月笙已經遠走香港，黃金榮抱病拒不見客，只剩下張嘯林替日本人賣命。漸漸地，張嘯林也得到了日本人的信任。張嘯林的勢力也不再局限於法租界，現在，他在整個上海都有產業。這時，這個「大帥」的官癮又上來了。此時，偽上海市長的交椅已被傅筱庵搶占，只有偽浙江省省長寶座尚空著。浙江是張嘯林的家鄉，這正是光宗耀祖的好機會。他早就想找個日本人管不著的地方，去當土皇帝。在上海，無時無刻不在日本的管理之中，實在壓得他透不過氣來。

　　其實，早在「八‧一三」的時候，張嘯林在決定投靠日本人之前，就向日本駐杭州領事提出過條件，想要弄個浙江省主席做做。當時這位領事聽了不禁倒抽一口氣，對張嘯林說，要這個職位恐怕有點困難。張嘯林看當時時機也不成熟，就放棄了，但是心裡還在念著。

　　現在，日本人也決定在浙江建立一個偽省政府，讓張嘯林出任省主席。日本人這樣做的目的有兩個，一是想把勢力伸向浙江，擴大控制中國的範圍；二是以滿足張嘯林的「官癮」，讓他發揮其更大的作用。張嘯林正在苦悶煩躁

的時候，接到了一個又希望的電話，這個電話讓他整整興奮了一個下午。打電話的人是丁默村。汪精衛到上海後，大漢奸周佛海建議他組一個特務機關，同「軍統」對壘，同時壓制租界的抗日氣氛，並推薦丁默村主持其工作。丁默村早年畢業於杭州武備學堂，與張嘯林是同學。他個子矮小，都稱他為「丁小鬼」。他參加了孫中山領導的辛亥革命，後投入陳果夫、陳立夫的「中統」，任國民黨軍事委員會調查統計局第三處處長。「七‧七」事變前，鄒韜奮在上海主辦進步刊物《生活週刊》，提倡政治民主和對日抗戰，頗受讀者歡迎。「中統」要辦一個刊物來抵制《生活週刊》。就派丁默村到上海創辦《社會新聞》。

這個刊物無中生有，信口雌黃，對共產黨人和進步人士極盡誣衊醜化之能事。「八‧一三」事變後，軍委會調查統計局又一分為二成立「中統」與「軍統」，分別隸屬中央黨部和軍委會，均稱調查統計部，原丁默村所在的三處撤銷，丁默村在周佛海所領導的軍委會第二部掛個專員的名義，鬱鬱無聊。武漢淪陷前，他由漢口繞道香港到上海。周佛海到上海投敵後，丁默村又投到周的門下。

丁默村之所以打電話給張嘯林，是因為他養了兩個情婦，每月的工資不夠開銷，手頭一時緊張。於是，想到了請張嘯林接濟一下。張嘯林一聽機會來了，馬上滿口答應：「默村兄，明天我就派人送到南京。」「多謝了，嘯林兄，有什麼用得著兄弟的地方，你儘管說。」丁默村也知道要給他一點好處才行。過了一段時間，張嘯林把他想弄個官當當，尤其是想當偽浙江省主席的願望告訴了丁默村。丁告訴張嘯林，他在汪精衛面前說話不夠分量，可以打通周

佛海這個關節，讓周在汪精衛跟前推薦張。於是張嘯林又開始研究，怎麼與周佛海連上線。不出所料，這次又是靠女人。

因為周佛海是典型的貪財好色，上海漂亮懂風情的姑娘這麼多，張嘯林不愁不成事。

◆丁默村即丁默邨，早年曾加入中國共產黨，後投靠國民黨，在上海進行特務活動，抗戰期間叛投日本侵略者，組建76號特工總部，血腥鎮壓愛國志士，僅在1939年至1943年不足四年時間內，76號竟然製造了三千多起血案。外國記者稱丁默邨為「嬰兒見之都不敢出聲的恐怖主義者」，中國人則稱其為「丁屠夫」。抗戰勝利後，丁默邨被國民政府逮捕，1947年被執行槍決

周佛海也是漢奸，他在日本顧問的指導與策劃下，於1940年5月成立了偽「中央儲備銀行籌備委員會」。同時，他又在忙著籌建偽中央儲備銀行上海分行，忙得很。但是，這麼忙他也沒有忘記女人，上海開納路十號周公館就是周佛海「金屋藏嬌」的密室。

他的「金屋」沒有固定的嬌娘，他玩夠了隨時換新的。可是，這次不知道為什麼，「舊人」打發了好幾天了，手下卻遲遲不把「新人」送來。周佛海正在苦悶的時候，丁默村來訪，看他屋子裡沒人，就知道怎麼回事了。於是說道：「我給你送一個來吧，保證滿意。」

當天晚上，就有一個女郎進了周佛海的金屋。這個女人確實讓人眼前一亮，也就在這一瞬間，周佛海覺得已經被這個女人給俘獲了。女人身上有股撩人魂魄的體香，男人但凡一聞到這異香，便會不由自主地興奮起來。

周佛海不知見過多少漂亮的女子，但和眼前的風流美人相比，簡直俗不可耐。兩人一番雲雨交歡之後，周佛海滿意地坐了起來，從包裡拿出十萬元，塞到阿蓮手上，卻被女人拒絕了。「我不要周先生的錢，只要先生別忘了我就行。」

從那以後，周佛海的金屋迎來了新主人。阿蓮得了寵，於是開始在周佛海的枕邊吹風，為張嘯林說情。終於，周佛海看在美人的分上，同意向汪精衛推薦張嘯林出任汪偽浙江省省長。不用想，這阿蓮必然是張嘯林請來的。而且是專門派人從南方找來的交際花，完成任務，她的兩根金條也到手了。

張嘯林的動作越來越大，已經引起軍統的注意，這些消息當然也傳到了香港杜月笙的耳朵裡。杜月笙寫信專程託人給張嘯林，警告他趕快懸崖勒馬，不要當漢奸，不要與汪偽政權搞在一起。但是，當時的張嘯林正做著杭州省主席的美夢，怎麼可能會聽他的。

暗殺連連

　　民國時期是一個黑色恐怖和白色恐怖統治的時代，那時候，各種政治勢力此消彼長。各派為了達到擴大自己的力量，消滅異己，最大限度地打擊反對派，常常採用一種最行之有效的方式——暗殺。在這種情況下，暗殺成為民國政治中極為光怪陸離的一幕。

　　1937年，日軍發動「八・一三」事變。到10月下旬，戰局惡化，蔣介石準備放棄上海。而三大亨中，黃金榮已表明不會出頭為日本人做事，杜月笙去了香港，這正是張嘯林獨霸上海灘的好機會。

　　國民黨特務機關的最高領導人戴笠也清楚地知道黃金榮如今已經老朽昏庸，現在是在家每天抽煙等死，不可能再出來，即使出來在上海灘難成氣候。倒是張嘯林，一直野心不減，為了維護自己的權利，保住自己在上海的地位，不惜投靠日本人，出賣自己的國家和人品。

　　在1939年年底的一個晚上，天氣異常寒冷，外面雨雪交加，街上的攤販們早早收了買賣往家趕。在國民黨軍統局的祕密會議室裡，卻是燈火通明。一群面目嚴肅的人正在這裡舉行針對汪偽漢奸的除奸行動計劃會議。而主持會議的，正是軍統局上海站的站長周道三，他正發表蔣委員長的指示。周道三說完，首先抬頭看了一眼坐在他旁邊的

陳默，示意他發表高見。

陳默此人中等身材，長得一副機警幹練的樣子。他早年是杜月笙的得意門生，在軍校高校班受過訓，抗戰之前在做上海警備司令部稽查處經濟組長。

陳默奉杜月笙之命，加入軍統後，開始任軍統上海站別動隊隊長。成了周道三的得力助手，自從汪偽政府成立後，他帶著一群殺手，殺得漢奸們心驚膽戰。

陳默說話非常簡練。「蔣委員長的命令我們應當堅決執行。但是，我們現在需要一份詳細計劃，並且列出一份漢奸名單，給該除掉的漢奸排排先後順序。」

周圍的幾個人都覺得陳默說的有道理，紛紛開始羅列自己手頭上收到的漢奸人名。直到「張嘯林」這個名字出來之後，大家一下安靜下來。因為所有人都知道這個張嘯林是個不折不扣的大漢奸，但是卻一直排在暗殺計劃之外，在座的許多人也認為上頭有人在偏袒。

陳默現在陷入兩難的境地，陳默遲遲不殺張嘯林，是因為他原是杜月笙的門下，常常出入杜、張兩人的公館，而且對張嘯林以「世伯」相稱，兩人關係很好。而且上海淪陷以後，張嘯林在經濟上也多次暗中接濟過他。所以，陳默在積極除奸的時候，總有意無意地把張嘯林放了過去。但是這麼拖下去也不是辦法，這個師伯已經在這條錯誤的路上越走越遠，無法回頭了。退一步講，即使現在回頭，軍統的「殺無赦」原則也不會放過他。總之，張嘯林難逃一死。

再說，張嘯林自從當上了「新亞和平促進會」會長之後，專門為敵寇收購物資，並從中大發橫財，成了上海灘

頭第一紅人，可說是紅得發紫。他得意洋洋，早年的時候，黃金榮和杜月笙雙雙壓在他的頭上，抗戰前期，杜月笙又壓在他的頭上，讓他透不過氣來。現在，他終於把一直壓在自己身上的兩座山給拋開了。

1940年元旦，軍統針對張嘯林實施暗殺，不過這次暗殺失敗了。

兩星期之後，張嘯林的另一漢奸搭檔，偽和平運動促進會委員長李金標又差點見了閻王。非常慶幸保鏢保護得好，他才僥倖保全了一條性命。張嘯林得到這個消息之後，也終於意識到，他離軍統特務的槍口也不遠了。

張嘯林提高了警惕，馬上吩咐李彌子從所有的手下和徒子徒孫中選槍法好的，人可靠的調過來。同時，又多派遣保鏢，把自己的公館包了個嚴嚴實實。並且開始過著隱居生活，盡量不把自己暴露在外。不到萬不得已，張嘯林絕不輕易跨出公館一步。

1940年1月15日晚，新世界舞台霓虹燈閃爍，熱鬧非凡。門前鑼鼓喧天。這晚是由上海小艷秋在此開演《玉堂春》。為了給她捧場，俞葉封一手策劃了今晚的一切。俞葉封任職的「新亞和平促進會」會員，每人發戲票一張。然後，他又請了「76號特工總部」人員，還有「新亞和平促進會」會長張嘯林一家子。

張嘯林最近在家裡也確實憋悶壞了，現在有個都是同僚參加的聚會，自然高興地答應。一方面都是自己人比較安全，另一方面還可以過去敘敘舊。吃過晚飯，張嘯林換好衣服，也讓妻妾們打扮一新，準備全家一起去看戲。剛剛要邁步跨上汽車，只見一個僕人急急忙忙從屋裡跑出來，

喊：「先生，電話！」

「誰的？問他有什麼事？」張嘯林有些不耐煩，也懶著回去接電話，準備了大半天，好不容易全家出去熱鬧一下，誰人來電話掃興？

「聽聲音，應該是個日本人。」

張嘯林聽到「日本人」三個字，上車的腳就縮回來了，轉身走進客廳。別的電話可以不接，但是日本人萬萬得罪不起啊。話筒裡傳來生硬的中國話：「您好，張先生，打擾了。我是日本新亞貿易株式會社的大班，請您馬上來一趟大新公司。」

張嘯林好不容易才聽懂對方說什麼，想開口問什麼事情。但是，對方已經掛斷電話了。於是，他只能嘟嘟囔囔地罵人，最後還是灰溜溜的送走老婆，並給新世界舞台的俞葉封打個電話，就說我有要事，戲先開場演著，不要等我了。」

俞葉封這邊正坐在包廂裡焦急地等著張嘯林。這時，茶房推開包廂的門，湊在俞葉封耳邊悄悄地說：「張老闆剛才打來電話說，他有要事，要晚一步到。他讓您不用等了。」

隨即，鑼鼓齊鳴，那些等得心焦的看客安靜下來，壁燈慢慢由亮變暗。只聽得小艷秋在幕內一聲叫板，台下頓時鴉雀無聲。接著，一束燈光直射舞台一角，人們的目光全被吸引了過去，小艷秋邁步上台。果然身段長相都夠水靈，難怪引來一群人喝彩。

戲正唱到高潮部分，所有人的目光都緊緊隨著小艷秋的身形移動而移動的時候。俞葉封所在的包廂小門被人輕輕

推開了，一支槍管伸了進來。忽然傳來幾聲槍響，有些人反應過來，發現包廂內的俞葉封已經倒在血泊中。

日本人的電話讓張嘯林逃過一劫，可惜他的老朋友俞葉封做了他的替死鬼。張嘯林正在趕往新世界，到地方就看到老朋友的屍體被抬了出來。他嚇得魂飛魄散，一時間不知所措。他雖然以前經常殺人，尤其當年鎮壓工人的時間，簡直就是屠殺。但是，這種事情真正落到自己頭上的時候，還是沒辦法冷靜。

幾天之後，張公館的安全措施再次加強，上次是十個保鏢，這次加上李彌子選拔出來的二十個槍法好的，圍在張嘯林身邊一共三十個保鏢。然後還有土肥原派的日本憲兵，在張公館日夜巡邏守衛。那張嘯林如驚弓之鳥，整天提心吊膽，大白天也不敢上街。

幾個月之後，張宅太平無事，張嘯林也一切平安，懸著的心稍稍安穩了些。

不久到了這一年的端午節，「新亞和平促進會」成立兩週年的日子，作為會長的張嘯林不能不出面了，因為日本人已經對他表示了不滿：上海與安源煤礦的聯繫，原由俞葉封一人經手，這是條「命線」，又是塊肥肉，俞從不讓別人插手的。俞葉封一死，日軍的煤炭供應出現了危機。而張嘯林又龜縮在家閉門不出。日本人沒辦法，基本上天天都會打電話騷擾張嘯林。

最後，張嘯林決定在大東亞酒樓安排幾桌酒席，召集上海灘的大小嘍囉，痛飲一番，算是鼓舞一下士氣，也可以借這個機會找個合適的人選接替死了的俞葉封，打通與安源煤礦的聯繫通道。

　　端午節的傍晚時分，張宅整日緊閉的大門緩緩打開了，張嘯林鑽進汽車，前往大東亞酒樓赴宴。當他的小汽車剛開到福熙路的十字路口時，早已潛伏在路口的軍統行動小組，看到張嘯林的汽車過來，立刻舉起手中的武器，帶隊的陳默，首先扣動扳機，可惜對方的車忽然停下，那一槍直接落空了。

　　當時，張嘯林的司機阿四正要通過路口，一抬頭，發現交通指揮柱上的紅燈突然亮了起來。他正要煞車，猛然間聽的「碰碰碰」一陣密集的槍彈飛來打在汽車玻璃上，汽車玻璃被連穿幾個大洞。阿四知道不妙，立刻猛踩油門，汽車直接衝過紅燈，消失在路的盡頭。

　　張嘯林依靠自己司機的機智，又撿了一條命。

漢奸的最後下場

　　張嘯林經過幾次暗殺，早已成了驚弓之鳥，龜縮在張公館裡不敢出來。

　　一天，手下阿成急急忙忙地趕回張公館，一見到張嘯林就連聲叫道：「剛才太危險了！看到阿成這個樣子，急忙問：「又發生什麼事情了？」

　　阿成喘著粗氣說出了事情的經過：今天中午，他跟阿旺兩個人準備去飯店喝酒，路邊忽然竄出三個帶槍的殺手，一舉手就開始掃射，幸虧阿旺把我推到路邊，才躲過一劫。他反應夠快，直接掏槍反擊，兩槍放倒兩個殺手。另外一個殺手看形勢不妙，就逃進英租界了。

　　張嘯林對這些暗殺事件已經沒有任何興趣了，他現在注意力集中在那個身手了得的人身上問道「你說的阿旺是什麼人？」

　　「他是我老鄉，原名叫呂東旺。我們兩人早就認識，阿旺原是76號特工總部行動隊長吳全寶的部下。槍法奇準，百發百中，跟著吳全寶伏擊過軍統特務。不過此人有一個壞毛病，就是愛賭，而且好色貪杯，一月幾十塊大洋的薪水常常不夠他一夜的風流。」

　　「這個人聽你說起來，應該有點真本事，有空帶過來我見見吧。」張嘯林對阿旺感興趣了。

您現在就能見到他。他就在樓下呢。不一會，阿成把阿旺帶到了後花園。一個保鏢走過來對阿旺說：「呂先生嗎？我家主人想見識見識你的槍法。」

躲在樓上的張嘯林看了阿旺的表現，非常滿意。現在正是最關鍵的時刻，也正是他用人的時刻。但是，這人絕對不能出一點差錯。於是，他決定進一步考察一下此人，要他跟自己的保鏢們比試一下槍法。他要在比槍法中進一步考驗阿旺的可靠性，而後收為貼身保鏢。

張嘯林青少年時進過武備學堂，學過軍事，對玩槍一直感興趣。他現在深信自己目前處境危險吧，再多的人也有破綻，只有靠槍桿子保護。所以，他要搜羅一些神槍手，晝夜隨在自己身邊，就不擔心別人暗殺了。但是，要想正式比試槍法在這裡顯然不合適。到哪兒去比呢？張嘯林想了一個下午，終於找到一個好地方，就是上海的西北郊，有個小鎮，名叫大場。那裡最近被日本人修建了一個軍用機場，附近有個靶場。以前，張嘯林經常帶著自己的保鏢，來這兒練槍法。此事不易耽擱。張嘯林迅速派人通知阿旺明天一早到那裡聽安排。

第二天一早，阿旺果然準時在門口等候。張嘯林找出一支左輪手槍，斜掛在身上。又從保險箱中取出一支精製的白朗寧手槍，放進隨身攜帶的皮包裡。之後，帶著一行人坐車直奔靶場。一切準備妥當之後，張嘯林把周圍的保鏢叫過來。他從自己的大皮包裡取出那支嶄新的白朗寧手槍，舉過頭頂，掃視了一下周圍二十幾個保鏢，說：「今天我們不打靶子，打飛碟，誰想上就拿槍。」

張嘯林又舉起手中的白朗寧，在這保鏢跟前晃了晃，

說：「你們就用這支槍打，每人可以打十發子彈。誰打中的飛碟多，這支槍就歸誰了。」

張嘯林的一個保鏢竟然十槍打中了八個飛碟，讓張嘯林大吃一驚。此人叫做林懷部，原來是上海法租界的一名華人巡捕，其父親曾經在北洋軍隊裡服役，與黃金榮有點交情。後來，在黃的介紹下進的張府，林懷部取得了張嘯林的信任，擔任貼身保鏢一職。

張嘯林欣賞完自己保鏢的表演之後，叫阿旺也來試試。結果阿旺從張嘯林手中接過手槍。定了定神，連發三槍，三槍命中。引來周圍的眾人，紛紛叫好。接著，他又連發四槍，命中三碟。大家都屏住了呼吸，緊張地盯著他。剩下三發子彈了，要是三發全中該是多麼榮耀！出乎大家的意料，阿旺最後三槍打得很窩囊，只打中了一個碟。於是，他一共打中七槍，比林懷部少了一槍。

槍手都愛槍，林懷部自然也不例外，他見過不少好槍手，還從未碰到過這樣豪氣大方的人。他剛才已經觀察了阿旺的一舉一動，從取槍到舉槍再到扣機，動作一氣呵成，顯然是位高手。而且他還發現，最後三槍，阿旺是故意打歪的。他明白此人是有意讓著他，忽然心生豪情，想和阿旺交個朋友。於是，當即約定，有空兩個人一起喝幾杯。

張嘯林是個懂槍的人，各種原因也看得清楚，當即覺得這個人可以用。回到家中，他又打電話給76號特工總部行動隊長吳全寶，打聽這阿旺的情況。結果與阿成說的經歷一模一樣。張嘯林心裡還在猶豫，為了安全起見，他決定暫時先不用，留著再考察考察。

這天下午，林懷部約阿旺來到了南京路上的萬里香酒

樓。他們選了個靠近視窗的位置，邊喝酒邊討論手槍，討論槍法，兩個人簡直相見恨晚啊。最後，兩人借著酒勁，做了拜把兄弟。林懷部歲數大，做大哥，阿旺做小弟。

林懷部結交這麼一個兄弟，心裡十分高興，打算介紹他到張府當保鏢，卻被阿旺一口拒絕了。林懷部好奇詢問怎麼回事，阿旺只是笑而不答，這件事只能暫時先作罷。幾天之後，林懷部與阿旺哥兒倆又轉戰到廣西路口的川味酒樓上，阿旺要了一個單間，點了一道烤乳豬。二人坐定，侍者首先擺上蠔油、白糖、蔥白、三色醬、椒鹽、酸辣菜與千層油餅等佐料。不一會，一盤金紅色的整隻烤乳豬也端了上來。

兩個人吃得津津有味，林懷部邊吃邊問：「你這一席烤乳豬要多少錢？」

「三十塊大洋左右吧。」

「這麼貴，看來你混得不錯嘛！」

「不瞞大哥說，我有份特殊的工作。」阿旺環顧了一下單間，侍者不在，門也緊閉著。他壓低了聲音，悄悄地告訴心存疑問的林懷部，他名義上在「新亞和平促進會」裡做生意，實際上為重慶方面做特殊的工作。

「這麼神祕，什麼特殊工作？」林懷部繼續問。

「除漢奸。」阿旺直視著他的眼睛。

林懷部大吃一驚，死死盯著阿旺。

林懷部終於緩過神來，輕輕說了句：「原來你是軍統的人。」

阿旺點了點頭，他從腰間拔出手槍，放在林懷部的面前，說：「男子漢大丈夫敢作敢當，你若覺得小弟做得不

對，就拿這支槍斃了我吧！」

林懷部一聽這話，一身的豪情也被激發出來，他大聲吼道：「你當我是什麼人？老子也是有骨氣的，也是個中國人。」

接著，阿旺開始向林懷部打聽張嘯林的事情，林懷部告訴阿旺，張嘯林生性暴戾，為人刻薄，頗遭大夥怨恨，他也受夠了。只是自己跟他多年了，不好脫身。軍統方面幾次刺殺張嘯林的事，他自然非常清楚。其實，他也常想，要是有一天張嘯林倒了，或日本人完蛋了，自己也脫不了幫兇的關係。

阿旺覺得目的已經達到了，於是繼續鼓動他：「你要為自己留條後路！如果，你幹掉張嘯林不就是抗日英雄了嗎？而且，如今的上海灘各種勢力交織在一起，非常複雜，稍不留神，就可能萬劫不復。你最好看清形勢早下決心，免得到最後免得玉石俱焚，和主子一起完蛋。」

林懷部終於被說動了，在門口分手時，他已經下定決心，答應阿旺找機會除掉張嘯林。

幾天之後，陳默約見林懷部。他以5萬塊銀元和除漢奸的民族大義，爭取到林懷部作內線，聽候指令執行任務。1940年秋天，陳默已經開始透過阿旺指示林懷部，讓他在近日內下手，得手後由軍統總部設法疏通，並會將他安排為法租界巡捕房捕辦。

到了8月14日的傍晚，偽杭州司法局局長吳靜觀聽到張嘯林即將上任浙江省省長的消息後，也來到張公館，拜訪這位即將上任的頂頭上司。張嘯林把他請到了三樓的密室會談。二人正談的興起的時候，忽然聽見樓下吵鬧謾罵的

聲音。

◆華格臬路180號（今寧海西路212號）。1926年黃金榮送給
　杜月笙、張嘯林兩座一模一樣的三間兩進大宅，一人一
　座，兩座之間有門相通。張嘯林曾在此公館中舉行他的六
　十大壽慶典，轟動的程度可與「黃家花園」和「杜家祠
　堂」的落成相媲美。1940年，張嘯林正是在這座公館裡被
　林懷部擊斃。新中國成立後此房與隔壁的杜公館一同被拆
　改，圖為現在的寧海西路212號，依稀可見當年的風采

　　張嘯林的火氣瞬間上升，家裡有客人還來吵，簡直不像
話。原來，這天正是林懷部值班，守在張嘯林的樓下，他
決定待張嘯林送客下樓時動手鋤奸。但沒一會兒，管家李
彌子下樓，吩咐僕人去怡紅院叫局。

　　林懷部一聽，擔心自己的暗殺計劃受阻，立刻開始找機
會製造事端。他走到院子裡，正好看見司機阿四在擦車。

於是，過去對阿四說：「你去跟張先生說一下，我明天要請假回老家。」

司機阿四是張嘯林的心腹，但是他聽見林懷部的語氣非常不痛快，於是道：「你沒看見張先生在會客嗎！何況，你有什麼資格吩咐我啊。」

兩個人在院子裡爭吵起來，而且越吵越凶，最後竟然動起手來。張嘯林剛開始只當小吵小鬧，有客人在也不好發作。誰知後來越罵越凶，終於忍無可忍的向訪客賠個不是。起身，推開窗戶，將身子探出來，大聲喊道：「誰再大喊大叫的，老子就斃了他。」

誰知，張嘯林這聲非但沒有勸住，反而讓林懷部越罵越凶。張嘯林氣的將半個身子探出來，對周圍的人喊道：「給我把他的槍給卸了。」

「用不著你們趕，老子自己走！」林懷部大吼一聲，伸手就往腰間拔槍。

就在所有的人都以為林懷部要卸槍走人的時候，意想不到的一幕發生了。林懷部忽然把槍舉起來，對著張嘯林扣動了扳機。只聽「砰」的一聲槍響，張嘯林從樓上跌到院子裡，一動也不動，額頭上正冒著血。

林懷部對著院子裡的人喊道：「這個大漢奸是我殺死的，和你們無關。一人做事一人當，我現在就在這裡等巡捕房來抓人。」他說完之後，竟然真的悠閒地掏出煙抽起來。

整個院子沒有人敢再動，張嘯林的妻妾們聽見聲音，已經趕過來。正圍著張嘯林的身邊嚎哭。有人在屋子裡，偷偷打給日本憲兵隊。

不一會，日本憲兵隊沒有來人，法租界的人先到了。後

來，法租界判處林懷部15年徒刑，抗戰勝利後林懷部被釋放。

張嘯林死後，上海各大報紙一致認為，這是一樁私人洩憤的暗殺案，沒有絲毫的政治背景，更沒人把它與遠在香港的杜月笙聯繫起來。這個上海灘一代大亨就這麼退出了歷史的舞台。

對於黃金榮、杜月笙、張嘯林這三人的人生經歷，我們可以像讀三國水滸一樣，「替古人擔憂」，獵奇以消磨時間；也可以在他們與大時代的關係中梳理出一種人生觀照，看興衰成敗，看風起雲湧，看人和人的相同和不同。見自我，見天地，見眾生。

永續圖書
線上購物網

www.foreverbooks.com.tw

◆ 加入會員即享活動及會員折扣。

◆ 每月均有優惠活動，期期不同。

◆ 新加入會員三天內訂購書籍不限本數金額，
  即贈送精選書籍一本。（依網站標示為主）

專業圖書發行、書局經銷、圖書出版

▶ 老上海黑道那些年、那些事　（讀品讀者回函卡）

■ 謝謝您購買這本書，請詳細填寫本卡各欄後寄回，我們每月將抽選一百名回函讀者寄出精美禮物，並享有生日當月購書優惠！
想知道更多更即時的消息，請搜尋 "永續圖書粉絲團"

■ 您也可以使用傳真或是掃描圖檔寄回公司信箱，謝謝。
傳真電話：（02）8647-3660　　信箱：yungjiuh@ms45.hinet.net

◆ 姓名：＿＿＿＿＿＿＿＿＿　□男 □女　　□單身 □已婚

◆ 生日：＿＿＿＿＿＿＿＿＿　□非會員　　□已是會員

◆ E-mail：＿＿＿＿＿＿＿＿＿　電話：（ ）＿＿＿＿＿

◆ 地址：＿＿＿＿＿＿＿＿＿＿＿＿＿＿＿＿＿

◆ 學歷：□高中以下 □專科或大學 □研究所以上 □其他＿＿＿

◆ 職業：□學生 □資訊 □製造 □行銷 □服務 □金融
　　　　□傳播 □公教 □軍警 □自由 □家管 □其他＿＿＿

◆ 閱讀嗜好：□兩性 □心理 □勵志 □傳記 □文學 □健康
　　　　　　□財經 □企管 □行銷 □休閒 □小說 □其他

◆ 您平均一年購書：□5本以下 □6～10本 □11～20本
　　　　　　　　　□21～30本以下 □30本以上

◆ 購買此書的金額：＿＿＿＿＿＿＿

◆ 購自：□連鎖書店 □一般書局 □量販店 □超商 □書展
　　　　□郵購　　□網路訂購　□其他

◆ 您購買此書的原因：□書名 □作者 □內容 □封面
　　　　　　　　　　□版面設計 □其他

◆ 建議改進：□內容 □封面 □版面設計 □其他＿＿＿
　　　您的建議：

2 2 1 - 0 3

新北市汐止區大同路三段 194 號 9 樓之 1

讀品文化事業有限公司　收

電話/(02)8647-3663　　傳真/(02)8647-3660

劃撥帳號/18669219　　永續圖書有限公司

請沿此虛線對折免貼郵票或以傳真、掃描方式寄回本公司，謝謝！

讀好書品嚐人生的美味

老上海黑道那些年、那些事